VOYAGE

HISTORIQUE ET LITTÉRAIRE

EN ANGLETERRE

ET

EN ÉCOSSE.

TOME PREMIER.

VOYAGE
Historique et Littéraire
EN ANGLETERRE et EN ÉCOSSE

Par M. Amédée Pichot, D. M.

> "You and I cannot be confin'd within the weak list of a country's fashion."
> SHAKSPEARE, *Henry v.*

TOME PREMIER.

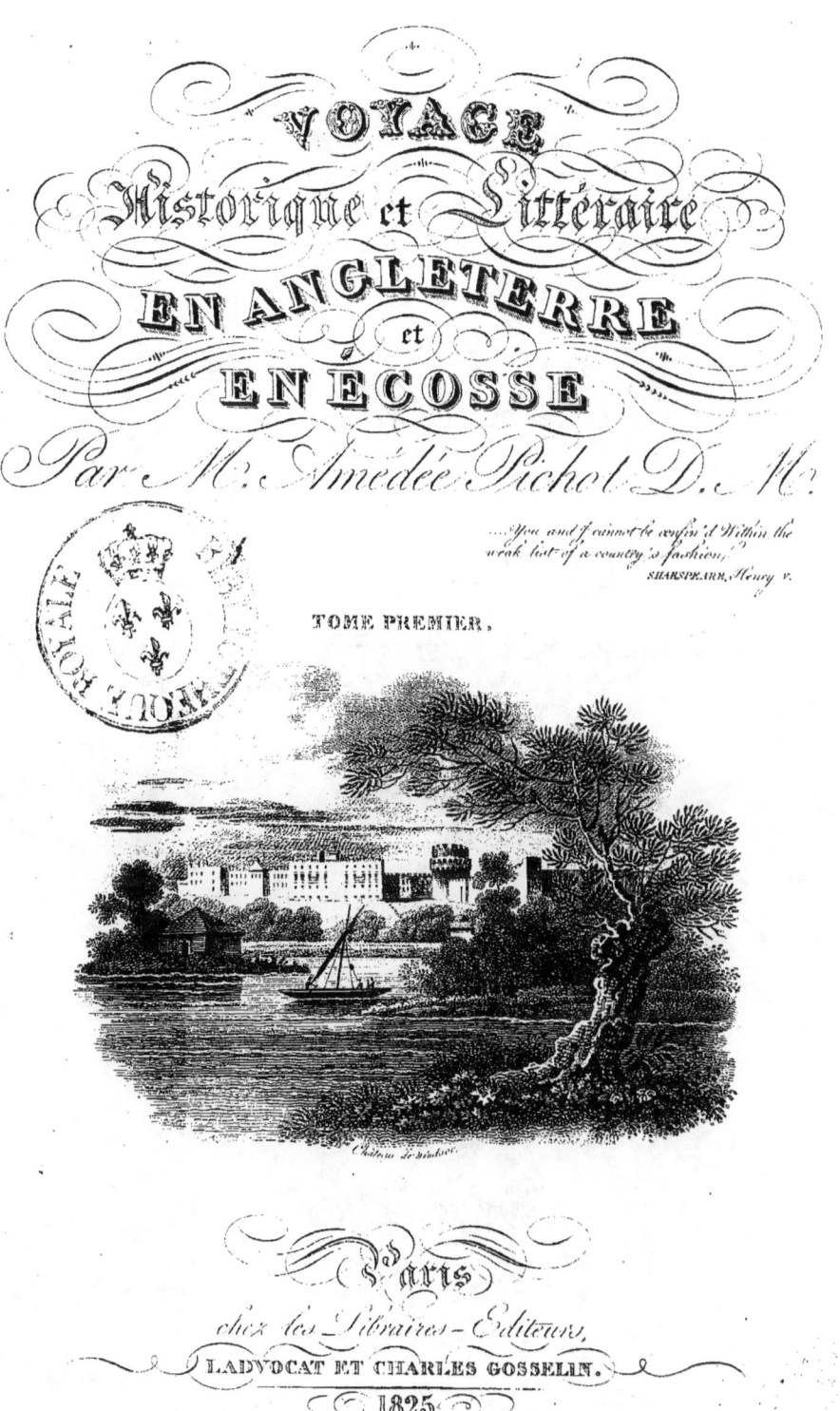

Château de Windsor.

Paris
chez les Libraires-Éditeurs,
LADVOCAT ET CHARLES GOSSELIN.
1825

A
M. Pierre Blain.

L'Auteur

DÉDIE RESPECTUEUSEMENT

ces Volumes

A CELUI DONT LE SUFFRAGE

FLATTERAIT LE PLUS

SON AMOUR-PROPRE ET SON COEUR.

Amedée Pichot.

AVANT-PROPOS.

You and I cannot be confined within the weak list of a country's fashion.
SHAKSPEARE, *Henry V*.

Vous et moi, nous ne pouvons être retenus dans le cercle étroit des modes d'un pays.

Un de mes libraires, qui lit volontiers les épreuves des livres qu'il publie, regrette que j'aie intitulé le mien, *Voyage*, etc., prétendant qu'il aurait plus d'analogie avec le livre *de l'Allemagne*, par madame de Staël, qu'avec les nombreuses relations de voyages dans la Grande-Bretagne, imprimées chaque année en France et en Suisse. Il aurait donc voulu substituer à mon titre, celui-ci : *de l'Angleterre et de l'Écosse*. Personne ne sait mieux que moi qu'un libraire possède par état la science des titres, science plus utile qu'on ne croit; mais je sais aussi qu'il m'importe d'éviter une comparaison dangereuse : j'ai donc tenu à mon sentiment avec opiniâtreté. J'avoue même que, pour combattre la timidité avec laquelle je livre au public mes esquisses sur l'Angleterre littéraire, j'ai besoin de me figurer que ce n'est réellement qu'à des amis indulgens que je les adresse. Voilà le secret de la forme épistolaire donnée à l'ouvrage. Je sens peut-être tout ce qu'il laisse à désirer, et tout ce qui pourra y manquer encore quand j'aurai publié un quatrième volume pour essayer de le compléter. Dans une première préface, je m'étais jugé moi-même assez sévèrement ; mais je croyais alors pouvoir faire paraître l'ouvrage entier, et je supprime une critique dont l'application s'étendrait au-delà de ces trois premiers volumes. Cette préface, que je ne renonce pas à faire connaître un jour, était un long chapitre préliminaire, où, dans un dialogue fictif entre le traducteur de mon ouvrage à Londres et moi, je passais successivement en revue les principales relations de voyages en France et en Angleterre qui ont paru dans les deux pays. On y eût trouvé l'explication de divers passages de ces lettres où l'on pourra m'accuser de déclarer la guerre, par quelques épigrammes fort innocentes d'ailleurs, à des réputations qui certes vaudront toujours mieux que la mienne, entre autres celle d'un honorable conseiller, auteur d'un ouvrage sur l'*Administration de la justice* en Angleterre. Peut-être ai-je eu le tort de croire trop légèrement à l'anglomanie de M. C***, et il m'est venu plus d'une fois à l'idée que son enthousiasme n'était qu'une ironie malicieuse. J'ai même entendu quelques *dieux* de sa façon [1] en rire comme d'une mystification excellente. Peut être aussi plus favorisé que moi, M. C*** a-t-il, en effet, vu beaucoup

[1] « Les Anglais ressemblent à ces dieux de la fable,
« auxquels il prenait fantaisie d'aller voyager sur la terre. Ils
« partent, ils vont se précipiter dans la dissipation des con-
« trées étrangères; ils vont se plier, pour un moment, à ces
« mœurs qu'ils méprisent, et goûter leurs perfides félicités ;
« mais ils conservent leurs cœurs exempts de la contagion ; et
« après s'être enivrés à la coupe des voluptés, ils reviennent
« chez eux retrouver les plaisirs purs et innocens, et s'efforcent

AVANT-PROPOS.

de ces *jeunes gens charmans* [1], dont il fait l'apothéose en style élégiaque. Quant aux dames anglaises, je croirais manquer aux lois de la galanterie, si je prétendais nier une seule des vertus dont M. C*** leur fait honneur; mais j'ai été sans doute bien maladroit, par esprit national, auprès de celles dont j'admirais comme lui les charmes, car je leur disais qu'elles avaient des grâces toutes *françaises* : — il me semblait cependant que la plupart étaient flattées de ce compliment. [2]

« *d'en supporter le poids.* » (*De l'Administration de la justice criminelle en Angleterre*, page 227.)

[1] « On rencontre, en Angleterre, des jeunes gens char-
« mans de candeur, dont les traits paraissent appartenir aux
« premiers siècles du monde, et s'être transmis d'âge en âge
« dans les familles qui n'ont point été atteintes par la corruption
« des temps. Le calme de leur physionomie, la pureté de leur
« cœur, la modestie de leur maintien a quelque chose d'en-
« chanteur. Rien n'égale l'innocence de leurs mœurs, et même
« celle de leurs pensées. J'en ai connu qui avaient conservé
« cette espèce de virginité de l'âme au milieu des séductions
« de richesses, etc.; aussi font-ils, en général, des maris
« fidèles » (*Ibid.*) Exemple : *Les Mémoires d'Henriette Wilson*, les procès de *crim. con.* (conversations criminelles), etc.

[2] « Les femmes anglaises pèchent par l'excès même des
« qualités les plus désirables de leur sexe. » (*Ibid.*) *

Quelle différence de ce style à celui d'un vénérable doc-

* Cette critique ne saurait faire tort à l'ouvrage de M. C***, qui nous fait connaître d'ailleurs parfaitement l'ordre judiciaire dans la Grande-Bretagne, et dont le succès est constaté par deux éditions en France et en Angleterre.

M. Taillandier a publié récemment un ouvrage sur le code pénal de la Grande-Bretagne qui complète celui de M. C***.

Le lecteur peut déjà deviner que je n'ai pas rapporté de la Grande-Bretagne cette anglomanie que je reproche au respectable conseiller de la cour royale; j'ai tâché de tout voir sans prévention, et de ne pas toujours croire ces *cicérones*, qui ne cessent de répéter à l'étranger que le monument qu'ils lui montrent est une des sept merveilles du monde. J'ai voulu surtout juger par moi-même, et ne faire usage des ouï-dire qu'après vérification. Je ne crois pas avoir toujours évité par là d'être trompé; mais je puis du moins appeler mes erreurs, des erreurs de bonne foi; et je serai toujours prêt à rétracter mon dire. Je dois convenir aussi, pour ce qui est de la *physionomie morale* de la société anglaise, telle que j'ai tenté d'en tracer l'esquisse, que je visitais la Grande-Bretagne sous le viziriat du lord Castlereagh, dont la funeste influence s'est prolongée quelque temps même sous le ministre Canning. Il y avait alors une contradiction choquante entre la politique générale des Anglais et les principes de morale, de libéralisme et de dignité, affichés par leur oligarchie. Je ne me hâte pas de proclamer M. Canning l'homme de génie par excellence; mais on verra que je

teur d'Oxford, M. Mathews, qui, ayant voyagé rapidement en France *pour sa santé*, y a tout vu avec la mauvaise humeur d'un malade! Entre autres traits galans pour les Françaises, M. Mathews prétend qu'on obtient tout d'une femme de Paris, pourvu qu'on sache s'y prendre d'une certaine manière. Le pauvre homme a intitulé son livre : Journal d'un invalide *The diary of an invalid*. — (*Note des Convers. de Lord Byron.*)

disais déjà de lui, lorsque je le vis à Liverpool, que c'était l'homme d'esprit et de tact qu'il fallait à l'Angleterre, pour la tirer de la fausse position où Castlereagh l'avait jetée. Si M. Canning continue à accorder prudemment aux idées libérales toutes les concessions exigées par les nouveaux intérêts des peuples d'Europe, tels que trente-cinq ans de révolution les ont faits, peut-on douter que le caractère anglais ne se relève, et que la prospérité de l'Angleterre ne soit le résultat de son système? Dans l'intérêt immédiat de la monarchie britannique, n'est-il pas vrai que le ministérialisme anti-libéral de Castlereagh donnait tous les jours de nouveaux alimens et de nouvelles forces à l'inévitable réaction du radicalisme, tandis que quelques simples promesses et quelques actes de Canning ont ramené au pied du trône une foule de whigs qui tendaient déjà la main aux partisans d'une réforme révolutionnaire? Il est pénible pour un Français, après ces considérations, de reporter les yeux sur son pays, et d'y voir un ministère à vues égoïstes et étroites compromettre les intérêts monarchiques par une politique insidieuse, et dégrader peu à peu le caractère national par un système de corruption et d'agiotage digne à la fois de Robert Walpole et de l'abbé Terray. — On va me dire peut-être ici que la politique devrait être bannie d'un ouvrage annoncé comme littéraire. C'est une manœuvre toute ministérielle que de vouloir exclure la politique de la littérature. Et comment la littérature sera-t-elle l'expression de la société, si vous lui défendez les allusions qui se présentent le plus naturellement à tous les esprits? Il ne faut pas s'étonner de voir le ministère favoriser de ses grandes phrases [1] le système prétendu classique, et qu'il faudrait appeler ministériel, système qui tend à nous priver d'une littérature populaire, en condamnant les auteurs à invoquer sans cesse les dieux et les grands hommes de Rome et d'Athènes, ou à défigurer les sujets nationaux sous les formes consacrées par l'antiquité. Moins nous nous occuperons de notre propre histoire, moins nous songerons au gouvernement actuel. Il n'en était point ainsi chez nos modèles grecs et romains. Épopée, tragédie, comédie, ode, satire, tout chez eux avait un but politique. Fidèle à cette tradition même sous l'empire, ce fut la muse de Claudien qui se chargea d'absoudre les dieux, quand Rufin eût lassé leur patience. Nos ministres préféreraient sans doute n'être associés aux compositions littéraires que par les souscriptions et les dédicaces. Par malheur, notre littérature prend chaque jour un caractère plus décidé d'indépendance. C'est dans l'opposition que figure l'élite de nos grands talens; et nos ministres impopulaires la voient tous les jours conquérir les supériorités intellectuelles

---

[1] Voir certain discours d'*ouverture* prononcé par le comte abbé Frayssinous. C'est la doctrine de l'*autorité* que l'abbé de La Mennais n'applique du moins qu'aux matières religieuses. — Du reste, il faut respecter l'autorité littéraire de M. Frayssinous, depuis que les journaux ministériels viennent de le placer entre Bossuet et Fénélon. — Mais cette *place* lui sera-t-elle conservée, quand l'académicien ne sera plus ministre?

qui leur avaient prêté l'appui momentané de leurs forces.

Pour moi, car on désire quelquefois savoir comment *pense* le voyageur qui, racontant avec ses préjugés personnels ce qu'il a vu et entendu, entretient nécessairement un peu ses lecteurs de lui-même; pour moi, je crains de m'être trop livré à la franchise de mes impressions, et d'avoir à me reprocher une trop grande indépendance d'opinions, au risque de blesser tous les partis :

> *The consequence of being of no party* [1]
> *I shall offend all parties never mind.*
> (*Don Juan*, ch. ix, st. 96.)

Heureusement, l'indépendance d'un auteur obscur est sans conséquence. J'espère n'avoir pas même l'honneur de faire sourciller les puissans du jour, qui pourraient trouver çà et là dans mes lettres quelques allusions séditieuses. Je compte aussi beaucoup, il faut le dire, sur la tolérance de mes amis de tous les partis. Né moi-même dans l'opinion monarchique, mes amis royalistes seraient seuls en droit de se plaindre des trop nombreuses concessions que je fais à l'opinion libérale; mais quel royaliste n'est pas libéral aujourd'hui? Quelques uns encore

---

[1] Le spirituel auteur des *Classiques vengés* a rendu, par deux vers très comiques, l'idée opposée à celle qu'expriment ces deux vers de Byron :

> Ménager tour à tour avec un soin égal
> La chèvre royaliste et le chou libéral.

Byron dit : « Ne ménageant aucun parti, j'offenserai tous les partis; peu importe. »

voudraient se le dissimuler à eux-mêmes, en déguisant sous des mots nouveaux leurs réclamations plus ou moins hostiles au pouvoir. Personne n'échappe à l'influence de son siècle. La révolution nous a fait goûter les fruits de l'arbre de la science du bien et du mal; tous les esprits sont devenus plus ou moins raisonneurs. Ce n'est que par l'opposition, souvent même par l'appel *au bon sens* du peuple, et presque toujours par une alliance plus ou moins franche avec les idées nouvelles, que les croyances monarchiques ont reconquis, depuis 1815, de la vie et de la popularité. On pourrait dire encore, pour excuser l'esprit frondeur du siècle, que, dans toutes les époques et dans tous les régimes, les peuples ont eu leurs résistances, et ont imposé leurs conditions que le pouvoir n'a pas toujours pu repousser par la force, ou éluder en transigeant. Henri IV serait-il parvenu à régner sur la France catholique, s'il n'eût pensé *qu'un royaume valait bien une messe?* Plus tard, l'Angleterre *protestante* dépouilla Jacques II de sa couronne, parce que Jacques crut pouvoir régner par *les jésuites*. [1]

Je ne chercherai pas non plus à me justifier de quel-

---

[1] Quel singulier rapprochement, si le duc d'York actuel avait compromis sa dynastie en se déclarant contre les catholiques! Honneur à l'éloquence de M. Brougham! Je suis peu suspect à le louer ici, car on trouvera peut-être que je l'ai jugé ailleurs trop sévérement.

Le duc d'York a invoqué le souvenir de son père contre les catholiques d'Irlande. On s'est rappelé malheureusement qu'il avait mis jadis sa piété filiale à prix d'argent.

ques contradictions apparentes ou réelles que pourraient me reprocher ceux qui croient qu'en politique tous les principes sont la conséquence rigoureuse les uns des autres, et qu'on est condamné à subir toutes les exagérations d'une opinion, sous peine d'en être désavoué. On trouvera donc que je défends la religion catholique contre l'anglicanisme; mais sans en aimer davantage les jésuites, si toutefois il existe des jésuites en France. Je m'enthousiasme pour les vieilles traditions, les prouesses des âges chevaleresques, les ruines des tours féodales; mais c'est parce que je ne les vois qu'à travers le prisme de la poésie, et je n'en demeure pas moins attaché aux résultats de la révolution, que je regarde comme nos *indemnités* à nous autres Français qui n'avons point émigré. J'aime enfin la liberté, sans en adopter toutes les doctrines. Je l'aime comme j'aime Shakspeare, dans tout ce qu'elle a de grand et de beau.

La littérature a aujourd'hui, comme la politique, ses partis et ses nuances d'opinions. On verra dans l'ouvrage même quelles sont mes idées sur les questions littéraires à l'ordre du jour. Je puis d'avance les résumer toutes, en disant que dans les arts, comme en politique, l'arbitraire me révolte; mais que je plains les gens exclusifs, au lieu de les haïr. Quelquefois même je les recherche et les étudie volontiers comme des individualités originales.

Les voyageurs qui jusqu'à présent ont publié leurs observations sur la Grande-Bretagne, se sont plus occupés de ses constitutions, de ses lois, de son industrie, de son commerce, de l'aspect du sol, etc., que des poètes, des artistes et des écrivains en général. J'ai pensé que la littérature anglaise méritait d'être connue, comme servant à l'expression d'une époque remarquable par une alliance singulière de l'enthousiasme le plus vif pour les *idéalités* poétiques, et d'une ardeur non moins exaltée pour les calculs et les travaux qui dépendent de l'application des sciences physiques. Ce serait même une thèse qu'on pourrait soutenir avec avantage, que de prétendre trouver dans les derniers perfectionnemens matériels de l'Angleterre autant de poésie que dans les vers de Byron et dans les romans de Walter Scott. La force d'association est le levier d'Archimède, capable de changer la position du globe. C'est cette force qui a mis en évidence le génie de James Watt et celui de Rennie. Sans les moyens d'exécution, les théories de ces grands hommes eussent passé pour des rêves sans réalité. — Je ne saurais dire ce qui m'a charmé le plus dans mon voyage de ces vastes et splendides châteaux, tels que celui du comte de Lonsdale [1], chez qui l'on trouve l'hospitalité antique avec le luxe moderne, ou de ces immenses brasseries de Londres, dont l'étable contient cent chevaux, dignes, par leur taille, de ceux du roi de Brobdingnac, et où

---

[1] Dans le comté de Westmoreland. Le comte de Lonsdale est un des plus riches seigneurs de l'Angleterre. J'aurai l'occasion de citer ailleurs ses nobles qualités et sa magnificence.

de gigantesques machines remplacent les forces réunies de mille ouvriers[1]. On est étonné de voir la matière, douée ainsi d'une âme toute-puissante, exécuter par elle-même des travaux pour lesquels la fabuleuse antiquité se fût défiée de la vigueur de ses Hercules. Ce sont des prodiges qui effacent ceux des contes de l'Orient, que ces montagnes abaissées pour aplanir des chemins; ces canaux multipliant les communications des villes et des côtes; ces fleuves suspendus par des aquéducs aériens sur les plus arides sommets; ces ponts déliés, qui pour aller au-devant des navires et leur offrir un bord de débarquement s'élancent jusqu'au milieu de la mer. Enfin, les lacs de la Vieille-Écosse voyent déjà leurs eaux traversées en tout sens par ces bruyans bateaux à vapeur, dont le premier eût été classé par la superstition d'un autre âge, parmi les monstres de la mythologie calédonienne.

Quand l'industrie hâte les progrès de la civilisation par de tels miracles, la poésie peut se consoler de la perte de ses illusions, puisque ces manifestations du génie de l'homme lui promettent de nouvelles images non moins sublimes que les anciennes. Heureux ceux qui, comme M. Charles Dupin, peuvent décrire les progrès des arts utiles! J'ai dû les négliger, d'après mon plan, pour les inspirations de la Muse anglaise! J'offre ici le résultat de mes lectures et de mes conversations avec quelques uns des poètes et des critiques les plus distin-

[1] On a calculé que les machines à vapeur, en Angleterre, ont la force de deux millions d'hommes.

gués de la Grande-Bretagne. Quoique mes lettres sur la poésie soient datées de Londres, elles ont été la plupart écrites en Écosse et dans les comtés d'Angleterre, limitrophes de ce royaume. A Londres, mes journées étaient presque exclusivement consacrées à la visite des hôpitaux, et mes soirées au spectacle, ou à ces dîners qui se prolongent assez tard, comme on sait, dans les maisons anglaises. Je me propose de publier, sur l'enseignement médical, sur les hôpitaux et les médecins en Angleterre et en Écosse, un ouvrage spécial. Ce livre sera tout-à-fait indépendant de celui-ci, et d'un quatrième volume contenant la suite de mes excursions aux lacs d'Écosse et d'Angleterre, mes visites à MM. Southey, Wordsworth, etc., mon séjour à Oxford, et mon retour à Londres, d'où je daterai mes dernières lettres sur la littérature anglaise, et sur les diverses institutions littéraires ou scientifiques de la Grande-Bretagne.

La forme d'une correspondance donnée à cet ouvrage n'étant, à proprement parler, qu'une fiction, j'ai supprimé les formules ordinaires du style épistolaire, dont malheureusement je n'ai pas toujours évité les négligences. Mes correspondans suppléeront à ces formules, et me sauront gré d'y avoir substitué des épigraphes dont l'avantage est non seulement d'énoncer brièvement le sujet de chaque chapitre, mais encore de révéler ou de rappeler un ouvrage bon à lire. J'ai supposé aussi que la plupart de mes lecteurs connaissaient les ouvrages de sir Walter Scott, et n'ai point craint de les renvoyer souvent à ses inimitables compositions.

AVANT-PROPOS.

Quelques unes de mes lettres ont été abrégées, et d'autres retranchées. La plupart de celles-ci m'étaient peut-être trop personnelles; elles étaient d'ailleurs adressées à une amie que j'ai perdue depuis qu'elles ont été écrites, et à qui surtout il m'était doux de pouvoir dire comme le pigeon voyageur du bon La Fontaine :

J'étais là, telle chose m'advint !

Cette amie.... c'était ma mère, dont le souvenir se retrouvera encore dans quelques allusions indirectes de ces volumes.

VOYAGE
HISTORIQUE ET LITTÉRAIRE
EN ANGLETERRE
ET
EN ÉCOSSE.

LETTRE PREMIÈRE.
A M. D....E.

> *Adieu, adieu! my native shore*
> *Fades o'er the waters blue.*
> CHILDE HAROLD.

CALAIS....

C'EST à vous, mon cher ami, que je dois adresser celles de mes lettres où, m'occupant peut-être plus du voyageur que du voyage, je ferai plus spécialement l'histoire de mes impressions, oubliant un peu le public pour ne réclamer que la facile indulgence de l'amitié. Vous m'avez habitué à penser et à rêver en quelque sorte tout haut avec vous. En vous écrivant, je me sentirai moins enchaîné par cette contrainte qu'impose toujours le titre d'auteur. Je serai davantage moi, en osant garder toute ma franchise.

Dans deux heures nous quittons Calais, et dans quatre nous pouvons être à Douvres. Cette pensée, qui plaît à mon impatiente curiosité, me causerait presque par momens un sentiment de tristesse, si je ne me disais que dans six mois je reverrai la France : je crois deviner tout ce que l'exil peut avoir d'amer.

Nous sommes descendus à l'hôtel *Dessein*, que Sterne a rendu fameux, et où il fit sa classification originale des diverses espèces de voyageurs. N'allez pas croire que, comme lui, je me range, par choix, dans la catégorie du voyageur sentimental. Il y a trop d'affectation dans la sensibilité de Sterne, pour que je songe à le prendre pour modèle, quoique son imagination capricieuse et son originalité m'amusent quelquefois [1]. Mais ce matin au déjeuner, en faisant nos adieux au vin de France, nous avons parlé de lui et de ses aventures à Calais, de la santé qu'il porta au roi, après avoir été sur le point de le maudire dans sa mauvaise humeur contre la loi du droit d'aubaine. J'ai failli l'imiter en bon chrétien, quand j'ai songé que j'allais m'embarquer avec une rancune du genre de la sienne; mais ce n'est ni une loi, ni le roi, j'espère, qui m'a fait attendre quinze jours mon passe-port; et il y a quelque chose de trop vil dans la petite tyrannie de notre police, pour qu'on boive volontiers même au plus aimable de nos inquisiteurs. Je me serais bien gardé surtout de proposer un pareil toast à la bonne famille anglaise avec laquelle nous sommes partis de

---

[1] Si le lecteur a relu, il n'y a pas long-temps, l'histoire de Lefèvre et le voyage de l'abbesse des Andouillets, il m'en voudra de ce jugement, qui du reste n'est pas sans appel. Il y a un cruel argument contre la sensibilité réelle de Sterne. Il vécut et mourut sans ami; et s'il a si bien peint la démence de Maria, c'est après avoir brisé lui-même le cœur d'une femme qui s'était cru aimée de lui pendant cinq ans.

Paris, et qui, dans la diligence, nous a forcés d'avouer, après une comparaison entre les deux royaumes, que l'Angleterre du moins avait incontestablement sur la France le double avantage de n'avoir ni loups ni gendarmes.

J'ai commencé dans la diligence mes premières leçons de conversation anglaise, sentant combien j'ai besoin de familiariser mon oreille avec la prononciation d'une langue que je n'ai guère apprise jusqu'ici que dans les livres. Nos compagnons de voyage, un respectable gentleman et sa sœur se sont prêtés avec complaisance à me répéter les mots qui me semblaient inconnus, parce que j'entendais pour la première fois leur son véritable. Mais j'ai surtout des obligations à l'ami qui, plein de confiance en ma sagesse, a placé sous ma sauve-garde cette jeune voyageuse que vous avez vu monter en voiture avec moi.

'Tis pleasing to be school'd in a strange tongue
By female lips and eyes.
                                DON JUAN.

« Il est doux d'apprendre une langue étran-

« gère par les lèvres et les yeux d'une jeune
« beauté. » Je n'ai pu m'empêcher de me
faire l'application de ces vers de *Don Juan*,
mais sans achever la stance ; car il y a dans
les yeux bleus de miss Esther autant de candeur que de vivacité, et son sourire expressif, qui interprète si bien ce qu'elle va dire,
a toute l'innocence de son âge. Avant de
louer sa grâce et son esprit, et de peur
d'être accusé de partir de France avec des
préventions anti-nationales, je me hâte de
vous apprendre que miss Esther vient de passer trois ans à Paris, où elle a fait son éducation, et qu'elle est donc à demi Française.
Cependant je ne me serais pas attendu à
trouver tant de connaissances dans une personne de son âge. Non seulement elle a lu
et senti Racine, Fénélon, Bernardin de Saint-Pierre, Châteaubriand, etc., mais elle n'est
point restée étrangère à la littérature de son
pays. Elle parle avec un respectueux amour
des ouvrages classés par le temps, et discute
avec le tact le plus fin le mérite encore contesté des poètes modernes de la Grande-Bretagne, dont elle répète les vers avec un

accent qui ajoute à l'harmonie du rhythme.
Lorsque,
<blockquote>Dans un chemin montant, sablonneux, malaisé,</blockquote>
nous laissions derrière nous la lourde diligence, et que je prêtais à ma jeune compagne l'appui de mon bras, j'ai été quelquefois tout prêt à m'abandonner, en l'écoutant, à une illusion poétique; et il me semblait que la Muse d'Albion, dont j'aimai toujours les chants, daignait elle-même me conduire dans la terre natale de Shakspeare, de Milton et de Pope, etc. etc. etc. Dans cette disposition d'esprit, aux approches de Boulogne, j'ai salué avec joie la première vague que nous avons aperçue. La vue de la mer a aussi ému la jeune Anglaise, qui, croyant déjà reconnaître sa terre natale, m'a peint avec un charme touchant les plaisirs qui l'attendent dans la maison paternelle. Dans quelques heures ses vœux seront exaucés en partie; elle sera dans les bras d'un frère, et moi je jetterai un dernier regard d'adieu sur les côtes de France, du haut du rocher auquel Shakspeare a laissé son nom.

Adieu, mon cher ami : vous qui me connaissez, vous ne serez pas effrayé de cette première épître, un peu sentimentale peut-être ; et vous ne désespérerez pas d'en recevoir quelques unes plus gaies du voyageur auquel vous vous intéressez. Votre ami.

LETTRE II.

AU MÊME.

Thy cliffs, dear Dover! harbour, and hotel;
Thy custom-house, with all its delicate duties, etc.
Don Juan.

Ayant habité quinze mois un port de la Méditerranée, où, au moins une fois la semaine, je me jetais dans un bateau, et me faisais conduire impunément à plusieurs lieues loin du rivage, je me croyais à l'épreuve du mal de mer, et j'étais entré bravement dans le paquebot à vapeur. Assis à côté de miss Esther, j'admirais avec elle et la course rapide du navire, et le spectacle pompeux des vagues, que soulevait un vent assez vif. Une première sensation de malaise ne m'effraya pas, et j'espérai la dissiper bientôt en fixant mon attention sur quelque objet capable de me distraire. Mes yeux cherchaient au loin quelque vaisseau majestueux, ou suivaient les jeux variés du goëland, qui, dans son vol oblique, essayait de lutter contre le vent, et soudain se précipitait dans la mer avec le cri de l'impatience. Mais enfin il fallut payer le tribut; et je vous fais grâce du reste de l'histoire de ma traversée. Ce n'est qu'à deux milles de Douvres que j'ai relevé ma tête affaissée, et que j'ai senti renaître avec mes forces mon goût pour les voyages.

Le frère de miss Esther, qui nous a reçus à notre débarquement, nous a conduits à l'hôtel de Shakspeare, auberge très *confortable*, d'où je vous écris ce matin avant de poursuivre ma route jusqu'à Londres. Les employés de la douane ne nous ont pas retenus long-temps, et les commis de l'*alien office* [1],

[1] Il faut bien remarquer encore ici, aux dépens de notre police, que la France est peut-être le pays du monde où le voyageur trouve le plus d'entraves, et se voit le plus souvent obligé de maudire les lenteurs de la bureaucratie. De l'expédition d'un voyage dépend souvent une importante affaire; il y a tel négociant à qui une formalité insignifiante peut coûter des milliers d'écus. — Il est juste aussi de louer la politesse des commis de l'alien office.

où nous avons changé nos passe-ports contre un certificat d'arrivée, ayant été encore plus expéditifs, nous ont laissé tout le temps de visiter une partie de la ville.

Nous n'avons pas oublié d'aller jouir de la vue imposante que, dans son *Roi Léar*, Shakspeare nous promet du haut du rocher qui porte son nom. Il m'a semblé que le poète avait prêté quelques toises de trop à ces masses crayeuses d'où les pêcheurs qu'on aperçoit sur la plage ne paraissent pas, selon lui, *plus gros que des souris*.

> *How fearful*
> *And dizzy 'tis to cast one's eyes too low, etc.*
> KING LEAR, act. IV, sc. VI.

Mais n'imitons pas ces commentateurs qui ont cherché querelle à Homère, en l'accusant d'avoir exagéré la largeur de l'Hellespont.

Le Shakspeare-Cliff peut avoir tout au plus cinq cents pieds d'élévation. Le château qui le couronne, et ses terribles fortifications, n'ont rien qui flatte les regards. En présence encore de la France, ce sont, en quelque sorte, des démonstrations éternelles de méfiance et de haine. En parcourant ces tranchées, ces bastions, etc., il me semblait lire dans les yeux de miss Esther qu'elle cherchait à trouver dans son jeune cœur un sentiment spartiate, une étincelle d'enthousiasme héroïque pour sa patrie, qui lui apparaissait là toute armée de ses terreurs guerrières. Elle m'invitait à une admiration que je ne pouvais partager assez vivement à son gré. Je souriais de voir le feu qui animait ses yeux si doux à l'aspect de cette imposante masse d'architecture militaire ; mais je réservai toute ma surprise pour le *pistolet de poche de la reine Anne ;* c'est un joli canon sculpté, dont les états de Hollande firent présent à cette princesse, et qu'on dit pouvoir envoyer un boulet à la distance de sept milles. La Pallas de la Grèce ne s'offre pas à nous avec des attributs aussi puissans que ceux-là.

Depuis Guillaume-le-Conquérant, Douvres jouit de son importance comme clef et barrière du royaume d'Angleterre. On attribue même la fondation de son vieux château à Jules-César. L'origine de plusieurs de ses tours est évidemment normande ; mais des travaux tout récens attestent que le camp de Boulogne inspira au moins les précautions de la prudence contre un envahissement que le *Mémorial de Sainte-Hélène* nous apprend n'avoir pas été une vaine démonstration d'hostilités. Cette citadelle, de tout temps si redoutable, fut cependant prise par douze hommes, sous Charles 1er. Ce fut l'exploit nocturne d'un ardent républicain, nommé Drake, qui escalada le rocher, et dirigea si bien son attaque, que la garnison royaliste crut avoir toute une armée sur les bras, et se rendit à discrétion. Les forts qui dominent Douvres semblent menacer cette ville plutôt que la défendre, quand on réfléchit que toute sa prospérité repose sur la paix. Douvres et Calais ont besoin de se tendre une main amie. Les pères de famille des deux rivages échangent volontiers leurs enfans pour un temps, afin de les familiariser également avec les deux langues. On comprend que de semblables gages prouvent une véritable communauté d'intérêts. Si on se croit déjà en Angleterre à Calais, on est encore un peu en France à Douvres.

Redescendu dans la ville par un escalier remarquable, creusé circulairement dans le roc, j'en ai bientôt parcouru les rues peu nombreuses. Les regards sont frappés naturellement des moindres différences qui distinguent la physionomie du peuple étranger parmi lequel on arrive pour la première fois. J'ai trouvé certainement un caractère tout particulier à la tournure des aubergistes. Les romanciers anglais, qui les introduisent assez volontiers parmi leurs personnages, copient un type convenu qui offre peu de variété, mais qui est vrai.

La différence du vêtement est peu saillante : aussi ai-je remarqué d'abord deux dames quakeresses, dont le costume s'éloigne autant de celui du reste de la population anglaise que le costume de nos religieuses de celui de nos dames de France.

Cette comparaison me vient à l'esprit, parce que j'ai cru reconnaître aussi quelque rapport entre la démarche modeste, le recueillement, l'air de simplicité de ces deux dames, et le calme pieux que conservent en France, au milieu du bruit de nos villes, les saintes filles du cloître. Il y a, certes, d'autres rapprochemens à faire entre l'esprit de la secte des *Amis* et la règle de plusieurs congrégations catholiques; mais j'espère avoir l'occasion d'étudier les diverses sectes chrétiennes de l'Angleterre. N'anticipons point sur ce qui ne doit m'occuper que lorsqu'il m'aura été permis de recueillir des informations auxquelles un voyageur ne peut parvenir qu'après un séjour de quelque temps dans un pays.

J'entends le son d'un cornet à bouquin sous la fenêtre de ma chambre : c'est le signal du *stage* qui va nous prendre en passant; je n'ai que le temps de vous dire adieu.

LETTRE III.

AU MÊME.

On with the horses! off to Canterbury!
Tramp, tramp o'er peeble, and splash, splash, etc.
. . . .
Hurra! how swiftly speeds the post merry.
Don Juan.

Si vous voulez vous faire une idée de la voiture qui nous a conduits de Douvres à Londres, oubliez ces lourdes maisons roulantes qui partent tous les jours de la rue Notre-Dame-des-Victoires ; figurez-vous un élégant carrosse dans le dernier goût, quatre coursiers impatiens, fiers de leur légèreté et des harnais qui les décorent, un cocher bien nourri, en habit noir, sur le siége, avec un jockey derrière à ses ordres ; tel était l'équipage que je trouvai à la porte du *Shakspeare-Hotel.*

Je cédai ma place de l'intérieur à miss

Esther qui devait nous quitter à mi-chemin, et j'escaladai l'impériale, place qu'un *gentleman* peut préférer sans déroger, et que doit choisir celui qui désire voir le pays.

Le fouet de notre Automédon a retenti ; nous voilà sur une route unie et sablée comme l'allée d'un parc ; nos roues glissent avec une telle vitesse qu'elles y laissent à peine la trace d'un léger ruban. Plus de trente carrosses semblables se succèdent dans la même direction. Nous dépassons les uns, nous sommes dépassés par les autres. Une noble rivalité anime les chevaux et les cochers ; vaincus ou vainqueurs, ils rencontrent de nouveaux émules, et la lutte se perpétue. Cependant nous parcourons les jardins du comté de Kent ; à droite et à gauche de rians amphithéâtres s'élèvent où le houblon abuse un moment mes yeux, et me rappelle ces pampres verts des coteaux de Provence, où ma jeunesse a vendangé.

Bientôt à ces paysages champêtres, viennent s'associer des scènes sublimes ; l'horizon s'agrandit à notre droite, et c'est la Tamise qui le borne ; la Tamise semblable à un jeune océan, et que couvrent au loin de nombreux navires aux voiles déployées. Dans cette variété de sites, les uns d'une simplicité gracieuse, et les autres dont la magnificence excite l'enthousiasme, j'ai reconnu les inspirations de Thomson et de Cowper, chefs de l'école descriptive dans laquelle notre Delille n'occupe pas le dernier rang; Thomson, plus élevé dans son style, plus enthousiaste dans ses sentimens, et quelquefois déclamateur, aimant à peindre la nature dans ses pompes, et embrassant un plus vaste horizon dans ses tableaux; Cowper, plus réservé, plus simple, plus familier, d'une religion plus austère, et se rapprochant davantage des peintres de genre.

Nous n'avons fait qu'une courte halte à Cantorbery, dont je ne décrirai pas aujourd'hui la sublime cathédrale.

C'est à Rochester que nous avons dîné à la hâte, et notre course rapide jusqu'à Londres n'a plus été interrompue. Enfin, aux approches de la nuit, nous avons aperçu un brouillard lointain, au milieu duquel le soleil, qui n'avait cessé de briller depuis le matin, est descendu tout à coup, réduit à un disque sans rayons, et figurant l'âtre brûlant d'une noire fournaise dont le feu s'éteint peu à peu au sein d'une noire vapeur. Cet épais brouillard couvrait Londres, dont nous avons distingué les faubourgs aux dernières lueurs du crépuscule. Don Juan a bien décrit le premier aspect de Londres :

> *A mighty mass of brick, and smoke and shipping*
> *Dirty and dusky, etc.*
>
> Don Juan, chant x, st. 82.

« Une énorme masse de briques, de fumée, de navires, sale, sombre, mais s'étendant aussi loin que le regard peut atteindre ; une voile s'agitant tout à coup, et puis perdue dans la forêt des mâts ; une solitude comme plantée de clochers perçant leur dais noir comme la houille ; immense coupole semblable à la calotte d'un fou : voilà Londres. »

Adieu.

LETTRE IV.

A M....G.

What! think you we are Turks or Infidels?
Or that we would against the form of law
Proceed thus rashly in the villain's death,
But that the extreme peril of the case
The peace of England?
SHAKSPEAR, Richard III.

Comment donc! nous prenez-vous pour des Turcs ou des Païens? Croyez-vous que, contre les formes de la loi, nous aurions hâté ainsi violemment la mort du traître, si nous n'y avions été forcés par la crise du moment et pour la paix de l'Angleterre?

AVANT de m'enfermer dans la vaste enceinte de la Babylone anglaise, je veux revenir sur mes pas, et vous faire rapidement parcourir avec moi les comtés de Kent, de Middlesex et de Surrey. Je chercherai à esquisser à grands traits l'aspect de ces provinces, je franchirai les distances avec la vitesse du *stage-coach*, comparaison qu'on peut bien substituer ici à la comparaison bannale du vol d'oiseau ou de la flèche rapide des poètes; nous ne ferons de halte que là où nos regards seront arrêtés par quelque trait saillant du vaste paysage dont je voudrais vous donner une idée. Il est peu de contrées cependant où l'on se consolerait plus facilement, il me semble, des retards d'un voyage. Partout on est séduit par les traces d'une riche culture, ou par quelque site pittoresque; car le goût et l'art ont su modifier ici pour l'agrément jusqu'aux aspects des terrains rebelles au cultivateur. De chaque éminence l'œil plane sur des parcs qui s'étendent des coteaux aux vallons et des vallons aux coteaux, sur des prairies d'une verdure ravissante et sur des eaux qui s'y promènent mollement. La variété des constructions jetées çà et là dans ces tableaux n'offre pas des contrastes moins poétiques. Toutes les époques de l'histoire y sont représentées. Aux tours féodales des Normands, aux clochers gothiques succèdent les châteaux d'une architecture plus récente, et l'église plus simple du culte protestant. Les mœurs nouvelles sont encore révélées par la ferme ornée du *gentleman farmer* et par la manufacture en activité, qui ne redoutent plus le voisinage du baron féodal. Il règne au loin un air de sécurité, d'aisance et même de bonheur. A travers cette décoration de riches palais, de maisons neuves et de monumens d'architecture, sous ce luxe de végétation et d'industrie, pourrait-on deviner où se cachent tous ces prolétaires vagabonds ou voleurs que dénoncent les papiers publics et les registres des cours de justice?

Le comté de Kent vient de fournir une série de vues charmantes à la lithographie de M. Hulmandel. Les *Voyages pittoresques de l'ancienne France* ont donné l'idée de cet ouvrage. Ce comté mérite aussi d'être exploité par la topographie historique; il est un des plus riches de toute la Grande-Bretagne en grands souvenirs; il vit le premier les aigles de Jules-César; il fut le théâtre des terribles batailles des Saxons, et le berceau du catholicisme anglais. Aujourd'hui la vénérable cathédrale métropolitaine de Cantorbéry lui donne encore une espèce de suprématie religieuse dans le culte anglican. Le voisinage de la mer, le passage qu'il ouvre à la Tamise et à cinq autres rivières secondaires, l'inégalité continue du sol, de vastes parcs et deux chaînes de montagnes multiplient les formes variées de ce comté. Ses fermiers sont cités comme l'idéal du cultivateur anglais : plus qu'ailleurs un héritage reste ici dans une même famille. La loi de coutume, appelée *gavel-kind*, laisse les substitutions aux races aristocratiques, et le *Kentish yeoman* partage également son bien entre ses fils, leur lègue à tous le même nom, le même exemple et les mêmes regrets.

De toutes les productions de cette province, je ne consens à vanter que la récolte du houblon, parce que « *l'home brew'd ale*, » « ale brassée au logis, » ou bière de ménage, m'a paru délicieuse; car je ne saurais admettre, quelle que soit la cause de cet avantage que les Anglais contestent quelquefois, que les fruits rouges du comté de Kent puissent égaler en saveur ceux des environs de Paris. Les cerisiers fléchissent ici sous l'abondance de leurs baies rouges; si les houblonnières rappellent au premier coup d'œil nos vignobles, la cerise en remplace les grappes en Angleterre, et son suc est converti en un petit vin acidule, qui n'est pas désagréable. Les jeunes Anglaises aiment à vous faire goûter ce nectar britannique, qu'elles ont préparé souvent elles-mêmes; mais si vous préférez les sucs généreux du vin méridional, évitez une faute d'orthographe et de prononciation très naturelle, et ne demandez pas du *cherry* pour du *shery*.[1]

Maidstone, qui descend en amphithéâtre sur les rives en pentes de la Medway, a un territoire également riche en houblon et en arbres fruitiers, plus riche même que celui de Cantorbery; mais Cantorbery fixe davantage l'attention du voyageur par son importance historique et ses monumens religieux. On est étonné, il est vrai, d'y voir les ruines imposantes du monastère fondé par Augustin, l'apôtre de la Grande-Bretagne, frappées encore de la proscription de Henri VIII. La

[1] *Cherry wine*, vin de cerise; *shery*, vin de Xérès. Plusieurs traducteurs de romans font cette faute, qui peut compromettre la réputation de sobriété des dames anglaises.

porte principale fait partie d'une brasserie, et les restes de l'église sont perdus dans la cour d'une taverne. On se hâte de chasser l'idée pénible qu'une telle profanation fait naître en allant s'égarer à travers ces magnifiques nefs et sous les souterrains de la cathédrale. Là tout est intact, et depuis douze siècles l'édifice est respecté comme la maison de Dieu; l'émotion religieuse qui s'empare de nous revèle sa présence. Je renvoie à la poésie de Charles Nodier pour l'appréciation de cette sublime architecture, et j'apprends que le Diorama se chargera d'une partie de la description. Je vous arrêterai moi-même un instant toutefois auprès du tombeau du Prince-Noir. Quand on voit sa statue, les mains jointes, dans l'attitude de la prière, ce casque, qui n'est plus qu'un point d'appui pour sa tête, cette cotte d'armes suspendue en vain trophée, ce pesant glaive oisif dans le fourreau, et ce gantelet qu'aucun chevalier désormais ne relèvera, la majesté du lieu s'accroît encore de l'aspect d'un tel guerrier désarmé, et suppliant comme un pauvre pécheur. Sous ces mêmes voûtes est un pavé

usé par les genoux des pèlerins, autour du
lieu où s'élevait jadis un autel somptueux,
sur la châsse des reliques d'un martyr qui
donne encore son nom à une partie de ce
temple; car le nom de Becket survit même
au culte pour lequel il mourut. En écartant
de lui, avec les protestans, l'auréole de sain-
teté dont notre croyance l'entoure, ce prélat
s'offre à nous comme un des caractères les
plus extraordinaires de l'histoire. Henri II
avait rétabli l'ordre dans ses états ; il était parvenu à contenir les tyrans subalternes de son
peuple. L'autorité ecclésiastique lui faisait
seule ombrage ; pour gouverner les prêtres
comme ses barons, il crut devoir choisir pour
primat son chancelier Thomas Becket, le plus
habile de ses confidens et le plus intime de
ses amis, courtisan dévoué, guerrier, homme
d'état, tout enfin, excepté homme d'église.
Un tel choix fut blâmé comme indécent par
tous les ecclésiastiques. Thomas fut ordonné
prêtre un jour, et sacré évêque le lendemain,
malgré l'avis de la reine mère, malgré l'opinion générale de la nation, malgré l'opposition du clergé, malgré Thomas lui-même,

qui avertit le monarque incrédule qu'il allait préférer désormais son Dieu à son roi. En effet, le primat de Cantorbery dépouilla dès lors le *vieil homme*. En abdiquant ses emplois civils, il renonça au caractère de sa première condition. Chef de la puissance ecclésiastique, il osa marcher le rival du chef de la puissance séculière. Comme s'il eût voulu sanctifier son ambition, sous la pourpre de l'archevêque il porta la haire du cénobite [1]; déployant la munificence et la splendeur d'un souverain quand il représentait fièrement le pontife du Seigneur devant les princes de la terre, il se flagellait comme un pénitent dans son palais, se nourrissait d'herbes amères, et se désaltérait avec des boissons nauséabondes; exigeant avec rigueur ses revenus, jaloux comme l'avare des bénéfices que le roi lui disputait, il distribuait tous ses trésors en aumônes, visitait les malades, et lavait les pieds des pauvres. Presque séditieux pour réclamer ses droits,

[1] Les chroniqueurs ajoutent que, selon l'usage commun aux pénitens monastiques, il n'avait pas manqué de tenir sous sa haire garnison de vermine.

inflexible dans ses moindres déterminations, il fit admirer en lui dans ses derniers momens la violence contrainte du conspirateur, la résignation du saint martyr et la dignité de César, qui tombe en se voilant de sa toge. Il appartiendrait à Walter Scott de retracer cette catastrophe.

Henri II, poussé à bout par les continuelles résistances de Becket, eut l'imprudence d'exprimer tout haut le désir de sa mort : quatre barons, Reginald Fitzurse, William de Tracy, Richard Brito et Hugh de Noneville, jurèrent d'accomplir le vœu du monarque ou de dompter l'opiniâtreté du pasteur. Ils vinrent lui apporter un ordre d'exil; mais Becket brava leurs menaces; et quand on vint lui apprendre qu'ils s'armaient dans la cour du palais, il se retira lentement dans la cathédrale, où, voyant les moines occupés à en fermer les portes, il leur dit : « Vous ne devez pas faire une citadelle de l'église; je ne suis pas venu pour résister, mais pour souffrir. » Il montait les degrés du grand autel quand les barons et leur suite fondirent dans le chœur l'épée à la main en s'écriant : « Où est Thomas Becket ? où est ce traître au roi et au royaume? » On ne leur répondit rien ; mais, quand ils crièrent encore plus haut : « Où est l'archevêque? » il descendit vers eux en disant : « Me voici, non pas un traître, mais un prêtre disposé à souffrir pour le nom de celui qui a racheté mon âme ; Dieu me préserve de fuir par crainte de vos glaives. » — « Annulez, lui dit-on, les censures que vous avez prononcées. » — « Aucune satisfaction n'a été obtenue, répondit-il, je ne puis absoudre. » — « Tu vas donc mourir ! » cria un des meurtriers.

— « Reginald, dit l'archevêque à Fitzurse, je vous ai comblé de biens, venez-vous armé contre moi? » — « Retire-toi d'ici, et viens périr, » reprit le baron fidèle à son serment de mort ; et il saisit le pan de sa robe. Becket déclare qu'il ne fera pas un pas. — « Fuis donc, » continue Fitzurse, ému d'un dernier remords.— « Je ne fuirai pas davantage, s'écrie Becket ; est-ce mon sang qu'il vous faut? je vous l'abandonne pour la paix et la liberté de l'Église : seulement je vous prie, au nom de Dieu, de ne faire aucun mal à mes serviteurs. » Les meurtriers auraient voulu, sans doute, consommer leur crime dans un lieu moins sacré ; mais le primat embrassa un des piliers et lutta contre ses ennemis. On retrouva un moment en lui la violence et la force du guerrier ; il terrassa presque Tracy, et repoussa Fitzurse, contre lequel il lui échappa un terme d'opprobre. Fitzurse, furieux, n'hésite plus à frapper : un moine interposa son bras, qui fut presque tranché, et le même coup blessa Becket. Soumis alors complétement à son martyre, il s'agenouilla pour prier : par ses dernières paroles, il se recommanda, lui et la cause de l'Église, à Dieu, à la Vierge et aux saints. Un second coup l'étendit la face contre terre devant l'autel de saint Benoît. Il eut encore assez de présence d'esprit pour se couvrir de sa robe ; puis, joignant dévotement les mains, il mourut sous les coups répétés des haches d'armes et des épées. Brito lui fendit le crâne ; et un homme maudit [1], Hugh de Horsca, surnommé le *Mauvais Clerc*, éparpilla sa cervelle sur le pavé du temple avec la pointe de son sabre.

[1] Expression que répète Southey lui-même dans son histoire *anti-catholique* de l'église anglicane.

Dans la suite des primats qui occupèrent le siége sanglant de Thomas Becket, les deux plus célèbres dans l'histoire ont eu comme lui une fin tragique. Le premier, Cranmer, l'un des fauteurs de l'hérésie anglicane sous Henri VIII, fut traîné sur le bûcher dans la réaction religieuse du règne de Marie; le second, l'archevêque Laud, porta sa tête sur l'échafaud, victime de la réaction puritaine dans les derniers jours du règne de Charles 1er.

Je suis, etc.

LETTRE V.

A M....

Death has indeed been here, and its traces are before us; but they are softened and deprived of their horrors by our distance from the period when they have been first impressed, etc., etc.
W. Scott, *Old Mortality*.

La mort a bien été ici, et ses traces sont devant nous; mais elles ont perdu tout ce qu'elles avaient de trop pénible, à cause de l'éloignement où nous sommes de l'époque de leur première empreinte.

J'avais presque annoncé que ma lettre précédente serait *pittoresque* : elle a été peut-être plutôt *historique*. L'impression la plus forte s'empare de nous exclusivement, et quand un grand souvenir nous arrache brusquement au temps actuel, il n'est plus en notre pouvoir de nous tenir dans les bornes du cadre que nous nous étions imposé avant de prendre la plume. Je ne sais où me conduiront les divers sites des comtés de Middlesex et de Surrey;

mais il me semblait, en les parcourant, qu'il me serait difficile de ne pas les célébrer sous la forme usée d'une pastorale. Pour ce qui est du climat, si calomnié oserai-je dire, de la Grande-Bretagne, j'ai joué de bonheur; car non seulement j'y admire ces belles nuits si douces dans un ciel plus méridional, mais le soleil, moins rare que je l'avais cru, décore de ses brillans reflets les nombreuses ondulations de ce sol partout verdoyant, et dont le tapis émaillé ne lasse jamais la vue :

<blockquote>Dieu créa la campagne, et l'homme les cités [1],</blockquote>

dit Cowper, et moi je dirai qu'en Angleterre, plus qu'ailleurs, la campagne est digne de Dieu. Si elle n'a pas partout de la grandeur, le moindre champ a sa grâce et sa parure, ne serait-ce qu'à cause de la haie vive qui l'entoure. Les chemins en France rappellent les villes auxquelles ils conduisent, ils appartiennent ici plus spécialement à la campagne. La route la plus large ressemble à l'allée d'un parc : aussi les grands seigneurs eux-mêmes

---

[1] God made the country, and man made the town.
THE TASK.

paraissent n'être réellement chez eux que dans leurs châteaux. C'est là qu'ils ont réuni tous les agrémens de la vie, et que, pour en jouir, ils abdiquent l'étiquette si rigoureuse de leurs hôtels de Londres; c'est là qu'ils sont entourés de leurs vrais attributs, les élégans coursiers et les meutes bruyantes; c'est là encore qu'ils font admirer à l'étranger le luxe des arts, les chefs-d'œuvre de la peinture, et ces bibliothéques si riches dont il est difficile de jouir au milieu du bruit d'une capitale. On a déjà observé avec raison que notre aristocratie s'exile à la campagne pour y réparer la brèche que le séjour de Paris a faite à ses revenus. L'aristocratie anglaise déploie toute sa magnificence dans ses terres; ruinée, elle se cachera plutôt dans Londres, ou ira économiser en voyage. Visitez Hampton-Court, Sion-House, Cheswick, Strawberry-Hill, etc., dans le Middlesex, vous y admirerez l'heureuse alliance des beaux-arts et des ornemens naturels du paysage. Le comté de Surrey n'est pas moins riche par ses *villa* dignes de l'élégante Italie, et par ces trésors de peinture qu'on croirait ne pouvoir trouver que dans les musées de la patrie de Raphaël. Au milieu de semblables ressources, on ne conçoit pas que l'ennui soit une maladie essentiellement anglaise; et l'on se rend difficilement compte de cet esprit inquiet qui nous envoie sur le continent tant de descendans des illustres preux de la Grande-Bretagne, courant les aventures comme leurs aïeux.... je me trompe, au lieu de consoler la veuve et l'orphelin, faisant des dettes et entretenant les demoiselles de notre Opéra.

Londres s'avance si loin dans le Middlesex et dans le Surrey, mais en même temps ses abords conservent un aspect si champêtre, qu'on serait embarrassé de décider si c'est ici la campagne qui envahit la ville, ou la ville qui envahit la campagne. Kensington, par exemple, aux portes de Londres, ressemblerait plus au parc de Saint-Cloud qu'aux Tuileries. Près des jardins de ce palais est Holland-House, où le célèbre Fox aimait à oublier la politique pour les lettres, et qui avait été la résidence d'Addison. L'auteur de *Caton*, qui exerça plus d'influence sur son siècle comme écrivain que comme homme d'état, accoutuma un moment la littérature anglaise aux habitudes régulières des classiques français, et s'éleva contre les règles artificielles de notre système de jardinage. Par malheur, il ne put convertir sa rebelle moitié aux règles de la hiérarchie conjugale. Il avait épousé une belle comtesse de la maison Holland, qui prétendait que sa noble origine était une supériorité plus réelle que les titres littéraires de son mari. Le pauvre Addison mourut de douleur en se voyant presque réduit au rôle de George Dandin!

Le souvenir de l'auteur principal du *Spectateur* nous arrête encore à Stepney, dont l'antique église est entourée de ces tombeaux qui méritèrent, par leurs singulières épitaphes, la critique de Steele. Les beaux esprits de village n'épargnent pas davantage de nos jours la mémoire des morts. L'humble pierre est condamnée à recevoir leur prose et leurs vers; mais a-t-on plus d'esprit à Paris et à Londres, où le marbre funéraire, dans nos élégans cimetières, atteste les plates ou risibles expressions de la vanité, plus encore que celles de la douleur? Les épitaphes font réellement partie de la littérature d'un peuple : il est même tels siècles qui n'ont laissé d'autres monumens historiques que des tombeaux. Si la censure littéraire était bonne quelque part, ne serait-il pas juste de l'exercer d'abord en faveur de ceux que la mort livre au ridicule d'un éloge maladroit ? L'épitaphe fait partie du culte sacré des morts ; pourquoi ne la soumettrait-on pas aux règles de la décence, comme les cérémonies des funérailles ? La calomnie et la médisance expirent généralement sur notre tombe ; pourquoi y serions-nous flattés par l'ignorance et l'affectation de nos amis, ou même des indifférens ? Que les noms respectables d'un père et d'un bienfaiteur soient ensevelis tout entiers avec eux plutôt que d'exciter le sourire de l'étranger ! Plus souvent en Angleterre on n'ajoute au nom du défunt qu'un verset de l'Écriture : c'est peut-être la seule épitaphe qui convienne au chrétien. Une des plus touchantes traditions ressuscitées par Walter Scott, est celle de ce vieillard presbytérien (Old Mortality) qui parcourait les cimetières pour y graver de nouveau les noms des martyrs de sa croyance, et les saints attributs dont étaient décorés leurs modestes tombeaux : il lui en aurait coûté sans doute de disputer aux ruines et à l'oubli le fragile monument de ses frères, si leurs titres à son pieux souvenir eussent été retracés en style bouffon et par de grotesques emblèmes.

Cette boutade me fait abandonner pour le moment le Middlesex ; et si je vous conduis dans le riant comté de Surrey, ce ne sera pas encore pour y admirer Richmond-Hill ni Kew, mais un château qui, habité quelque temps par l'Hymen et le Bonheur, n'est plus aujourd'hui qu'un monument de deuil pour toute l'Angleterre. Je veux parler de Claremont, où la princesse Charlotte goûta ces joies domestiques, si rarement accordées aux souverains. Un petit temple, commencé par elle, achevé par le prince Léopold, a été converti en mausolée pour recevoir sous sa voûte un buste de cette épouse regrettée. A l'entour, le cyprès, l'if et le mélèze, mêlant leur sombre feuillage à la verdure plus gaie des autres arbres, composent une nuance parfaitement en harmonie avec les idées de mélancolie que doit inspirer un semblable lieu. Dans un siècle où les trônes, dépouillés de leurs prestiges, laissent voir aux peuples les princes tels qu'ils sont, des regrets aussi universels que ceux dont la princesse Charlotte est encore l'objet, disent assez qu'elle eut de véritables vertus. L'opinion hardie soumet les morts couronnés à ce jugement impartial qui était prononcé sur les cercueils des souverains de l'Égypte. Tous les partis ont pleuré sur celui de la fille des George. Ces larmes valent une oraison funèbre de Bossuet.

Le château et le parc de Claremont furent l'œuvre perfectionnée de Kent et de Brown, architectes-paysagistes, dont je parlerai plus au long. Une élégante simplicité a présidé à l'ameublement plus moderne des appartemens : on reconnaît un esprit d'ordre et d'économie dans la distribution de ces riches ornemens ; les tableaux sont des portraits de famille. Charlotte n'eût pas mis *son cœur dans sa tête.* [1]

[1] Expression de Buonaparte.

LETTRE VI.

A M. A. DE CHEVRY.

*Yonder tree which stands the sacred mark
Of noble Sydney's birth.*
Waller.

A Seven-Oaks, ville du comté de Kent, ainsi nommée de sept chênes, qu'on y chercherait vainement aujourd'hui, nous trouvons la tradition du fameux Jack Cade, qui, à la tête d'une troupe de paysans insurgés, battit l'armée de Henri VI, commandée par sir Humfry Stafford. C'était une véritable guerre de *la Jacquerie*. A la même époque, l'Angleterre a eu également sa *guerre de la ligue* dans les discordes civiles des roses rouge et blanche. S'il fallait continuer ces parallèles, on dirait que la révolution nous a donné notre Charles 1er, notre anarchie, dite *républicaine*, et notre Cromwell; espérons que nous nous en tiendrons à notre double restauration.

Dans le voisinage de Seven-Oaks sont le magnifique château et le parc de Knole ou Knowle, résidence des Sackville, comtes de Dorset. Un de ces riches seigneurs (le comte de Buckurst) a laissé un nom dans les lettres par sa tragédie de *Gorboduc*, première imitation anglaise de la tragédie classique régulière. De peur que quelque Aristarque n'en veuille à Shakspeare, né trente ans plus tard, de n'avoir pas pris pour modèle l'auteur de *Gorboduc*, hâtons-nous de déclarer que cette tragédie n'est qu'un tissu de récits et de discours monotones, une froide et lourde accumulation d'incidens. Il y a plus de poésie dans les vers que ce même lord Sackville fit entrer dans un recueil de légendes, intitulé *le Miroir des Magistrats*.

On s'égare sur une terre plus poétique dans le parc du château de Penshurst, où naquit sir Philip Sydney, l'auteur de *l'Arcadie*, et le plus courtois chevalier de la cour d'Élisabeth. Près d'une belle pièce d'eau, on vous montre un chêne mémorable, qui fut planté, dit-on, à la naissance de sir Philip, et chanté successivement par Ben Jonson et Waller. La célèbre *Sacharissa*, de ce dernier, était une Sydney.

> Go, boy, and carve this passion on the bark
> Of yonder tree which stands the sacred mark
> Of noble Sydney's birth.

« Va, mon page, va graver le serment de mon amour sur l'écorce de ce chêne, monument sacré de la naissance du noble Sydney. »

Ce noble Sydney, qui, dans la cour d'une reine plus pédante qu'aimable, conservait mieux qu'aucun autre courtisan les traditions de la courtoisie chevaleresque; ce preux, dont la vie, comme dit Campbell, était de la poésie en action; ce capitaine, si brave au champ d'honneur qu'à la mort d'Étienne Bartori on lui offrit la couronne de Pologne, n'était qu'un simple gentilhomme auprès du comte d'Oxford. Sa dispute avec ce seigneur prouve à quelle hauteur s'élevaient les prétentions aristocratiques des privilégiés dans ce siècle. Sydney ayant été traité par le comte, de *puppy*[1], lui donna un démenti, et sortit du

---

[1] Fat, sot, ou chien roquet.

jeu de paume où ils étaient, s'attendant à être suivi ; mais lord Oxford n'en tint compte ; et la reine, se mêlant de cette affaire, rappela à Sydney la différence qu'il y avait entre un seigneur et un simple gentilhomme : elle exigea même des excuses. Sydney refusa de se soumettre à une telle réparation, et se retira à Penshurst, où, pour l'amusement de sa sœur, il composa son *Arcadie.* Ce roman pastoral, trop vanté par les uns et trop méprisé par les autres, a quelque analogie avec l'*Astrée* d'Urfé et la *Diane* de Montémayor. C'est aussi une imitation fréquente de Sannazar, surtout dans les vers de tous les rhythmes que le chevalier-poète y introduit, et qui ne sont pas ce qu'il y a de mieux dans l'ouvrage. Shakspeare, Spenser et plusieurs autres poètes distingués lui sont redevables de quelques imitations ; et, dans une de ses accusations étranges contre Charles 1er, Milton nous apprend que *l'Arcadie* charmait les tristes loisirs de la prison de ce prince. Milton reproche amèrement à Charles le plagiat d'une prière qu'on trouve en effet dans l'*Ikon basiliké*, éloquent manifeste attribué pendant long-temps à cette victime royale. Les épopées pastorales sont aujourd'hui moins en faveur que jamais; mais *l'Arcadie* mérite d'être lue, ne serait-ce que comme un monument littéraire du siècle d'Élisabeth. On y remarque le style figuré du temps, ces allusions mythologiques, ces fatigantes allégories qui reviennent si souvent dans les écrivains contemporains de Sydney. Il a sacrifié quelquefois, comme eux, à l'affectation et à ces *concetti* qu'aimait tant la vierge-reine; mais de tous les ouvrages de la même date, certes *l'Arcadie* est le plus pur, le plus nerveux et surtout le plus clair.

Sydney n'avait que trente-deux ans lorsque sa brillante carrière fut terminée par une mort héroïque. L'esprit aventureux des siècles précédens survécut sous Élisabeth à la chevalerie féodale. On croit le retrouver dans les entreprises maritimes, et jusque dans les expéditions de piraterie de sir Francis Drake. Sydney avait formé le projet de partir secrètement pour un voyage de découverte. Élisabeth en fut informée, et lui défendit d'aller courir les aventures dans les pays inconnus, comme elle s'était opposée au vœu des Polonais, qui offraient la couronne à ce chevalier, le plus galant de sa cour. Il fut nommé par sa souveraine au gouvernement de Flessingue, et il commanda la cavalerie anglaise dans l'armée de son oncle, le comte de Leicester. Ce fut dans un combat, près de Zutphen, qu'il reçut une blessure mortelle. Épuisé par la perte de son sang, dévoré d'une soif brûlante, il approchait de ses lèvres l'eau qu'on s'était empressé de lui apporter, lorsqu'il aperçut un pauvre soldat plus cruellement blessé que lui, et qui fixait des regards avides sur la boisson offerte à son général; Sydney n'hésite pas à s'en priver pour lui, en lui disant : « Camarade, tu en as plus besoin que moi. » Sydney montra jusqu'à sa dernière heure l'héroïsme du guerrier, la philosophie du vrai sage et la résignation du chrétien. Comme Socrate, il mourut en s'entretenant de l'immortalité de l'âme et en s'occupant de ses amis.

Quand j'ai dit adieu au chêne séculaire de Penshurst, j'aurais été jaloux, comme Français, de la gloire de Sydney; mais nous pouvons lui opposer avec orgueil la vie et la mort de notre *chevalier sans peur et sans reproche*.

LETTRE VII.

A M. P. B...n.

> Un vieillard vénérable avait loin de la cour
> Cherché la douce paix dans ce charmant séjour.
> Sur l'émail de ces prés, au bord de ces fontaines,
> Il foulait à ses pieds les passions humaines.
> Voltaire, la Henriade.

Mon cher oncle,

Ma lettre précédente et le sujet de celle-ci me rappellent naturellement le vieux cyprès qui jette son ombre immense sur la terrasse de votre campagne, et qui vous est cher et sacré comme l'était à Saint-Aubert le marronnier des *Mystères d'Udolphe.* Ces arbres qui ont ombragé le berceau des premiers propriétaires d'un domaine, et auxquels s'attachent des traditions locales et de famille, sont comme de vieux témoins du passé qui lient les générations entre elles. A défaut de souvenirs historiques ils nous parlent de ces souvenirs d'enfance parmi lesquels il est si doux d'égarer les pensées de l'âge mûr. Je me dis souvent : Combien de fois nous avons cherché, lors d'une pluie soudaine, l'abri du grand cyprès, en souriant de voir qu'aucune goutte d'eau ne pouvait nous atteindre sous son épais feuillage ! Combien de fois, escaladant sa cime pyramidale, j'ai trouvé un siége commode sur deux rameaux entrecroisés d'où j'apercevais, à travers les filamens déliés de ses feuilles, d'un côté le front aride de nos petites Alpes, et de l'autre les jardins rians de Saint-Remy ! Souvent dans les jeux du premier âge j'aimais à me rendre invisible dans ce verdoyant asile, et à causer un moment d'inquiétude à ma mère, en restant sourd à sa voix, qui m'appelait en vain jusqu'à ce qu'un rire enfantin me trahît, et rassurât son cœur prompt à s'alarmer. Je crois pouvoir attribuer à mon tendre respect pour ce cyprès séculaire, un sentiment à peu près aussi vif pour tous les arbres qui me le rappellent par leur vieillesse, leur forme ou leur situation.

En parcourant les comtés de Kent et de Surrey, j'ai éprouvé le double désappointement de ne plus trouver que le site où était jadis Sayes-Court, à Deptford, et de voir abattre à Wooton le dernier arbre du parc d'Evelyn.

C'est à Sayes-Court que le loyal comte de Sussex avait établi son petit camp, tandis que l'élégant Leicester faisait oublier les services de son rival par son artificieuse galanterie. A cette époque déjà Sayes-Court appartenait à la famille d'Evelyn, et l'auteur de la *Sylva* céda plus tard cette résidence à Pierre-le-Grand, lorsque ce prince vint faire son apprentissage dans l'arsenal de Deptford. Mais c'est de John Evelyn lui-même que j'aime à m'occuper : nous avons admiré dans Sydney le beau idéal des chevaliers du seizième siècle, Evelyn nous offre le type du *gentleman* sous les deux Charles. Né à Wooton, élevé à Eton, puis à Oxford, il eut pour maître, au collège de Baliol, le fameux Bradshaw ; et, condamné à traverser vingt-cinq ans de révolution, la protection du professeur régicide lui fut plus tard une sauvegarde. Evelyn, au premier souffle de l'orage politique, s'éloigna de l'Angleterre et visita une partie du continent. Il est curieux de lire, dans le journal du futur agriculteur, ses remarques sur les jardins et les parcs de France et d'Italie. Evelyn, comme son siècle, admirait alors Le Nôtre et le goût français. — Il aime dans les Tuileries un labyrinthe de cyprès qui n'existe plus, et un écho artificiel qui répétait deux fois la parole. « Il est rare, dit-il, qu'une jolie nymphe n'y vienne pas faire entendre sa douce voix : placez-vous à un des angles, le son paraît descendre des nuages, et à un autre angle, vous croyez qu'il s'échappe de quelque souterrain. »

Evelyn ne se plaît pas moins dans le Luxembourg, qu'il appelle un paradis terrestre. Le duc d'Orléans, qui habitait alors ce palais, y entretenait un grand nombre de tortues. Le même prince ayant défendu qu'on détruisît les loups dans ses domaines, ils s'étaient tellement multipliés dans la forêt d'Orléans, qu'ils venaient quelquefois dérober les enfans au milieu des rues de Blois!!!

En Italie, notre voyageur admire, entre

autres curiosités, une cage immense dans laquelle, pour l'agrément des captifs ailés, on avait mis un parc entier en prison. A Padoue, il est guéri d'une *angine* par le fameux Salvatico ; et, prenant goût à la science médicale, il assiste à un cours complet d'anatomie. Il y vit disséquer *trois cadavres ; un sujet mâle,* un *corps de femme,* et un *enfant.* « — Je fis préparer, dit-il, deux poumons, un foie, la sixième paire de nerfs, et les veines gastriques que j'envoyai à Londres, où l'on n'avait jamais vu ces rares préparations. » — Aujourd'hui Londres possède le merveilleux muséum d'Hunter.

De retour à Paris, Evelyn s'y livra pendant quelques jours au *far niente ;* mais bientôt il employa ses loisirs à apprendre l'espagnol, l'allemand, le luth, la danse, la chimie, et à faire la cour à la fille de sir Ch. Brown, le résident anglais, qu'il épousa, et qui lui survécut après avoir été la plus heureuse des femmes pendant cinquante ans de mariage.

La révolution s'était consommée ; l'émigration pesait à Evelyn, il revint en Angleterre, fut arrêté et dépouillé par deux voleurs qui l'attachèrent à un arbre; mais, arrivé enfin à Deptford, il y acquit les propriétés de son beau-père, de son consentement et de celui du roi exilé. D'autres n'avaient pas, dit-il, le même scrupule pour acheter un *bien national!*

Ici commence l'existence toute agricole d'Evelyn : ses travaux à Sayes-Court seront notre point de départ pour tracer une esquisse de l'art des plantations en Angleterre, but spécial de cette lettre, que je continuerai à Twickenham et à Strawberry, où s'opéra la révolution du goût dans le jardinage.

Le domaine de Sayes-Court, quand Evelyn l'acquit, ne consistait qu'en un vaste champ de cent acres, avec un verger et une haie de houx. Evelyn commença par y former un jardin ovale. La muse de Milton avait deviné les charmantes irrégularités du *jardin anglais;* mais Le Nôtre, législateur avoué des parcs et des gazons du siècle, en traçait seul les modèles classiques, tandis que ses imitateurs maladroits mutilaient les arbres, en vrais Procustes, et condamnaient les promeneurs captifs, privés de toute perspective, à errer dans un enclos d'allées régulières où toute la variété consistait dans une monotone répétition des mêmes terrasses, des mêmes bassins, des mêmes parterres en compartimens géométriques, des mêmes berceaux, des mêmes cabinets de verdure, etc., avec l'ornement bizarre des arbres taillés en figures fantastiques. Les jardins royaux de Theobalds avaient été les plus admirés de l'Angleterre, avant que les Niveleurs[1], déclarant la guerre aux châteaux sinon aux chaumières, eussent détruit cette résidence pompeuse où Élisabeth, despote féminin, avait entretenu Burleigh et Leicester ; où Jacques, roi-commère, qui semblait avoir hérité des vertugadins plutôt que du sceptre de la fille de Henry VIII, oublia sa pauvre Écosse en dissertant sur la théologie ; où Charles, enfin, bon père de famille, partageait naguère les jeux de ses enfans. La hache révolutionaire n'avait pas épargné davantage les arbres de Greenwich, de Saint-James-Park, et d'Hyde-Park. — Evelyn, qui eut le bonheur d'être oublié dans sa retraite,

---

[1] Nivellers.

y dessina ses jardins sur le plan de ceux qu'il avait vus en France et en Italie.

Cependant Cromwell avait joui des derniers honneurs des monarques, la sépulture royale de Westminster. Bientôt son fils, plus sensible aux ennuis qu'aux priviléges du trône, s'en était laissé doucement descendre; Monk abandonna la cause républicaine, et la statue du protecteur fut pendue avec une corde aux fenêtres de Whitehall. Evelyn s'arracha aux doux soins de l'agriculture pour jouer un rôle dans la restauration des Stuarts. Le 29 mai 1660, il écrivait dans son journal :

« — Aujourd'hui sa majesté Charles II est entrée dans Londres, après dix-sept ans d'exil et de malheurs; c'est aussi le jour de sa naissance. Le roi était suivi d'une troupe de vingt mille hommes de cavalerie et d'infanterie, brandissant leurs armes d'un air de triomphe, et poussant de joyeuses acclamations; les rues étaient jonchées de fleurs; les cloches sonnaient; les rues étaient tendues de tapisseries; le vin coulait des fontaines; le lord maire, les aldermans et les corporations marchaient en procession avec leurs bannières, les lords, les nobles étaient vêtus d'or, d'argent et de velours; les dames garnissaient les fenêtres et les balcons; les trompettes et les instrumens de musique retentissaient au loin, et des flots de peuple se succédaient depuis Rochester en si grand nombre, que toute cette multitude mit sept heures à s'écouler, depuis deux heures jusqu'à neuf du soir.

« J'étais dans le *Strand*, et j'ai béni Dieu de ce spectacle. Tout s'est accompli sans une goutte de sang, et par la même armée qui s'était révoltée contre le roi; mais tout a été l'ouvrage du Seigneur, car jamais une pareille restauration n'avait eu lieu dans l'histoire depuis le retour des Juifs, après la captivité de Babylone; jamais l'Angleterre n'avait vu un jour si brillant, tout étant advenu au moment où *l'espérer* et *l'effectuer* semblaient au-dessus de toute politique humaine. » (Volume 1, pages 109, 110.)

J'aime à retracer dans les propres termes d'un témoin oculaire un spectacle qui s'est reproduit en France avec les mêmes détails dans nos annales de 1814.

Le retour des Stuarts ramena sir Richard

Brown auprès de son gendre. Evelyn se présenta à la cour, et y fut reçu mieux que le bon Pévéril du Pic. Il est vrai qu'Evelyn avait un amour-propre moins exigeant que le pauvre chevalier de Moultrassie-Hall; il ne demandait point de duché-pairie; et Charles le chargea d'une commission qui flattait ses goûts de bienfaisance, l'inspection des hospices. Dans cette place, Evelyn montra le magnanime courage d'un vrai citoyen, en bravant les périls d'une épidémie contagieuse. Survint plus tard le fameux incendie de Londres, qui est décrit dans *le journal* avec tant de simplicité et cependant avec une poésie admirable. Le plan qu'il proposa pour une nouvelle ville coïncidait dans beaucoup de points avec celui de Christophe Wren. Fidèle à tous les malheurs, Evelyn sut par sa vertu conserver toujours l'estime du roi, en restant l'ami des hommes d'état disgraciés. Il aimait lui-même Charles, en s'affligeant de ses désordres.

Le lendemain de la mort de ce prince on lit dans son journal :

« Je n'oublierai jamais la luxure, la profanation, le jeu et l'oubli entier de Dieu (c'était un dimanche soir) dont je fus témoin, il y a sept jours. Le roi folâtrait avec ses concubines, la Portsmouth, la Cléveland, la Mazarin, etc. Un jeune Français chantait des chansons d'amour dans la galerie, pendant que plus de vingt courtisans et autres grands dissolus étaient assis autour d'une table de bassette [1]. Il y avait devant eux une banque de plus de 2,000 liv. sterling en or. Deux gentilshommes, qui étaient venus avec moi, m'en firent la remarque avec surprise. Six jours après, tout était dans la poussière du tombeau. »

Jacques acheva de ruiner les Stuarts dans l'estime de la nation anglaise. La révolution en faveur de Guillaume et de Mary, la Servilie des temps modernes, eut ses amertumes pour Evelyn, et l'éloigna tout-à-fait de la cour. Il quitta aussi Deptford pour Wooton, lieu de sa naissance, où sa paisible et saine vieillesse s'occupa encore du doux soin de ces arbres, dont la culture avait distrait son âge mûr des tempêtes politiques.

Evelyn n'est pas seulement le modeste gentleman-agriculteur de son siècle, le phi-

[1] Jeu de cartes, espèce de pharaon.

losophe charitable, le courtisan vertueux, qui rend une épouse heureuse, élève bien ses enfans, embellit une campagne, amuse ses loisirs par l'étude, fait un peu de bien à ses amis et meurt ignoré; Evelyn fut auteur de la *Sylva*, et si l'Angleterre élevait un temple à sa gloire maritime, la statue d'Evelyn y mériterait un piédestal.

« Si la Grande-Bretagne, dit d'Israeli, conserve son rang parmi les nations européennes, la *Sylva* d'Evelyn durera autant que ses chênes convertis en vaisseaux. Dans les études de sa retraite, Evelyn, jetant un regard prophétique jusque sur le siècle où nous vivons, assurait les derniers triomphes de notre marine. Demandez à l'amirauté quels matériaux ont servi à construire la flotte de Nelson, on vous répondra que ce fut avec les chênes que planta le génie d'Evelyn. »[1]

Pour ne parler de l'influence d'Evelyn que sur les paysages anglais, non seulement l'Angleterre, grâces à lui, vit de jeunes plants remplacer les antiques chênes que les niveleurs politiques avaient proscrits, comme une

[1] *The literary Character* by d'Israeli.

espèce d'aristocratie végétale; mais ces arbres sortant des chantiers pour faire le tour du monde, ont ramené sous le climat qui les vit naître une riche variété d'arbres et d'arbrisseaux étrangers, dont le feuillage marie aujourd'hui ses teintes à celles de leurs rejetons. L'alliance des diverses nuances de verdure, et le contraste des formes qui distinguent les végétaux du sol des végétaux des Indes occidentales, n'embellissent pas le jardin de Kew seulement; mais ces précieuses productions exotiques attestent encore dans la plupart des parcs de l'Angleterre l'esprit aventureux de ses marins.

L'ouvrage d'Evelyn a peu d'artifices de style; l'agriculteur est tout, l'écrivain ne compte pour rien, mais il intéresse par son amour pour ses arbres, dont l'*éducation* lui semble un devoir patriotique. Il s'adressait à une génération corrompue, qui avait besoin de se régénérer dans les douces occupations de la culture, loin de l'atmosphère pestilentielle de la cour. Il s'agissait d'arracher les propriétaires-courtisans aux séductions fatales de la débauche et des voluptés. Nous aurions besoin en France qu'une voix éloquente éloignât des séductions non moins funestes de la Bourse tous ces grands et petits seigneurs qui viennent y ruiner leur fortune et leur santé.

« Les propriétaires cultivateurs, dit Evelyn, jouissent d'une verte vieillesse. Selon le prophète Isaïe : « La vie d'un arbre est la « vie de mon peuple. » *Hæc scripsi octogenarius;* et si Dieu le veut, je continuerai à planter jusqu'à ce qu'il lui plaise de me *transplanter* [1] moi-même dans ces bienheureuses régions ornées de bocages toujours verts et riches de fruits immortels. »

[1] Ces sortes de jeux de mots, moins fréquens du temps de Charles II, attestent encore la longue influence de l'esprit des règnes d'Élisabeth et de Jacques Ier.

LETTRE VIII.

A M. A. DE TERREBASSE.

Spires whose silent finger points to heaven,
Not wanting, at wide intervals, the bulk
Of ancient minsters lifted above the cloud of the dense air
Which town or city breeds to intercept the sun's glad beams.
                    WORDSWORTH, *The Excursion.*

Clochers dont l'aiguille semble un doigt silencieux montrant le ciel [1] ! antiques basiliques massives qui s'élèvent au-dessus du nuage d'épaisses vapeurs qu'exhalent les cités et qui interceptent les joyeux rayons du soleil.

LONDRES.

MON CHER AMI,

Je vous aurais écrit dès le surlendemain de mon arrivée, si je n'avais eu peur de vous donner dans ma lettre votre part de l'ennui de mon premier jour à Londres.

Si le dimanche *anglais* est triste pour tout

---

[1] Expression d'un grand effet dans l'original, et empruntée à Coleridge.

le monde, il doit l'être surtout pour le voyageur qui se réveille ce jour-là pour la première fois au milieu de l'immense labyrinthe que forment les rues de la capitale des trois royaumes. Le temps était à la pluie : je n'étais pas d'avis cependant d'attendre le lundi dans l'étroite chambre à coucher du *coffee-house*, et je souris à l'idée d'aller comme à la découverte, pour deviner les édifices publics et les juger indépendamment du prestige des souvenirs dont un monument connu est toujours embelli.

Après avoir vu depuis les mêmes objets comme presque tout le monde les voit, c'est-à-dire en consultant la carte et l'*Indicateur de l'étranger*, ou accompagné d'un guide obligeant, on se prononce avec plus de hardiesse, et en comparant ses impressions du premier jour avec celles des jours suivans, on peut se flatter d'être plus impartial.

J'ai cherché vainement quelque chose de pittoresque dans cette atmosphère brumeuse de Londres que sir Walter Scott regrettait de ne pas trouver à Paris. J'ai même entendu des Anglais, un peu *gallomanes* peut-être, oser, contre l'opinion de sir Walter Scott, regretter l'atmosphère transparente de nos beaux jours de Paris qui enveloppe nos grands édifices et les approches de nos jardins publics, des rosées diaphanes de ce fluide aussi doux que brillant qu'on retrouve dans quelques tableaux de Teniers et dans ceux de Constable. Sir Walter aurait pu du moins motiver cet amour pour la vapeur du charbon de terre sur la salubrité que Londres lui doit, dit-on. Cette immense capitale est, selon le docteur Cline, la ville la plus saine du monde. On prétend que si les habitans sont exempts de la plupart des maladies des grandes cités, il faut l'attribuer au naphte sulfureux qui s'échappe de la houille, et qui prévient ou arrête dans ses progrès la contagion fébrile. On vous défie, pour le prouver, d'apercevoir une guêpe dans l'enceinte de Londres; car toute émanation sulfureuse chasse au loin cet insecte! Parmi les causes de la salubrité de Londres, on ne doit pas oublier la Tamise, fleuve soumis à l'influence des marées, les rues larges et les *squares* des nouveaux quartiers, la propreté intérieure des maisons, et tous ces canaux d'irrigation si multipliés, que chaque matin il n'est pas de rue d'où ne s'échappent des jets d'eau de distance en distance.

L'aspect général de Londres est certainement inférieur à celui de Paris. Londres n'a rien de grand ni de gracieux dans aucune de ses parties; rien n'y remplace pour un Parisien l'imposante place de Louis xv, ou l'éternelle variété de ces boulevards que lady Morgan compare à la ceinture de Vénus. Ses monumens sont tous si mal situés, qu'on se surprend à nier qu'il en existe. Les rues parallèles n'offrent que des maisons en briques d'un rouge sale ou d'un noir lustré, et d'une architecture de mauvais goût, ou qui plutôt, sans aucune architecture, choquent la vue, les unes par leur monotone nudité, les autres par la sotte affectation de leurs péristyles grecs. Quelquefois vous rencontrez, il est vrai, une de ces larges places appelées *squares*, au milieu desquelles vous êtes agréablement surpris d'apercevoir un bosquet ou un jardin orné d'une fontaine ou de la statue de quelque grand homme; mais l'approche en est défendue par des grilles de fer que vous ne pourriez franchir impunément. Les habitans des maisons voisines en ont la jouissance exclusive, qu'ils paient en contribuant à l'entretien de la verdure. La place Royale, mieux qu'aucune place de Paris, peut donner une idée des squares. Les promenades publiques sont les parcs de Saint-James, Hyde-Park, et les jardins de Kensington qui communiquent entre eux. Je serais tenté quelquefois de préférer ces parcs au Luxembourg et aux Tuileries, qui ne sauraient en donner une idée. Saint-James-Park, Hyde-Park et Kensington sont pour moi les Tuileries, les Champs-Élysées et le Jardin des Plantes réunis. Les dimanches, l'affluence des équipages qui s'y rendent comme à une fête, et des fashionables qui y font caracoler leurs coursiers avec une dextérité admirable, me rappellent Long-Champ; mais ici les *chars numérotés* n'ont pas le privilége de venir nuire au beau coup d'œil qu'offrent tant de carrosses plus élégans les uns que les autres. Des troupeaux paissent tranquillement dans Hyde-Park, où j'aime aussi à voir bondir les chevreuils et les cerfs du roi. Sous les allées touffues de Kensington-Garden, où l'on est obligé de laisser son cheval et sa voiture à la porte, je reconnais avec plaisir que les ladys à la mode paient pour leur toilette un juste tribut au goût de nos Parisiennes; au milieu d'elles on pourrait se croire parfois sous les marronniers des Tuileries.

On peut appliquer à ces jardins le vers du Tasse :

L'arte que tutto fa, nulla si senopre.

Quoique les édifices les plus remarquables de Londres soient les palais royaux ou du gouvernement, ils servent à prouver combien la dignité du monarque est peu respectée en Angleterre comparativement aux autres royaumes de l'Europe. Pour ne rien dire du palais Saint-James (que le souverain actuel, il est vrai, n'a plus trouvé digne de lui), il est à Paris cent hôtels préférables à la nouvelle résidence royale de Carlton-House. Ce palais prétendu est orné d'un portique corinthien dont l'élégance flatte d'abord le coup d'œil; mais ses colonnes ne supportent que l'entablement qui les unit, et ce fut, je crois, sur l'une d'elles qu'un artiste italien charbonna ces vers au nom de Pasquin et de Marforio :

> *Belle colone qui fate là ?*
> *Io no lo se en verità.*

Sommerset-House est le seul édifice public qui puisse prétendre à un caractère de grandeur et de magnificence. Son étendue, la noble simplicité des détails et la sagesse du plan le rendent digne de la plus vaste des capitales. A la rigueur Saint-Paul est moins correct; mais on y remarque une petitesse de conception qui prouve que l'architecte, sir William Chambers, n'avait que du talent, tandis que Christophe Wren était un homme de génie. D'ailleurs le pont admirable de Waterloo est là ! Le Louvre seul pourrait encore paraître grand sur la Tamise, à côté de ce chef-d'œuvre de Rennie. Le palais de Sommerset est construit en pierres de taille, appelées pierre de Portland. La façade principale s'élève sur des arches, et quand la marée est haute, semble sortir des eaux comme un palais de Venise; mais quand la Tamise est basse, cette façade, destinée à être la partie la plus apparente de l'édifice, n'est plus assez grande pour correspondre à l'immense fondation sur laquelle elle repose. La façade du nord est un morceau d'architecture élégant et complet. Des neuf arceaux qui en composent la base et qui supportent les colonnes corinthiennes, les trois du milieu forment la principale entrée, et conduisent à un vestibule où l'étranger salue avec respect deux bustes, l'un de Michel-Ange et l'autre de Newton. Les pierres centrales des arceaux ont pour ornement des bas-reliefs, emblêmes de l'océan et des huit fleuves de l'Angleterre. Les fûts des colonnes corinthiennes ne sont pas cannelés, ce qui, je crois, est contre toutes les anciennes règles. Je ne décrirai point la cour, où ne se trouve pas ce luxe de détails qu'on n'ose pas critiquer dans la cour du Louvre. L'ancien palais de Sommerset, que le palais actuel remplace, fut successivement la résidence de trois reines. Aujourd'hui Sommerset-House renferme la plupart des hautes administrations, celle du trésor, du secrétaire d'état, de l'amirauté et de la guerre. La société des antiquaires y tient ses séances : c'est là aussi qu'ont lieu les expositions annuelles des peintres et des sculpteurs anglais. En faisant camper dans un seul édifice ses commis et ses artistes, l'Angleterre révèle la rareté de ses monumens publics. Peut-être aussi les administrations anglaises peuvent-elles se passer de ces armées de commis qui taillent les plumes de nos ministres.

Les monumens gothiques sont très rares à Londres, où presque toutes les églises datent du grand incendie. Christophe Wren, l'architecte de cette époque, ramena l'architecture aux modèles classiques : il y aurait peu de choses à critiquer dans Saint-George d'Hanover-Square, dans Saint-Martin-des-Champs, Saint-Pancreas, Sainte-Mary-le-Bone [1], Sainte-Marie du Strand, etc.; mais toutes ces églises ne peuvent guère être regardées que comme des chapelles paroissiales. Chacune a son cimetière, au milieu duquel elle est située. La rencontre fréquente de toutes ces pierres funéraires au milieu d'une capitale avait pour moi, les premiers jours de mon arrivée, quelque chose de mélancolique dans les quartiers paisibles, et quelque chose de choquant dans les quartiers de bruit. On pourrait dire à l'avan-

[1] Corruption des mots français *Marie-la-Bonne*, qu'on commence à écrire plus correctement.

tage de cette antique coutume qu'une grave pensée qui vient nous frapper tout à coup au milieu de la dissipation du monde nous arrête quelquefois au bord d'un précipice, et que la pierre qui retrace les mérites du juste ne saurait rappeler trop souvent à ses fils un exemple trop tôt oublié : si c'est là parler plus en poète qu'en médecin, l'hygiène politique aura son tour dans un autre livre. La plus parfaite des chapelles de Londres est Saint-Stephens (Walbrook), chef-d'œuvre de Christophe Wren et modèle d'élégance, dont le plan est à la fois si original et si simple. Rien n'égale la grâce de son dôme aérien, que l'imagination transporte dans les vallons de la Grèce, indignée que de misérable huttes profanent ce temple classique par le contact de leurs sales murailles : cette impression désagréable se reproduit à l'aspect de Saint-Paul, quand, ravis du noble caractère de ce monument, les yeux cherchent la vaste place au milieu de laquelle il devrait s'élever, et ne rencontrent que ces maisons vulgaires qui rétrécissent l'espace et encombrent, pour ainsi dire, les approches du temple. Dans Saint-

Paul, c'est encore la grâce qu'on admire ; mais ici, c'est la grâce associée à la majesté : c'est cette beauté chaste, pure et touchante qui résulte de la symétrie de toutes les parties et de la merveilleuse perfection des détails ; c'est en même temps cette grandeur de l'ensemble qui seule produit des sensations profondes et durables.

Pénétrons sous ce dôme, rival de celui que Michel-Ange bâtit dans les airs ; hâtons-nous de payer le vil métal qu'exige de nous un peuple de marchands, qui même sous le portique du sanctuaire, spécule sur la curiosité des étrangers. Nous voici sous cette coupole où l'on raconte qu'un sauvage de l'Amérique, amené en Angleterre, demanda : « — Est-ce l'homme qui a fait ceci? » La nudité de cette noble enceinte a effrayé même ces chrétiens iconoclastes. A défaut des images des saints, qu'ils redoutent comme des emblèmes de superstition papale, ils ont introduit, pour orner ce temple du vrai Dieu, des idoles du paganisme. Que fait sur ce sarcophage Neptune armé de son trident? Je ne veux pas faire un crime aux Anglais d'avoir érigé les mausolées de leurs guerriers près de l'autel du Dieu de paix, puisque nous en avons aussi fait le Dieu des batailles ; mais ces fades allégories, ces lieux communs mythologiques, en contradiction avec le culte et les idées populaires, sont-ils pardonnables dans un tel édifice, qui, quoique classique, n'en est pas moins chrétien ? Et que font ici ces fils du privilége pour qui l'orgueil de leurs héritiers achète [1] de l'évêque de Londres le droit d'être admis à côté des grands hommes ? J'en appelle pour tous ces mausolées de la richesse et de la vaine gloire à l'épitaphe de l'architecte qui repose à l'entrée du chœur, sous un simple marbre :

« Sous cette pierre gît Christophe Wren,

---

[1] Southey raconte qu'à la mort de Barry le peintre, on désira lui consacrer un monument simple dans Saint-Paul, et une pétition fut adressée à ce sujet au doyen et au chapitre de cette cathédrale, qui répondirent que c'était un honneur taxé à 1000 liv. sterling. On représenta que Barry était mort pauvre, et qu'on se contenterait du coin le plus modeste de l'église. Le chapitre déclara qu'il consentait à une réduction de 500 livres. Nouvelle remontrance ; mais alors le chapitre se fâcha tout de bon, et redemanda le premier prix de 1000 liv. sterling.

Le fait n'a pas été contredit.

» qui construisit cette église; il vécut quatre-
» vingt-dix ans, non pour lui-même, mais
» pour le public. O toi qui cherches son mo-
» nument, porte tes regards autour de toi. »

Certes, cette épitaphe a quelque chose d'éloquent; mais ne sent-elle pas un peu l'orgueil de l'homme, n'usurpe-t-elle pas sur la véritable dédicace d'une église? Elle choque moins sans doute dans un édifice régulièrement beau, mais qui, borné dans sa grandeur par cette régularité même, est presque embrassé d'un coup-d'œil avec toutes ses proportions, et, malgré l'exclamation de l'Indien, rappelle encore plus le talent admirable de l'architecte qu'il n'inspire le recueillement de la dévotion. Cette épitaphe serait-elle venue à l'idée des amis de l'artiste dans une de ces cathédrales gothiques où l'homme sent toute son importance s'anéantir devant la majesté mystérieuse du lieu? Par ses bizarres mais sublimes proportions, par ses ombres et ses demi-jours, la basilique chrétienne réveille les pensées de l'infini, et de cet immensité où Dieu se dérobe à nous dans les lieux les plus remplis de sa présence invisible. Le temple païen ne parle qu'à nos sens, et les satisfait trop vite. L'admiration s'est bientôt épuisée sur sa perfection uniforme. Il est à regretter que des peintures chrétiennes ne corrigent pas ce qu'a de trop nu l'aire immense de Saint-Paul pour y parler plus clairement de sa destination.

Ce temple, dans son origine, fut une des premières églises fondées par le christianisme. Quelle opposition entre sa pompe actuelle et sa forme primitive, dans ces temps où l'on avait, dit un vieux chroniqueur, des églises et des calices de bois, mais des prêtres d'or [1] !

[1] On raconte que lorsque saint Wulstan, pour élever la cathédrale de Worcester, fit démolir l'antique et grossier édifice de Saint-Oswald qu'elle allait remplacer, des larmes mouillèrent les yeux du saint à l'aspect de cette démolition. « Vous devriez plutôt, lui dit quelqu'un, vous féliciter de voir s'agrandir l'église à laquelle vous présidez. » — « Pour moi, je crois, bien loin de là, répondit Wulstan, que nous démolissons les ouvrages des saints, nous pécheurs que nous sommes, afin d'élever sur leurs ruines de nouveaux monumens pour notre propre gloire. On ne savait pas, dans l'âge heureux de ces dignes serviteurs du Christ, l'art de construire de pompeux édifices ; mais on savait s'im-

Quelques unes des sectes dissidentes de l'anglicanisme, comme les quakers et les méthodistes, semblent vouloir ramener l'architecture ecclésiastique à cette pauvreté. Les véritables anglicans, tels que Southey, commencent à regretter les sculptures et les tableaux du catholicisme; ils citent avec orgueil ce qu'Érasme écrivait de la cathédrale de Cantorbéry : *Tantâ majestate sese erigit in cœlum, ut, procul etiam, intuentibus religionem incutiat.* « Elle s'élève « avec une telle majesté dans les airs, que de « loin même elle frappe d'un sentiment reli- « gieux ceux qui l'aperçoivent. »

moler soi-même à Dieu dans toutes sortes de temples, et persuader les autres par sa piété. Nous, au contraire, nous négligeons le soin des âmes, tandis que nous entassons des pierres. »

Mais ce sentiment était tout naturel à Wulstan. La démolition d'un édifice sanctifié p' : le temps et des souvenirs pieux l'affligeait en lui rap] elant la vanité et l'instabilité des ouvrages de l'homme; il ne pouvait s'empêcher de penser aux changemens dont était menacé son nouvel édifice, et à son inévitable destruction, de quelque long espace de temps qu'il lui survécût à lui-même, à son tombeau, et peut-être à son nom.

Southey. Q. R.

Feignant de croire qu'il ne manque à leurs peintres que des encouragemens publics, ils invitent le monarque actuel à continuer la protection que son père accordait aux beaux-arts dans la personne de West. Ils évoquent les souvenirs de leurs victoires anciennes et nouvelles, et veulent qu'elles soient immortalisées par les pinceaux appelés à décorer les palais; ailleurs ils indiquent la sainte Écriture aux artistes, comme une source inépuisable d'exemples à consacrer dans leurs églises. « — Devons-nous, osent-ils ajouter, parce que les catholiques romains ont abusé des peintures et des statues dans leur culte idolâtre, nous priver de l'avantage de parler aux yeux du peuple, et d'imprimer dans les jeunes imaginations d'ineffaçables idées, de graves leçons dont elles se souviendraient au besoin, et des pensées fécondes en vertus? Ce n'est pas seulement des peintres que produit la peinture : elle a enfanté des héros et des pénitens, des saints et des martyrs, en excitant une salutaire émulation. En lui accordant des encouragemens nationaux, auxquels elle a d'irrécusables titres, nous donnerons une heureuse impulsion à la bienveillance, à la vertu, au patriotisme, aussi-bien qu'au génie. »

Je finirai cette lettre par une observation. Si nous adoptons une division très générale, nous trouverons à Londres deux villes, l'une plus ancienne, la cité proprement dite ; l'autre plus moderne, la ville de l'ouest, où se multiplient tous les jours les colonnades et les rues régulières. Or, c'est justement dans la première, au milieu de vieilles maisons aux briques noircies, et confondant leurs ombres dans d'étroites rues, que s'élèvent la belle et vaste coupole de Saint-Paul, et la colonne presque romaine, appelée par emphase le *Monument*, tandis que les tourelles et les aiguilles pittoresques de Westminster dominent les constructions nouvelles. Le Monument, qui aide à ce contraste, sert à perpétuer une calomnie historique contre les catholiques. Aurait-on besoin, pour décimer presque périodiquement l'Irlande, de s'appuyer aux yeux du peuple anglais sur une accusation atroce qui dénonce chaque jour à la fureur du fanatisme un peuple de chrétiens et de *frères ?*

LETTRE IX.

A M. AUG. SOULIÉ.

> L'abbaye gothique où se rassemblaient ces grands vassaux de la mort ne manquait pas de gloire. . . .
> . . . .
> Ici, les ombres des vieilles voûtes s'abaissent pour se confondre avec les ombres des vieux tombeaux ; là, des grilles de fer entourent inutilement ces bières, et ne peuvent défendre la mort des empressemens des hommes.
>
> Chateaubriand, *Saint-Denis, Génie du Christian.*

J'ai admiré l'église de Saint-Paul : ne serait-ce pas dans l'intention de m'assurer le droit de vanter avec plus de liberté Westminster, ou la basilique de Saint-Pierre? Quel aveu ! Mais aurais-je réellement besoin de précautions oratoires pour oser préférer à un temple *romano-grec* une église gothique, lorsque cette préférence est fondée sur la concordance indispensable de l'architecture d'un peuple avec son climat, son culte et ses origines; lorsque surtout cette préférence est tout-à-fait indépendante du mérite absolu de chaque édifice considéré isolément comme objet d'art ?

Les cathédrales de Cantorbery et d'York sont supérieures dans leur ensemble à celle de Londres; mais l'abbaye de Westminster a pour appendice la chapelle de Henry VII, qui est, à coup sûr, l'œuvre la plus finie du style gothique. On a remarqué que le roi Henry VII dépensa, pour faire construire cette chapelle, une somme de 6,000,000; c'est le prix que lui avait coûté la construction d'un vaisseau de guerre. Du vaisseau.... il ne reste plus une seule planche ; toutes ont pourri dans les ports, ou furent dispersées par les tempêtes : la chapelle s'élève encore comme un monument éternel, ou bien, dirait un barde chrétien, comme un symbole visible de cette barque de saint Pierre, contre laquelle ne prévaudront ni l'enfer ni les siècles. Ce n'est point point en effet ici un édifice usé de vétusté, auquel l'imagination prête une perfection de détail qu'il n'eut jamais. Un artiste moderne, M. Gayfere, a rendu matérialement à la chapelle de Henry vii toute la grâce et la fraîcheur dont elle brillait il y a trois cents ans, sans lui avoir ravi ce prestige idéal qui couronne la vieillesse des temples. Cette chapelle, si élégante et si délicate, avec ses tourelles et ses murailles travaillées à jour comme une dentelle, s'offre aux yeux telle que la fantastique décoration d'un palais de fées. Il faut pénétrer dans le demi-jour de son enceinte pour se rappeler sa destination; c'est un mausolée, un mausolée spécialement consacré à des cendres royales; car si l'abbaye de Westminster accueille dans son sanctuaire toutes les illustrations historiques, on a eu tort de publier que les rangs y étaient égaux ou confondus.

Dans l'excès de leur amour pour l'égalité, nos voyageurs ont rêvé cette singulière utopie de sépultures. Combien de fois avais-je entendu répéter en France que les honneurs de Westminster appartenaient de droit au génie autant qu'à la royauté, et que le cercueil du pauvre poète descendait du grenier de Grub-street pour figurer à côté du cénotaphe des monarques ! Frappé au contraire de tant d'inégalité, non seulement dans les places, mais encore dans les formes de toutes ces tombes, plus d'une fois en présence d'un splendide mausolée qui, décoré d'un nom aristocratique, couvre orgueilleusement de son ombre une simple tablette de marbre, je me suis presque involontairement rappelé un dialogue assez connu entre un mort de qualité et le cadavre d'un gueux côte à côte duquel on l'avait inhumé.

J'avoue aussi qu'après avoir éprouvé d'abord cette émotion religieuse et le recueillement qu'inspire le vaste silence d'un temple, le mauvais goût de quelques sculptures modernes et la physionomie très peu chrétienne de notre cicérone me disposaient peu à peu à un ordre de réflexions moins poétiques, lorsque, visitant le caveau de Charles ii, je me trouvai inopinément à côté du grand écrivain dont on a dit avec raison que chacun de ses ouvrages était une bataille gagnée au profit des Bourbons : race auguste qui, bannie de la France par une révolution, comme la famille des Stuarts l'avait été une première fois de la Grande-Bretagne, a failli laisser, comme elle, ses cendres sur une terre d'exil.

Je suis convaincu que plus d'un Français m'enviera d'avoir visité en une telle compagnie les sépulcres de ces rois, de ces preux chevaliers, de ces saints prélats, de ces habiles ministres, de ces poètes immortels dont les images immobiles sur leurs monumens peuplent seules les voûtes silencieuses de Westminster, et attestent la succession de douze siècles d'événemens, liés la plupart aux annales de notre vieille monarchie. Par une transition naturelle, ma pensée me reporta presque aussitôt vers les catacombes royales de Saint-Denis, dont l'illustre auteur du *Génie du Christianisme* a déploré la profanation avec l'éloquence solennelle de Bossuet : invoquant, le premier, la légitimité du cercueil de nos princes sous la république, comme plus tard encore sous le sabre de l'empire, il osa, le premier, invoquer la légitimité de leur trône. Le dernier asile des princes d'Angleterre n'a pas été violé; mais si Cromwell ne jouit pas long-temps du privilége de la sépulture royale, la place que le successeur légitime de Charles II devait occuper près de son frère, n'est-elle pas usurpée par un monarque qui n'était pas un Stuart? O temple de Saint-Denis ! si une nouvelle race de Bourbons repeuple la solitude de votre sanctuaire funèbre, vous en serez redevable en grande partie à celui qui, après avoir crié anathème contre vos profanateurs, a, par ses écrits, familiarisé de nouveau la France avec les doctrines monarchiques. Et toi, temple de Westminster, qui as vu une seconde révolution réunir dans tes caveaux des cendres ennemies, il est permis de croire que les Stuarts eussent conservé jusqu'à nos jours la possession de leur trône et de leur sépulture, si le seul grand poète du siècle de Charles II avait consacré son génie à la cause de la restauration !.... Mais que dis-je ! l'Homère anglais fut l'apologiste du régicide et le secrétaire de Cromwell !....

Il existe une espèce de profanation à l'abbaye de Westminster, comme dans le temple de Saint-Paul ; c'est celle de la vanité qui achète à prix d'argent le droit de placer dans le Panthéon britannique ces mausolées dont je dénonçais tout-à-l'heure l'insolence et le mauvais goût. La blancheur seule de ces marbres nouveaux contraste d'une manière désagréable avec la couleur vénérable d'antiquité qui revêt ce noble édifice. Cet effet, s'il était moins fréquent, serait encore supportable; mais il se reproduit à chaque pas. Il est un de ces monumens qui plaît beaucoup aux Anglais par l'exécution assez habile du sujet qui le décore ; mais ce sujet est une allégorie très peu gracieuse et très peu poétique. Je suis obligé d'avouer qu'elle est l'œuvre d'un Français, le sculpteur Roubillac. Il a voulu représenter lady Nightingale que son époux s'efforce de défendre contre la Mort ; cette Mort n'est autre chose qu'un squelette dont l'artiste a rendu avec une exactitude d'anatomiste la hideuse nudité; je crois même que, fidèle à la syntaxe anglaise qui met la Mort au masculin, il n'a pas oublié de caractériser son sexe par la configuration particulière des omoplates et des os du bassin. M. de Châteaubriand dut se rappeler ce qu'il écrivait autrefois dans son chapitre de la sculpture : « Ce n'est point là le génie du christianisme, qui peint le trépas si beau pour le juste. »

J'entendis l'illustre écrivain exprimer aussi toute son indignation contre la maladresse barbare qui a présidé à la réparation de certains détails intérieurs des sculptures de l'abbaye de Westminster; mais je craindrais trop, en essayant de répéter les termes de ses critiques ou de son admiration, d'être un interprète indigne de lui. Quand nous fûmes dans le coin des poètes (*poet's corner*) [c'est ainsi qu'on appelle l'angle de l'édifice consacré aux monumens des littérateurs], je me préparais à écouter avec plus de recueillement encore le noble représentant de notre littérature moderne; mais je ne retrouvai plus M. de Châteaubriand, qui était resté quelques pas en arrière de nous, et qui sans doute, avant que je l'eusse rencontré, avait déjà salué le sanctuaire où sa place serait marquée d'avance à côté de l'auteur du Paradis perdu, si les Martyrs étaient écrits dans la langue de Milton. Revenant sur mes pas, j'ai reconnu aux simples initiales de leurs noms la place où reposent si près l'un de l'autre ces deux politiques rivaux qui, après s'être disputé le pouvoir pendant leur vie, partagent paisiblement le même caveau et presque la même tombe [1] au milieu de ces rangs pressés de morts, eux que les salles du parlement et les palais royaux semblaient ne pouvoir contenir en même temps pendant leur vie.

Mais comment se faire à l'idée de voir une grande reine renfermée debout dans une espèce d'armoire, comme les femmes des *Pharaon*, avec cette différence qu'Élisabeth, dont on dirait que la flatterie a voulu perpétuer sur son image la coquetterie exigeante et jalouse, s'offre à vous, non *telle que la mort nous l'a faite*, mais revêtue de ses robes royales? On la reconnaît à son costume avant d'avoir fait l'examen plus détaillé de ses traits historiques, auquel vous invite, en ouvrant *la boîte*, le cicerone officieux dont la familiarité eût bien offensé ce Louis XIV anglais en vertugadin. Je me hâte de dire

---

[1] Versez une larme sur le tombeau de Fox, elle ira rouler sur celui de Pitt. (Introd. du premier chant de *Marmion*, par sir Walter Scott.)

que ce n'est pas un cadavre embaumé qu'on vous montre, mais une Élisabeth de cire. L'immobilité de ce visage est effrayante, ou plutôt cette image semble exprimer le dépit d'être citée devant la postérité avec tant de rides. Élisabeth n'est pas la seule majesté que les Anglais aient ainsi moulée en cire ; d'autres boîtes contiennent le roi Guillaume, la reine Anne, etc. On montre aussi une ressemblance parfaite d'un héros plus moderne, l'amiral Nelson, avec son bras mutilé et dans la mesquinerie de son uniforme. Je n'ose pas dire combien il est ridicule de transporter sous les voûtes de Westminster le spectacle de notre Curtius, y compris l'affiche ; un tableau placé à l'entrée du temple vous indique le prix de la représentation.

LETTRE X.

À M. CASIMIR DELAVIGNE.

The Ocean queen, the free Britannia bears,
The last poor plunder from a bleeding land.
CHILDE HAROLD, ch. II, strophe 13.

La reine libre de l'Océan se pare des dernières dépouilles d'une nation victime opprimée.

Avant de vous parler du Muséum britannique, je dois vous prévenir qu'il faut écarter la comparaison avec notre Louvre que le titre de Musée semble appeler. Le Muséum britannique est bien un établissement royal et national, si vous voulez, ou public, c'est-à-dire placé sous l'immédiate direction du gouvernement et entretenu par lui ; il réunit les avantages d'une collection de minéraux, d'animaux et d'une galerie de sculpture ; les regards peuvent se rassasier à loisir de ces trésors : mais, par quel singulier abus de mots appelle-t-on publique la bibliothéque de ce Muséum, quand il est tout au plus permis d'apercevoir les dos poudreux des bouquins? Plus qu'aucuns livres, les livres d'une bibliothéque nationale sont faits pour être lus ! J'examinerai dans un autre ouvrage les richesses zoologiques et ornithologiques de Londres; je ne veux considérer aujourd'hui le Muséum anglais que comme le sanctuaire où les derniers dieux mutilés de la Grèce viennent de trouver un asile; d'autres disent une prison : car l'auteur de Childe Harold n'est pas le seul qui ait écrit contre lord Elgin. J'avoue qu'en voyant pour la première fois, sous le ciel brumeux de la Grande-Bretagne, ces dépouilles de la malheureuse Grèce, et entre autres la cariatide du Pandroséum, j'aurais répété volontiers les imprécations que lord Byron met dans la bouche de Minerve [1]. Je me rappelai la douleur du Disdar d'Athènes, lorsque voyant les ouvriers maladroits du lord écossais briser une des

---

[1] The curse of Minerva.

métopes du Parthénon, il ôta sa pipe de la bouche, laissa tomber une larme, et tourna vers *il signor Lusieri* un regard suppliant.

Les regrets d'Athènes dévastée firent pleurer même le marbre, pourrait-on dire avec les poètes : le petit temple du Pandroséum était encore bien conservé, et le bruit courut que les cinq sœurs de la cariatide aujourd'hui captive dans le Muséum de Londres versèrent des larmes et poussèrent un cri de deuil au milieu de la nuit.

Mais, sans avoir lu la défense de lord Elgin, n'est-il pas naturel, à l'aspect de ces ruines, d'examiner la question sous un autre point de vue? Quand ces débris restent seuls pour attester la gloire de Phidias, peut-on nier au lord calédonien qu'il ait sauvé ces mêmes débris de la dernière destruction? Les Grecs peuvent-ils, comme Micah, réclamer les idoles de leurs pères, puisqu'ils avaient renoncé à les défendre contre les barbares? Que l'ami des arts et le poëte accumulent toutes leurs imprécations sur la tête des dignes descendans d'Omar, qui, comme l'incendiaire d'Alexandrie, ne trouvent dans le Coran aucun texte en faveur des chefs-d'œuvre du génie.

Quels regrets amers viennent nous accabler auprès de ces marbres, qui, survivant aux dieux dont ils furent les attributs, sont encore, ainsi défigurés, depuis quinze siècles, l'objet d'un culte enthousiaste dans le cœur de l'artiste et de l'ami des Muses! La sculpture grecque fut créée avec une désespérante perfection par le ciseau de Phidias. Rome orna ses triomphes et ses temples des statues de la Grèce. Si elle eut son Homère dans Virgile, son Hérodote dans Tite-Live, son Pindare dans Horace, son Ménandre dans Térence, son Démosthène dans Cicéron, Rome n'eut point de Phidias. Et quand l'Italie moderne enfanta des sculpteurs chrétiens, depuis Michel-Ange jusqu'au grand Canova, ils eurent encore Phidias pour maître.

Les sculptures du Muséum de Londres, dans l'état où elles sont, ne parlent guère qu'aux yeux du sculpteur et du peintre : le peuple ne voit que des pierres informes là où l'imagination de l'artiste devine et recompose l'œuvre détruite. Quand il s'agit de voter une somme au parlement pour l'acquisition de la galerie Elgin, on réunit en faisceau les rapports des principaux artistes sur ces dépouilles du temple de Minerve ; il est curieux de comparer les expressions de l'admiration de chacun d'eux.

« Si j'avais vu ces *émanations du génie* dans ma jeunesse, dit West, alors président de l'Académie royale de peinture, le sentiment de leur perfection aurait animé tous mes travaux, et j'aurais mis plus de caractère, d'expression et de vie dans mes humbles essais de peinture d'histoire. »

Le président actuel, sir Thomas Lawrence, proclame les statues apportées par lord Elgin, supérieures à l'Apollon, parce qu'il trouve en elles la beauté de composition et la grandeur des formes réunies à une expression de nature plus parfaite et plus véritable que celle de l'Apollon ; il admire cette belle vérité pleine d'harmonie qui est produite dans la forme humaine par le repos et le mouvement alternatif des muscles.

Canova s'écria que lord Elgin méritait des

autels comme le sauveur des arts, et s'estima heureux d'avoir fait le voyage de Londres, par cela seul qu'il avait vu ces chefs-d'œuvre.

Selon M. Nollekins, le Thésée n'est que l'égal de l'Apollon. Flaxman, le sculpteur classique, et Chantrey, sont un peu plus indécis sur l'objet de leur préférence ; mais MM. Westmacot et Rossi ne connaissent rien au-dessus de ces admirables fragmens.

Au milieu de ce concert d'admiration, s'éleva la voix dédaigneuse d'un amateur, que, dans leur dépit, les artistes anglais me sauront gré de comparer au cri discordant d'un oison troublant la mélodie des cygnes.

M. Payne Knight ne vit dans ces statues que des copies d'écolier de l'époque d'Adrien, et tortura quelques phrases de Plutarque pour prouver que lord Elgin et l'Académie royale avaient été pris pour dupes. M. Knight fut hué; on lui prouva que ses prétendus dédains naissaient d'une jalousie de métier : car telle a été jusqu'ici la pauvreté des galeries nationales en Angleterre, ou, si l'on veut, telle est la richesse des galeries particulières, que M. Knight voyait l'importance de son cabinet d'antiquités menacée par les sculptures athéniennes. Ce trait me semble caractériser la vanité des amateurs en général. Malheureusement on dévoila, aux dépens du rival de lord Elgin, une anecdote qui rappelle l'excellent tour qu'Édie Ochiltree joue au Laird de Monkbarns. Quelques années auparavant M. Knight avait acheté un camée antique de Flore pour 250 livres sterling. Or, M. Knight n'estime qu'à cette somme la tête du cheval de la galerie Elgin, précieux monument, et qui, je l'avoue, est un de ceux de la collection qui m'ont le plus frappé. Tant que dura le blocus continental de Bonaparte, la Flore de M. Knight resta authentique; mais soudain un artiste italien, il signor Petrucci, vient en Angleterre et découvre que le prétendu camée antique est très moderne. M. Knight de le nier; Petrucci d'insister; M. Knight de faire grand bruit. Enfin Petrucci, dans l'intérêt de sa propre défense, est forcé d'avouer, ce qu'il a depuis attesté par serment devant les tribunaux, qu'il est lui-même l'auteur de l'*antique camée* inventé par lui pour le seigneur Bonelli, moyennant vingt *scudi*, et duquel signor Bonelli M. Payne Knight a eu le *bonheur* de le racheter moyennant 250 livres sterling.

Chez les Grecs, où il existait une relation intime entre les productions de la statuaire et de l'architecture, les marbres d'Elgin formaient une partie intégrante du Parthénon, et ils nous offrent les modèles des trois grandes divisions de la sculpture antique dans les statues des frontons, les hauts-reliefs des métopes et les bas-reliefs de la frise.

Un des frontons représentait la naissance de Minerve, et l'autre sa querelle avec Neptune. Le Thésée est un Hercule, selon M. Visconti : c'est un jeune dieu appuyé sur un des rochers de l'Olympe, couvert d'une peau de lion et d'une ample draperie. M. Visconti prétend encore que le Neptune est le dieu-fleuve Illissus dans la même attitude, mais au moment de se relever dans le transport de joie que lui cause la victoire de Minerve. Rendre la spontanéité de ce mouvement était un vrai tour de force. Les fragmens de ces deux divinités sont, avec la tête de cheval, les plus précieux des monumens de statuaire proprement dite enlevés au Parthénon.

Le Muséum doit encore à lord Elgin quinze des métopes qui ornaient alternativement avec ces triglyphes l'entablement par lequel était couronnée la colonnade entière. Phidias y avait sculpté le combat des Lapithes et des Centaures, sujet national, puisque Thésée, à la tête d'un corps d'Athéniens, avait décidé la victoire en faveur des Lapithes. La correction du dessin est encore remarquable dans ces divers morceaux, dont l'exécution est cependant inégale. Phidias se fit aider probablement par quelqu'un de ses élèves, même dans le magnifique et presque merveilleux bas-relief de la frise de la *Cella*, où la poétique cérémonie des grandes Panathénées est retracée avec tant de poésie. On ne saurait se défendre d'un moment d'illusion en admirant la procession de cette fête instituée en faveur de la déesse protectrice d'Athènes. On éprouve quelque chose de cette émotion que fait naître le pompeux spectacle d'un culte consacré : si, quelle que soit la différence des croyances, on n'échappe pas entièrement à cette influence magique de l'art entre les murs d'un musée, faut-il s'étonner de l'enchantement d'un Châteaubriand et d'un Byron en présence de ces débris divins sous le ciel même de la Grèce?

Les marbres du Phigalia présentaient les mêmes sujets que ceux du Parthénon, et quoique inférieurs à ceux-ci, ils forment encore un appendice curieux de la collection Elgin. Il faudrait faire un gros volume pour analyser toutes ces antiquités, et comparer les différens modèles de sculpture grecque, romaine et égyptienne du Muséum britannique. Ce serait d'ailleurs sortir en quelque sorte de l'Angleterre; je préfère parcourir rapidement les places de Londres pour y chercher la sculpture anglaise elle-même, et voir quels ornemens elle a fournis à la métropole. Mais ne sortons pas du Muséum sans remarquer que l'édifice lui-même est un hommage rendu à la supériorité de l'art français, puisqu'il fut l'œuvre de Puget, de Marseille, appelé exprès en Angleterre, par lord Montagu, pour présider à sa construction.

Les statues en plein air sont assez rares à

Londres, quoique l'usurpation ait respecté toutes celles de la légitimité. Je veux parler des monumens érigés aux Stuarts, qui, si j'étais roi d'Angleterre de la maison de Hanovre, me feraient trembler en me rappelant, selon l'expression de Junius, que puisqu'une révolution a donné le trône à ma famille, une révolution peut me l'ôter. Il est vrai que les sculpteurs anglais, comme les nôtres, ont généralement déguisé les personnages historiques, par ce que j'appellerai des anachronismes en costume, en représentant les Charles et les Jacques avec la toge romaine; encore faut-il leur rendre grâces de n'avoir pas respecté les perruques royales. Celle de Louis xiv désertait rarement son front vénéré dans les images de bronze ou de pierre qui furent érigées au grand monarque.

On n'est pas choqué cependant de trouver à Bloomsbury-Square, Charles Fox en robe consulaire. Il y avait de l'éloquence romaine dans les discours parlementaires de ce chef d'opposition : il est représenté assis, le bras droit étendu et soutenant la *grande Charte;* son nom forme toute l'inscription. On vante la ressemblance de ses traits ; sa pose a beaucoup de dignité ; ce monument fait honneur à Westmacott. Dans la place vis-à-vis s'élève une autre statue par le même sculpteur, qui rappelle encore assez bien un sénateur de Rome, un de ces grands hommes, qui partageaient leur temps entre la politique de l'état et les soins de leur ferme Sabine. C'est la statue du duc de Bedford, une main sur une charrue, et tenant de l'autre les épis de Cérès. Quatre jeunes enfans figurent les quatre saisons au pied du monument orné de divers attributs champêtres en bas-relief.

Nous retrouverons ailleurs Westmacott, et ses rivaux en sculpture.

LETTRE XI.

A M. Ch. NODIER.

> Au moment où j'écris, on dessine, on peint, on grave, on modèle en Angleterre un bout de muraille de peu d'importance ; chez nous, on démolit des temples et des palais, etc.
> Ch. Nodier.

Mon cher Charles,

Riche en architecture, mais obligée cependant de reconnaître la richesse plus grande et la supériorité comparative de la France en édifices de tous les styles, l'Angleterre s'est avisée de nous adresser un reproche que nous pouvons enfin répéter sans rougir depuis que votre magnifique ouvrage nous a révélé la poésie de nos monumens religieux et historiques.

« Nous renonçons, disaient les Anglais, à l'honneur réclamé quelquefois en notre faveur, d'avoir inventé l'architecture gothique ; mais ce sont les *Anglais seuls* qui cherchent à conserver la mémoire des monumens de la Normandie condamnés à la destruction par la honteuse et ignorante apathie des Français. Écrivains médiocres la plupart, nos topographes ne pouvaient naître pourtant que parmi une nation amoureuse de sa terre natale, et de tout ce qui s'attache à son histoire. Aux yeux des Français, tout ce qui rappelle les anciens temps n'est qu'odieux. Aucun ouvrage entrepris pour célébrer leurs édifices nationaux ne serait susceptible d'être bien accueilli chez eux. C'est à l'Angleterre qu'est dévolue la tâche de décrire les antiquités de la France elle-même : nous n'avons ni conçu ni exécuté ces nobles gages de la piété et de la magnificence d'un autre âge ; mais tandis que les habitans du sol restent insensibles à leur beauté, nous en faisons une propriété anglaise, comme de l'Alhambra et du Parthénon, des temples d'Ellora et des sépulcres de Thèbes, des mosquées de Delhi et des ruines de Palmyre. »

Voilà donc à quelle honte la France peut

être exposée par la négligence des ministres du roi très chrétien ! Voilà les suites de cette habitude de nous reposer sur les hommes du gouvernement, du soin d'élever et de conserver les monumens publics ! Les statues de Richard-Cœur-de-Lion et d'autres rois de la race des Plantagenets restaient enfouies en France près d'un puits, essuyant chaque jour d'indignes mutilations : serait-il vrai qu'un artiste anglais, M. Stothard, ait le premier appelé l'attention du ministre de l'intérieur sur ces outrages, et qu'au nom de ses compatriotes il ait pu demander la permission de transporter ces images sacrées parmi les tombes royales de Westminster ? La terre de France ne serait-elle plus digne de conserver le dépôt glorieux des cendres des chevaliers ? Faut-il que le même M. Stothard soit venu découvrir et restituer au tombeau la tête et la statue de Clisson, le frère d'armes de Duguesclin ? Mais vous avez enfin élevé la voix, Taylor, de Cailleux, et vous, mon cher ami ; vous avez expulsé déjà de plus d'un temple les mercenaires de la *Bande-Noire*. Grâces à vos brillantes lithographies, et à votre style non moins pittoresque, nous ne méprisons plus comme de lourdes pierres surchargeant le sol, cette architecture qui lui donne une physionomie morale, et qui, s'associant intimement au paysage, y forme la noble alliance des productions de la nature et de celles du génie de l'homme.

En Angleterre comme en France, l'épithète de gothique devint un terme insultant, lorsqu'on se livra à l'imitation presque exclusive de l'architecture grecque. Le peuple se prosternait encore avec respect dans les basiliques de ses pères; mais les artistes et les amateurs souriaient de pitié à l'aspect de ces édifices si magnifiques et si gracieux à la fois. Accordant toute leur admiration au goût imitateur du moindre architecte classique, ils ne sentaient plus quelle richesse d'imagination, quelle connaissance des passions humaines, quel génie il avait fallu pour composer ces édifices prétendus barbares, dont la pompe, le mécanisme ingénieux, les voûtes, les tombeaux, les vitraux peints, les teintes variées de lumière, les ombres calculées, et les perspectives font naître les vives émotions d'une piété presque romanesque. Aussi est-ce comme un miracle qu'on cite encore l'aveu d'un voyageur classique grec, qui, à son retour d'Athènes, rempli d'une juste admiration pour ce berceau des beaux-arts, et d'un injuste dédain pour tout ce qui n'était pas l'œuvre de Phidias, entra par hasard dans l'église de Saint-Ouen, dans la capitale de la Normandie. Saisi d'un saint respect pour la majesté du lieu, il n'en appliqua pas avec moins de sévérité les règles antiques à l'analyse du sentiment qu'il éprouvait. Comme pour se justifier de son impartialité forcée, il loua surtout cette basilique de Rouen, comme un chef-d'œuvre de symétrie, qui prouvait que l'architecte profitant de tous les modèles antérieurs, avait déployé la plus rare habileté, avec autant de génie que d'imagination.

En Angleterre, le talent admirable d'Inigo Jones et celui de C. Wren, si grand dans la conception de Saint-Paul, ont échoué quand ils ont voulu faire du gothique.

Les Saxons apportèrent d'Italie en Angleterre de grossières imitations de l'architecture romaine. Les Romains imprimèrent aux édifices construits ou réparés par eux un caractère d'élévation, de grandeur, et quelquefois de grâce : la cathédrale de Durham leur appartient. Mais ce ne fut que dans les douzième, treizième et quatorzième siècles que la France fournit à l'Angleterre les grands modèles du style gothique. Les basiliques romaines influèrent aussi sur les idées de quelques uns de ses architectes de cette époque.

Falaise, la patrie de Guillaume-le-Conquérant, semble avoir servi de modèle à la plupart des châteaux-forts d'Angleterre. Le style, dit *des Tudor*, appliqué d'abord aux simples maisons et puis aux édifices, n'est qu'une copie de la modification qu'a subie l'architecture française sous les princes de la maison de Bourgogne ; malheureusement les traces moins durables de l'architecture civile et domestique s'effacent rapidement. Déjà même les maisons du temps de Charles 1er ont presque toutes disparu par suite des *réparations* qu'ont sollicitées les ruines ou le luxe.

Dans l'architecture religieuse, une des différences du style français, proprement dit, d'avec le style anglo-normand existe dans les larges croisées circulaires qui, dans les églises françaises, sont plus fréquentes et plus grandes que celles qu'on ne trouve guère ici que dans les cathédrales de Cantorbery, de Chichester, de Litchfield, de Westminster et d'York.

Malgré les réformateurs religieux du siècle de Henry VIII, dont le fanatisme d'iconoclaste fut aussi destructeur que le jacobinisme et la *Bande-Noire* l'ont été parmi nous, l'Angleterre a conservé la gradation successive des trois types de l'architecture chrétienne, depuis le gothique primitif qu'on trouve dans les simples arcades de Salisbury, jusqu'au gothique fleuri, dont le chef-d'œuvre est la chapelle de Henry VII à Westminster; entre ces deux *ordres*[1] exista le *gothique pur*, dont la cathédrale de Bristol est un modèle, mais encore mieux celle d'York, dont la grâce simple et chaste est toute classique, s'écrierait le Grec cité tout à l'heure. En général les basiliques françaises ont plus de magnificence dans l'ensemble ; mais c'est à tort que les Anglais pré-

[1] Le mot *manière* serait peut-être plus juste, le mot *ordre* ne s'appliquant qu'à la différence des colonnes et des chapiteaux.

tendent que les leurs brillent davantage par l'élégance des détails.

Les premiers modèles de l'architecture religieuse appartiennent au clergé lui-même, conservateur des beaux-arts dans les siècles de barbarie. Les premiers architectes furent des évêques et des abbés. Le chanoine Élie de Berham construisit l'église de Salisbury; l'évêque Guillaume Wykenham, celle de Winchester, et il dirigea aussi les constructions du château de Windsor. Lorsque Henry VIII appela un essaim d'Italiens à sa cour, ils s'y proclamèrent les héritiers de la tradition des beaux-arts, et eurent un moment le monopole de l'architecture et de la sculpture; mais, à demi *convertis* eux mêmes au goût des *Barbares*, ils introduisirent un barbare mélange du gothique et du classique, et dénaturèrent la noble simplicité des colonnes régulières. Holbein lui-même sacrifia à cette bizarre corruption, aussi-bien que Jean de Padoue; et, sous Élisabeth et sous Jacques, il eût été difficile de bannir des palais et des temples un style d'ornemens pédantesques qui s'alliait si bien au ton de la cour. Inigo Jones enfin parut sous Charles 1er, et conçut Whitehall; il était digne de respirer l'air de l'Italie, et d'être l'élève de Vitruve et de Palladio. Charles aimait les arts; il y avait quelque chose de français dans les fêtes de sa cour élégante. Inigo dessinait les décorations des *masques* de Ben Johnson, son lauréat; mais c'est à Whitehall, à Banquetting-House, à Greenwich, à la Bourse, que survit le génie du Palladio anglais. Après la tempête révolutionnaire et le despotisme de Cromwell, quand les Stuarts vinrent rapporter de France *une mauvaise imitation des pompes théâtrales de Versailles*, cette mauvaise imitation, n'en déplaise à nos dédaigneux voisins, leur valut pourtant le plus beau de leurs temples classiques, Saint-Paul; le plus vaste de leurs palais, Hampton-Court; le plus magnifique de leurs hospices, Greenwich, et la grande colonne de Londres. L'architecte de ce règne n'avait jamais voyagé qu'en France *malheureusement!* dit Walpole. Quel malheur! — Vanbrugh succéda aux titres de Wren, mais non à son talent; nous en verrons la preuve à Blenheim. Hawksmoor, Gibbs, élèves de Wren, suivirent en froids copistes les préceptes du maître. Il y eut absence totale de grâce et d'imagination dans les œuvres des architectes anglais jusqu'au règne de George II, où lord Burlington exerça sur les artistes ses contemporains la puissante influence de sa protection et de son goût. L'hôtel qui porte son nom, bâti par son père, fut orné par le fils d'une façade et d'une colonnade nouvelles d'un effet imposant. « Je n'en avais pas encore ouï parler peut-être, dit Walpole, lorsqu'à mon retour d'Italie je fus invité à un bal à Burlington-House. En franchissant les portes pendant la nuit, je n'avais pu rien remarquer. Au point du jour, je regarde par la fenêtre pour voir lever le soleil, et la colonnade m'apparaît comme une vision. C'était un de ces édifices que, dans les contes des fées, les génies élèvent par enchantement. » N'en déplaise à Walpole, cette colonnade aurait-elle ainsi étonné son imagination dans une capitale où il aurait pu admirer, je ne dis pas la colonnade du Louvre, mais l'Hôtel des Monnaies ou le Garde-Meuble? Cependant il semble qu'aujourd'hui encore Burlington-House, alors isolé, maintenant centre d'un vaste quartier, rougit de ses alentours. Un mur de briques cache cet hôtel, près duquel on voit, depuis peu cependant, un passage qui éclipse le passage Delorme et le passage des Panoramas réunis. La villa de lord Burlington; à Chiswick, rappelle, dit-on, la Villa-Capra près de Vicence, bâtie par Palladio. Ce noble lord était magnifique comme un Crésus anglais, et éclairé comme un seigneur de l'antique Florence. Il fut l'ami de Pope, le protecteur de Kent.

H. Walpole avait voulu ressusciter l'architecture féodale dans son château de Strawberry. Depuis Walpole on ne nie plus le mérite du style gothique; et l'on semble, dans les hôtels et les châteaux comme dans les édifices religieux, adopter indifféremment tantôt les modèles de Palladio et de Wren, tantôt ceux du moyen âge. Il y a toutefois, ai-je remarqué déjà, un luxe évident de colonnades dans Londres; mais plusieurs artistes modernes, plus heureux que Wren, ont prouvé qu'ils étaient capables d'exécuter les plus beaux ornemens de l'architecture gothique. M. Gayfere vient de restaurer la facade de Westminster-Hall et la chapelle merveilleuse de Henry VII, d'une manière digne des beaux jours d'Édouard III et d'Édouard IV. La nouvelle église de Chelsea est heureusement conçue, et dans le beau quartier de Londres s'élèvent des temples que je ne veux pas trouver plus grecs que chrétiens, parce qu'ils sont d'ailleurs en harmonie avec les magnifiques hôtels qui les avoisinent. Les débris du Parthénon portent déjà leurs fruits.

Voilà plus de considérations générales que de descriptions particulières. Je tâcherai d'être ailleurs plus minutieux; mais *le Guide de l'Étranger* le sera toujours plus que moi; et je n'ose pas trop promettre à mes lecteurs de le copier pour leur parler des voûtes solennelles de Westminster, de Sheffield, d'York, etc.

L'architecture et la sculpture associent si souvent leurs créations, qu'il est peut-être fâcheux que la profession de l'architecte et celle du statuaire, dépendantes l'une de l'autre, ne soient plus exercées par un même artiste. On sait tout ce que cette réunion a produit du temps de Phidias et dans l'âge d'or des beaux-arts en Italie ; mais je ne suis pas étonné que quelques esprits prévenus accusent l'architecture gothique d'avoir corrompu la sculpture dans ses rapports intimes avec elle. De grotesques images forment quelquefois, il est vrai, l'ornement des temples chrétiens. Très peu de ces accessoires seraient dignes d'être mis auprès de l'entablement et des métopes du Parthénon ; mais ce serait une erreur de croire que les frises et les niches gothiques refusent d'admettre des statues correctes ; le Moïse de Michel-Ange, le saint Denis de Coustou, la Mère de Pitié et les huit Apôtres de Girardon s'adapteraient fort bien aux chapelles et aux niches de nos temples. Que nos sculpteurs étudient les modèles grecs; mais qu'ils prennent garde, en voulant rivaliser avec leurs maîtres, d'oublier les traditions nationales du costume, sous peine de commettre d'absurdes contre-sens et de ridicules anachronismes dans leurs images et leurs représentations symboliques. Les âges barbares virent de singulières œuvres dans ce genre, alors que de pieux chroniqueurs semblèrent se montrer jaloux de prêcher l'Évangile jusque dans le ciel des païens. Vénus alors devint *sainte Vénus;* et son fils, subissant une métamorphose à laquelle Ovide s'attendait peu, montait en chaire, et prêchait sous le titre du *curé Cupidon*. Des sculpteurs classiques de notre époque éclairée ont-ils meilleur goût quand ils font pleurer Neptune sur le cénotaphe d'un amiral chrétien? La sculpture ne parlant qu'aux yeux, mais s'adressant surtout au peuple, doit éviter toute allégorie étrangère à ses mœurs, à ses usages, à son culte. On raconte que, lorsqu'on découvrit le monument de Nelson, à Guild-Hall, un enfant qui s'était fait une très grande idée du vainqueur du Nil, ne put imaginer qu'on reléguât en quelque sorte sur le mausolée son simple buste dans un médaillon; et, montrant la figure de Neptune, il demanda si c'était là le célèbre amiral. On ajoute que cette question naïve et naturelle ne fut pas perdue pour Chantrey, qui était présent, et dont le génie n'a pas sacrifié aux faux dieux.

C'est sur les monumens funèbres que nous trouvons les premières productions de la sta-

trouvons les premières productions de la statuaire anglaise ; ces guerriers agenouillés dans les cloîtres, ces saints prélats dans l'attitude de la bénédiction ou de la prière, n'attestent en général que l'invention encore peu variée des moines sculpteurs. Les imitations d'un art plus heureux appartiennent à un Français, Hubert Le Sueur, élève de Jean de Boulogne, et à un Italien, Francesco Fanelli, sous Charles 1er. Ce prince écoutait volontiers les inspirations de lord Arundel, ami éclairé des artistes. Sous Charles ii parurent Gibbons, qui sculptait surtout en bois, et Cibber, l'auteur des deux célèbres statues de la Démence, placées dans le vestibule de Bedlam, et dont on voile avec raison la belle mais horrible vérité.

Sous le roi Guillaume, on admira beaucoup John Bushnell, qui fit les deux Charles, à la Bourse, et les deux rois, à Templebar ; mais, plus bizarre qu'heureux dans ses conceptions, et travaillant sur des défis, il est plus connu de la postérité par le projet singulier qu'il osa tenter de réaliser le fameux cheval de Troie. La tête seule pouvait déjà contenir dix ou douze hommes assis autour d'une table, lorsque cet immense quadrupède fut démoli par un coup de vent. Bushnell eût été digne, de nos jours, d'exécuter le fameux éléphant inachevé du faubourg Saint-Antoine.

Sous George II, la France et la Flandre fournirent à l'Angleterre deux statuaires de mérite, Roubillac de Lyon, et Rysbrac d'Anvers. Roubillac, élève de Coustou, avait plus d'imagination et d'élégance que son rival flamand, mais celui-ci un ciseau plus franc, plus énergique. Pour son Hercule, Rysbrac mit à contribution les formes athlétiques des plus fameux pugiles anglais, comme un sculpteur grec étudiait celles des lutteurs dans les jeux Olympiques; mais aucun de ces illustres boxeurs dont les noms sont parvenus jusqu'à nous par les annales du pugilat, ne put offrir sans doute à Rysbrac *the human face divine*[1], la tête d'un dieu, puisqu'il fut réduit à copier celle de l'Hercule-Farnèse. Roubillac a paré d'une élégance classique sa statue de l'Éloquence; mais, en voulant prêter un air de grâce au *chevalier* Isaac Newton,

---

[1] Milton.

il lui a presque donné l'air d'un fat pédant.

Scheemaker et Wilton, dont quelques artistes encore vivans ont été contemporains, contribuèrent aux progrès de l'art : peut-être dans un pays et dans une époque où un grand monarque et un grand peuple auraient employé ces deux sculpteurs à des monumens nationaux, ils eussent été dignes de préparer l'Angleterre à l'appréciation des marbres grecs ; mais, comme leurs devanciers et leurs successeurs immédiats, ils ont travaillé dans le cercle borné des vanités privées. Des emblèmes, des allégories commandées ont quelquefois déshonoré leur ciseau. Ce reproche s'adresse aussi à Bacon, à Banks, à Nollekins, et plus rarement à Flaxman et à Westmacott ; mais les artistes vivans méritent bien qu'une lettre ou deux leur soient exclusivement consacrées.

MONUMENT DE LA CATHÉDRALE DE LICHFIELD

Par F. CHANTREY.

LETTRE XII.

A M. F....

> . . . . *Prepare*
> *To see the life as lively mocked, as ever*
> *Still sleep mocked death.*
>
> SHAKSPEARE, *Winter's tale* [1].
>
> Préparez-vous à voir la vie représentée aussi naturellement que la mort le fut jamais par un paisible sommeil.

Monsieur,

Votre obligeante lettre m'a procuré un accueil très gracieux de lady F.... Son frère, sir William, n'a pas été moins prévenant, et j'ai accepté la proposition qu'il m'a faite de m'accompagner à l'*exhibition* (exposition des tableaux) de Somerset-House. J'avais déjà parcouru une première fois les salles de sculp-

---

[1] Vers empruntés à la scène du *Conte d'hiver*, où Pauline montre au roi la prétendue statue d'Hermione.

ture et de tableaux, mais j'étais bien aise, pour mieux les juger, de m'aider des éloges et des critiques d'un Écossais qui vit, à Édimbourg comme à Londres, avec les poètes et les artistes, et que je soupçonne d'avoir part à la rédaction de l'une des *Revues* périodiques de l'Angleterre.

Nous avons payé notre shelling à la porte, et acheté le catalogue qui indique les statues et les tableaux exposés, avec les noms des artistes. Le salon de sculpture est au rez-de-chaussée, nous y entrâmes d'abord. Sir William me montra un groupe de saint Michel terrassant Lucifer : « C'est l'ouvrage de Flaxman, notre professeur de sculpture, » me dit il. Je ne pus m'empêcher de lui répondre: « J'aime à penser pour sa gloire que, comme artiste et comme professeur, il peut montrer quelque chose de mieux à ses élèves, car cette production presque sans beauté et sans grâce n'annonce pas un grand maître. [1] »

Après avoir jeté un rapide coup d'œil sur quelques autres ouvrages du même rang,

[1] Je juge ailleurs un peu mieux de Flaxman sur de meilleures preuves de son talent.

nous fûmes arrêtés par un sujet emprunté à
Milton : ÈVE AU BORD DE L'EAU.

> *I laid me down*
> *On the green bank to look into the clear*
> *Smooth lake, that to me seem'd another sky.*
> *As I bent down to look, just opposite a shape*
> *Within the watery gleam appeared*
> *Bending to look at me ; I started back, etc.*

« Je m'assis sur la rive verdoyante, afin de regarder dans le lac uni et transparent qui me semblait un autre ciel. Comme je m'inclinais sur l'onde, à l'instant une image parut dans le cristal humide, se pencha vers moi, comme moi vers elle : je tressaillis, elle tressaillit, etc. »

Deux sculpteurs ont traité ce sujet ; le premier M. Rossi est de l'académie ; il a traduit Milton comme l'abbé Delille [1], en substituant

---

[1] Voici la traduction de Delille, qui semble, dans ce passage, donner un démenti à ce jugement fondé sur l'ensemble de son travail.

> De ces bords enchanteurs, sur cette plaine humide
> Je hasarde un regard ignorant et timide.
> O prodige ! mon œil y retrouve les cieux,
> Une image flottante y vient frapper mes yeux ;
> Pour mieux l'examiner sur elle je m'incline,
> Et l'image à son tour s'avance et m'examine.
> Je tressaille et recule. A l'instant je la voi
> S'effrayer, tressaillir, reculer comme moi.

à sa noble et mâle simplicité un style *brillanté* et de fades ornemens. Pour rendre l'onde *transparente* (*the smooth clear lake*), il a imaginé de mettre *un miroir* aux pieds d'Eve. Cette bizarre conception ne gâte pas heureusement l'Ève de M. Bayley. Il y a dans la pose de sa statue un naturel et une grâce ravissante. Le sourire céleste de sa figure rappelle Éden et ses innocentes voluptés.

J'eus peine à arracher mes regards de cette poétique création; cependant il en est une autre qui lui dispute le prix ; c'est la Psyché de Westmacott, Psyché au moment d'ouvrir la boîte fatale [1] que Vénus lui a confiée. Il y a dans cette divinité une beauté si chaste, des formes si élégantes que je ne crains pas de la mettre à côté des modèles classiques. Westmacott est le sculpteur de la grâce. Mais la boîte n'a pas été moins funeste à l'artiste qu'elle le fut à Psyché. Par un mauvais goût dont malheureusement un grand maître de nos jours

---

[1] A cause de la boîte, il est peut-être nécessaire d'assurer à certains lecteurs qui se défieraient de mes connaissances classiques, que ce n'est pas de Pandore, mais bien de Psyché qu'il s'agit.

a donné l'exemple, c'est une boîte d'ivoire doré que Psyché tient dans ses mains, ce qui détruit toute l'harmonie et la correction d'un morceau qui serait peut-être parfait. « — Cette boîte, me dit sir William, rabaisse Psyché au rang de ces statues qu'on place sur les cheminées pour y servir de candélabres. »

« — Voyons Chantrey, demandai-je à sir William; dans quelle salle sont ses ouvrages? car je ne vois plus ici que quelques médiocres sculptures et des bustes fort beaux sans doute, mais qui sont, dans la statuaire, ce que le portrait est aux grands tableaux historiques; tout buste a besoin d'un NOM sur son piédestal.

« — Hélas! me répondit sir William, vous voyez cependant le reste de nos richesses : c'est parmi ces bustes qu'il faut chercher le seul modèle que Chantrey ait daigné exposer cette année. Je vous dédommagerai en vous montrant quelques uns de ses derniers ouvrages et en vous parlant de lui.

« — Le voilà, » dis-je, en désignant du doigt le buste du roi actuel. J'avais deviné; c'est Chantrey qui a su reproduire dans ce marbre tout ce qu'il y a de grand et de noble dans cette tête couronnée ; on reconnaît là ce roi qui est le premier gentleman et qui *fut* le plus bel homme de son royaume! mais telle est l'influence irrésistible d'une pensée première, que je ne sentis pas tout le respect que doivent inspirer cette tête et le talent de Chantrey. Sir Astley Cooper m'avait entretenu le même matin d'une fâcheuse verrue qu'il avait extirpée dernièrement de ce front couronné ; cette idée le dépouillait pour moi de toute sa poésie comme objet d'art. [1]

Je ne pus m'empêcher d'avouer à sir William que j'aurais préféré trouver le buste de sir Walter Scott, dont j'avais admiré chez lui une copie en plâtre, et que Charles Nodier avait vu l'année dernière ; je lui citais le passage de la *Promenade de Dieppe aux montagnes d'Écosse*, que j'aime à recueillir ici [2].

---

[1] C'est depuis cette opération que sir Astley Cooper est le chirurgien en titre du roi.

[2] « — On remarque surtout celui de sir W. Scott, dont « un marbre vraiment animé reproduit la physionomie, « comme je la lis dans ses ouvrages, pleine de pénétra-

Que ne puis-je enrichir souvent mes lettres de semblables citations !

« — Jamais on n'a mieux loué le sculpteur et le poète, me dit sir William ; et M. Nodier méritait de voir notre *exhibition* de 1815, où les *deux jeunes sœurs endormies* de Chantrey figurèrent entre la Terpsychore et l'Hébé de Canova. Vous les verrez à Sheffield, et vous comprendrez comment les deux déesses obtinrent peu d'admirateurs auprès du groupe touchant de Chantrey ; j'ai vu une mère le contempler avec attendrissement, et s'en éloigner les yeux humides de larmes. Ces deux enfans reposent dans les bras l'un de l'autre ; les

« tion, de finesse et de puissance ; tout ce qu'il faut de
« grandeur pour s'élever aux plus hautes conceptions de
« l'homme ; tout ce qu'il faut d'ingénieuse malice, de
« goût et de philosophie pour se jouer, en les prodiguant
« sans mesure, des ressources du génie même ; un mé-
« lange de Corneille et de Molière, de Swift et de Mil-
« ton. Le Walter Scott de Chantrey a le front d'Ho-
« mère et la bouche de Rabelais ; il doit être fort ressem-
« blant. »

Une copie de ce buste est offerte, par souscription, aux amateurs chez M. Ch. Gosselin, éditeur des OEuvres de Walter Scott.

fleurs de narcisse perce-neige que le plus jeune a cueillies tombent de sa main. Jamais le sommeil, l'innocence et la beauté ingénue ne furent plus heureusement exprimées. »

L'Italie de Canova a été si long-temps associée à notre fortune ; le Phidias moderne a si souvent prêté son ciseau aux trophées de notre gloire ou aux ornemens de nos palais et de nos musées, que la France a adopté en quelque sorte son génie, et elle oublie pour le louer qu'aux jours de nos revers il se fit un des instrumens serviles de la conquête pour nous dépouiller. C'était la première fois que j'entendais le nom de Chantrey prononcé à côté du sien, et je crus pouvoir demander si ce prétendu rival de Canova était même comparable à Thorwaldsen. J'avais encore la veille admiré une Hébé du sculpteur danois chez M. Boddington, dont j'aurai ailleurs l'occasion de louer l'aimable hospitalité. Sir William aime la discussion. Il ne recula pas devant la comparaison.

« —Vous aurez de la peine, dit-il, à convenir de tout le mérite de Chantrey, parce que vous arrivez tous de France avec l'idée que l'Angleterre ne saurait enfanter un grand sculpteur ni un grand peintre. Hier encore, chez ma sœur, il vous est échappé de nous exclure à jamais du temple des beaux-arts ; et cependant vous avouez que de tout temps des poètes *sont nés* sous notre ciel septentrional. Écoutez à votre tour le système de nos préjugés anglais : nous prétendons que vos sculpteurs ne méritaient pas les riches trésors que la conquête vous avait donnés, et que la conquête vous a ravis. » J'interrompis ici sir William pour nommer fièrement MM.... Sir William m'interrompit à son tour : « Ne me nommez personne, me dit-il; en véritable Anglais, je tiens à mon opinion ; je vais critiquer tous vos artistes collectivement, ne m'exposez pas à des personnalités. Oui, la sculpture française a peu profité des admirables modèles que l'ambition de Buonaparte avait ravis à l'Europe. La vanité de la nation et l'orgueil de la dynastie parvenue encouragèrent certainement la sculpture. Cependant, malgré cette soif de gloire qui, chez vous, était devenue la maladie de l'époque, où est le marbre qui mérite de passer à la postérité ? Les Français ne peuvent concevoir le repos et la majesté des figures antiques ; ils ne savent rendre que la grâce et l'élégance. Au lieu de la dignité de la femme faite, ils copient la gravité empesée de leurs reines tragiques ; et leurs vierges ne sont que les danseuses de leur Opéra.

« En Angleterre, je le confesse, avant Chantrey, nos sculpteurs avaient trop négligé la nature ; ils avaient cru trouver le beau idéal dans d'absurdes personnifications et d'obscures allégories. Ce qui n'est pas de la nature ne saurait appartenir à l'art. C'est elle seule que l'art doit imiter. Le beau idéal n'est que l'heureux choix de ce qu'elle a de plus parfait. Notre poésie, notre philosophie, nos actions, sont l'expression de notre caractère national, et portent l'empreinte de sa force, de sa hardiesse et de son originalité. Jusqu'à Chantrey, je le répète, la sculpture avait refusé de parler notre langue.

« Le caractère des ouvrages de Canova ne me semble ni très naturel ni très original. Il n'a fait qu'imiter, comme notre Flaxman ; il a choisi pour ses modèles le beau grec et la nature grecque ; mais il ne voit le beau et la nature que par les yeux de ceux qui l'ont précédé. Il n'a même que rarement saisi le caractère sévère et majestueux des chefs-d'œuvre antiques ; et ce n'est que depuis quelques années qu'il a complétement réussi dans le genre gracieux et tendre, qui est la véritable vocation de son talent. Ses premiers ouvrages sont tous entachés du style théâtral et affecté. Chacune de ses figures rappelle une coquette qui étudie toutes les manières de faire valoir les charmes de sa personne. Canova fut gâté par son commerce avec l'école française. Votre Buffon a dit : « La patience, c'est le génie. » La patience et le travail sont en effet le génie de Canova : nous préférons l'inspiration. Canova vit trop avec les demi-dieux, pas assez avec les hommes. Il semblerait que l'ambition du sculpteur du pape est de rétablir les statues perdues de l'ancienne Grèce sur leurs piédestaux, au lieu de considérer la nature et la religion révélée avec les yeux de Raphaël.[1]

---

[1] Je fais, certes, preuve d'une grande impartialité en laissant parler les Anglais eux-mêmes sur un semblable

« — Vous avez cependant en Angleterre, dis-je à sir William, la statue de la mère de Buonaparte, dont on vante la dignité; et la statue colossale du fils....

« — La statue de *madame mère*, reprit sir William, forme une exception [1] au genre habituel de Canova. Quant à celle du dieu Mars, c'est plutôt celle d'un athlète; et vous connaissez ce qu'en dit Buonaparte lui-même : « Canova croit-il donc que je fais mes conquêtes à coups de poing? » De toutes les qua-

sujet ; car au moment où je relis cette page avant de la livrer à l'impression, on m'apporte un article du *Morning-Chronicle*, qui, parfaitement d'accord avec le *Blackwood*, traite notre école de peinture et de sculpture avec une rare impertinence : le mot n'a rien de trop fort. On attribue cet article à W. Hazzlit, que nous retrouverons ailleurs. Il est bon d'avertir que l'on entend beaucoup d'Anglais juger nos artistes plus favorablement.

[1] Quand il s'agit d'expliquer le génie d'un peuple étranger, les Anglais font, comme sir William, un grand usage du mot exception. Ainsi, en France, Corneille, Bossuet, Pascal, Buffon, Montesquieu, Rousseau, etc. sont des *exceptions* qui ne prouvent que mieux notre *infériorité littéraire*.

lités de Canova, c'est sa grâce qu'on peut seule louer presque sans restriction. Cependant si vous avez vu son Hébé, vous avez pu y remarquer une preuve de ce qu'on a dit, que la mythologie païenne fondée sur les sens est bien loin des chastes révélations de la pudeur et de la modestie chrétienne que nous devons à Raphaël. L'Hébé de Canova est vive et légère comme une sylphide; mais à son regard presque leste, on dirait qu'elle a goûté le nectar enivrant. Notre Chantrey n'a pas cherché à ressusciter la sculpture grecque. Son art est une émanation pure du génie anglais; son style n'est pas un style copié; il ne ressemble pas plus au style des anciens que les drames romantiques de Shakspeare [1] ne ressemblent aux drames d'Euripide, ou que les héros chevaliers de Walter Scott ne ressem-

---

[1] Ayant participé à un *prospectus* où Shakspeare est mis à côté de Raphaël, ce qui a choqué ceux qui ont crié à l'hérésie sans vouloir écouter d'autre explication, je suis obligé de faire remarquer que c'est un Anglais qui parle, et qu'en Angleterre on voit, à tort ou à raison, un Raphaël dramatique dans Shakspeare : j'examine plus loin cette autre question.

blent aux héros du paganisme ; c'est la force
et la beauté de notre île qu'il s'étudie à personnifier; c'est la nature vivante qu'il prend
sur le fait; c'est dans les émotions de ses
concitoyens qu'il cherche ses triomphes :
rien de contraint ni de théâtral dans les attitudes de ses statues. Toutes sont autant remarquables par l'heureuse vérité des portraits que par la gracieuse simplicité des
draperies. Le génie, l'intelligence, les passions parlent dans les têtes de ses grands
hommes. Son ciseau donne au marbre une
auréole d'immortalité. Thorwaldsen étudie la
nature vivante comme Chantrey ; mais ce
n'est pas comme lui, avec l'œil d'un poète ;
il ne possède ni sa puissance de création ni
la vigueur de ce style noble et naturel qui
n'appartient qu'au sculpteur anglais.

« L'artiste danois osa se faire l'émule de
Canova, en composant un groupe des trois
Grâces, qui n'a servi qu'à mesurer la distance
qui les sépare. Il a risqué avec Chantrey une
autre comparaison qui ne lui a pas été plus
favorable par sa statue de miss Russel, fille
du duc de Bedford, dont la sœur Louisa est

une des plus heureuses créations de notre Phidias. Celle-ci est représentée sur la pointe du pied, caressant une colombe à demi cachée dans son sein. Rien n'est touchant comme la simplicité et la grâce de cette statue.

« — J'espère, répondis-je à sir William, vous faire un jour à Paris les honneurs de nos Musées : là, en présence des ouvrages de nos maîtres, je serai peut-être inspiré comme vous l'êtes par les vôtres, et peut-être parviendrai-je à vous prouver que la patrie de Coustou, de Puget et de Bouchardon a aussi ses Chantrey. Sans citer nos artistes vivans, je vous annonce d'avance le nom de Chaudet, mort en 1813, qui avait trouvé, il est vrai, l'école française dégénérée, mais qui sut bientôt s'affranchir de ce style artificiel, de ces ornemens fades et prétentieux que vous lui reprochez. Je vous attends aux pieds de sa statue de Bélisaire. »

La discussion s'arrêta là, et nous montâmes dans les salles de peinture.

LETTRE XIII.

A M. DE LAROCHE.

That rare master.... who, had he himself eternity, and could put breath into his work, would beguile nature of her custom, so perfectly he is her ape.
Shakspeare, *Conte d'hiver.*

Cet artiste rare.... s'il pouvait disposer du don de l'éternité et insinuer le souffle à son ouvrage, il ne laisserait plus rien à faire à la nature, tant il l'imite avec perfection.

Avant de parler de l'exposition des tableaux des artistes anglais, je crois devoir compléter le sujet de ma lettre précédente, en vous adressant une notice abrégée sur Chantrey, que j'extrais d'une esquisse sur ses ouvrages que m'a indiquée sir William. Je ne prétends ici que citer les éloges, sans doute exagérés, de ses compatriotes; mais je m'engage à les modifier par de justes critiques chaque fois que, dans mon voyage, je rencontrerai sur mes pas quelque création de son ciseau. On aime à suivre les progrès d'un génie original, depuis le point de départ de ses essais imparfaits jusqu'aux productions dans lesquelles on reconnaît enfin toute sa puissance. Francis Chantrey est né à Norton, petit village sur les frontières du comté de Derby, le 7 avril 1782, dans une famille d'honnêtes fermiers. Il perdit son père de bonne heure, et il fut élevé par sa mère avec la tendresse et la sollicitude dont un fils unique est ordinairement l'objet. Ce fut à l'école de Norton qu'il reçut sa première éducation ; et, jusqu'à sa dix-septième année, tout son temps fut partagé entre ses études élémentaires et les travaux de l'agriculture. Mais, agité par cette vague inquiétude du génie qui s'ignore encore lui-même, il sentit une invincible répugnance pour l'occupation de ses pères, et résolut d'aller s'initier dans la science des lois, sous un avocat respectable de Sheffield. Une autre destinée l'attendait.

Pendant les heures de ses loisirs à la ferme, le jeune Chantrey aimait à imiter divers objets avec de l'argile, sans se douter que c'était l'instinct encore obscur de son talent.

Le jour fixé pour commencer sa nouvelle profession arriva, et, avec cette ardeur pour la nouveauté qui entraîne toujours la jeunesse, il se rendit à Sheffield avant l'heure à laquelle ses amis lui avaient donné rendez-vous. Il parcourait d'un œil curieux les rues de la ville, lorsque son attention fut attirée par quelques figures placées à la fenêtre d'un nommé Ramsay, sculpteur et doreur. Il s'arrêta pour les examiner, et sa vocation lui fut révélée. Dès ce moment, il forma la résolution de devenir artiste. Toutes les objections de ses amis furent inutiles, il entra en apprentissage chez Ramsay. Les travaux auxquels son maître l'employa ne suffirent bientôt plus à sa passion pour l'art, et il consacrait tous ses momens de loisir à dessiner et à modeler d'après nature. Ramsay restait froid à son enthousiasme, et l'on prétend même qu'il détruisit plusieurs fois ce qu'il appelait les inutiles *hors-d'œuvres* de son élève. Mais celui-ci rêvait déjà ses succès futurs, et passait les nuits dans sa chambre, travaillant à des groupes et à des figures qu'il envoyait à sa mère, qui vit encore pour jouir de la gloire de son fils!

Après trois années de travaux clandestins, il trouva des amis qui surent deviner son avenir, et entre autres Raphaël Smith, qu'on prétend n'avoir pas été lui-même sans talent. Cet artiste déclara au jeune Chantrey qu'il devait aspirer à la perfection, et, par conséquent, quitter l'atelier de son premier maître pour aller à Londres acquérir les connaissances mécaniques dont il avait besoin.

La sculpture est une profession plus pénible que la peinture; de même que la peinture et la poésie, elle ne saurait plaire par la médiocrité. Chantrey eut à lutter contre de nombreux obstacles; il paraît même qu'il interrompit ses études pendant quelque temps pour voyager, non dans la terre classique des beaux-arts, mais dans l'Écosse et l'Irlande. Une fièvre dangereuse l'arrêta à Dublin, d'où il revint se fixer à Londres.

Livré tout entier à son état, il y fit des progrès rapides; il avait déjà conçu le caractère de ses ouvrages : l'occasion seule lui manquait pour les réaliser. Un de ses premiers bustes fut celui de son ami Raphaël Smith, exécuté avec un bonheur rare à cette époque. Il fit ensuite le buste de Horne Tooke, auquel il a communiqué toute la pénétration et la sagacité de cet homme célèbre. Le nom de Chantrey commençait à être connu lorsqu'il se mit sur les rangs pour être chargé de la statue de George III, et une circonstance curieuse faillit lui faire préférer un rival inférieur à lui. Comme Canova, Chantrey s'occupait aussi de peinture, et plus heureusement que le sculpteur romain, qui n'a jamais fait que de mauvais tableaux, qu'une aveugle vanité lui faisait cependant préférer, dit-on, à ses véritables chefs-d'œuvre. Quand il présenta son dessin pour la statue du roi, il obtint l'approbation générale; mais un membre du conseil de la Cité fit observer que l'artiste était peintre, et, *par conséquent*, incapable d'exécuter l'œuvre du sculpteur. Le fameux sir William Curtis, qui passe pour le bouffon de George IV, prit la parole : « Vous entendez, jeune homme, dit-il à Chantrey; que répondez-vous à cela? êtes-vous peintre ou sculpteur? » — « Je suis sculpteur, » répondit l'artiste ; et sa statue le prouva. Le monument touchant élevé à la mémoire d'une fille du traducteur anglais de Froissard, M. Johnes d'Hafod, la statue du président Blair, celle du dernier lord Melville, et le buste de Playfair, le Buffon d'Édimbourg, ajoutèrent à sa réputation. Dans les mausolées du colonel Cadagan, et dans ceux des généraux Bowes et Egillespie, il apprit à ses rivaux que si la simple nature n'a rien que de vulgaire quand de faibles mains ont manié le ciseau, le génie lui rend toute sa grâce et sa majesté.

En 1814 Chantrey s'arracha aux nombreuses occupations qui le retenaient à Londres, pour aller admirer les trésors dont notre Louvre était encore rempli. Il alla les revoir une dernière fois, lorsque les barbares du Nord profanèrent nos musées. Il revint en Angleterre par la Normandie, dont il rapporta de riches croquis d'architecture gothique. Nodier et Taylor n'avaient pas encore exécuté l'ouvrage national où nous retrouvons les dessins de toutes ces nobles ruines du moyen âge que les Anglais nous envient.

Ce fut à son retour que Chantrey exécuta

son fameux groupe pour la cathédrale de Litchfield, la figure colossale de Satan, digne de Milton, la statue touchante de Lady Saint-Vincent, et celle de Louisa Russel (qui est aujourd'hui à Woburn-Abbey, avec les trois Grâces de Canova), la tête remarquable de John Rennie, et les bustes de sir J. Banks, et de Benjamin West, l'un pour la Société des Antiquaires, et l'autre pour l'Académie royale, dont il fut reçu membre en 1818.

Selon les uns, son chef-d'œuvre est la statue d'un vénérable vieillard, le docteur Anderson; selon les autres, son groupe des Sœurs endormies. Je m'abstiens de citer toutes ses productions, ne pouvant en faire qu'une froide énumération.

Chantrey a visité l'Italie après la France; on ne sera pas fâché de connaître son opinion sur Canova, avec qui il était lié par une amitié honorable pour l'un et l'autre. Voici l'extrait d'une de ses lettres, qui pourra servir de correctif aux critiques de sir William. « Je mets les chefs-d'œuvre de Canova au-dessus de tout ce que l'art moderne offre à l'admiration des étrangers. Ses dernières compositions ont un caractère plus naturel et plus élevé que celles qui les ont précédées ; sa gloire eût pu être compromise par celles de ses statues que nous possédons en Angleterre ; il gagne tous les jours en grâce et en simplicité : son Endymion pour le duc de Devonshire, et sa Madeleine pour lord Liverpool, sont supérieurs à tout ce qu'il avait fait. J'ai vu aussi sa noble statue du roi Ferdinand de Naples, dont la tête a subi toutes les chances des révolutions. Un poète de Rome a publié un livre de sonnets sur tous les ouvrages de Canova, etc. »

Les étonnantes créations de Michel-Ange firent sur Chantrey une impression profonde. Il a compris toute la puissance de ce génie extraordinaire, dont le défaut semble avoir été, suivant lui, de prétendre à exprimer trop de choses, et de vouloir atteindre une perfection impossible : « Michel-Ange, dit-il, eût désiré donner un corps à tout ce que la poésie a de plus sublime et de plus vaste ; mais il fut arrêté par les limites de l'art et l'imperfection des matériaux que le sculpteur emploie. Malgré tout ce qu'il a de grandeur, on peut lui reprocher quelquefois une élévation forcée, et, malgré toute sa vérité, une exagération des formes humaines, qu'il prit à tort pour de la force. Son ardeur impatiente l'empêcha de finir la plupart de ses ouvrages : un nouveau sujet s'offrait-il à son imagination inquiète, il laissait un héros avec une main ou un pied fixé à jamais dans le bloc, pour réaliser le rêve de quelque autre chef-d'œuvre. »

Dans ces dernières années le ciseau de Chantrey a continué à créer des statues fort remarquables, entre autres celle de James Watts, etc.

LETTRE XIV.

A M. TAYLOR.

.........O thou, senseless form,
Thou shalt be worshipp'd, kiss'd, lov'd, and ador'd.
SHAKSPEARE. *Les Deux Gentilshommes de Vérone.*
O toi, image insensible, tu seras honorée, caressée, aimée et adorée!

JE serais injuste envers Flaxman si je ne faisais connaître que l'impression produite sur moi par son groupe de Michel terrassant l'archange rebelle. De tous les sculpteurs anglais c'est celui qui a le mieux obéi à la vocation de l'artiste, en travaillant pour la gloire de l'art bien plus que pour l'illustration des individus : jeune encore, il laissa en Italie des bas-reliefs, heureux monumens de ses excellentes études, et il se distingua de bonne heure par la correction du dessin, partie si négligée avant lui.

Il y a plus de beau idéal dans ses figures que dans celles de Bacon, dont les femmes ont cependant un air si angélique : Bacon s'était acquis une grande réputation par son mausolée de l'Éliza de Sterne, et par celui de Whitbread; mais ce dernier fut une copie évidente du monument de Richelieu par notre Girardon; et, en général, on peut reprocher à ses groupes une certaine confusion, de l'obscurité à ses allégories, et à quelques unes de ses statues une maladroite imitation du costume moderne. Flaxman a un sentiment plus exquis du beau; son mausolée de Collins, ceux de lord Mansfield, de Home et d'Abercombie prouvent un talent pur et vrai. J'ai entendu vanter aussi beaucoup sa statue de Washington; il appartenait au sculpteur anglais qui a le mieux compris l'antiquité, de reproduire l'image de l'Épaminondas moderne, qui a tant de traits de ressemblance avec les grands hommes dont Plutarque nous a si bien décrit les nobles vertus, le grand caractère et les mœurs naïves. En soumettant son talent à une continuelle imitation des modèles anciens, Flaxman s'est fait surnommer en Angleterre le Racine des sculpteurs : cet éloge est plus grand que ne le voudraient ceux qui le lui donnent ; heureusement pour le sculpteur anglais, rien de plus spécieux et de plus inexact que de tels parallèles entre des génies et des genres si opposés. Le poète crée tout un drame ; le sculpteur, plus borné encore que le peintre, peut retracer tout au plus une scène ; cependant Flaxman mérite une partie de l'éloge par la connaissance profonde qu'il a de son art, par son amour religieux pour les chefs-d'œuvre de la Grèce, son style chaste et correct et la majesté de ses figures. Il a publié une suite de dessins qui sont de véritables études sur Homère et sur les tragédies d'Eschyle [1] ; c'est enfin un classique : faut-il en conclure qu'il manque d'imagination et d'originalité, de verve et de chaleur ? il n'aurait plus alors qu'un seul rapport avec Racine, qui avait étudié la nature autant que les anciens ; tandis que Flaxman a plus étudié les anciens que la nature. Il y a surtout chez Racine un fini, une grâce, et une sensibilité

[1] Ses Études sur le Dante ne sont pas moins remarquables.

délicate qu'on ne trouve pas au même degré dans les marbres de Flaxman. Je veux bien voir dans ses figures isolées et dans ses groupes le goût de l'auteur de *Phèdre*, mais le génie de Racine n'est pas là.

C'est M. Westmacott qui paraît être le sculpteur auquel sont confiés de préférence les monumens importans de Londres. Cet artiste brille surtout par la grâce et l'harmonie des contours : il ne devrait peut-être sculpter que des Nymphes, car son Achille-Wellington n'est qu'un Adonis colossal. Il eût mieux réussi à représenter le héros échappant à l'adolescence, et folâtrant avec les jeunes filles de la cour de Scyros. Qui croirait que cet Achille-gladiateur trompait jadis, sous un déguisement féminin, Déidamie et ses compagnes? Les cris de la pudeur alarmée viennent de prouver que les dames de Londres ne sont pas si faciles à abuser. [1]

---

[1] Cette statue colossale, dédiée à Wellington par les dames anglaises, représente Achille laissant tomber sa robe et se couvrant de son bouclier. L'allusion est un peu forcée. Les dames ont prétendu que M. Westmacott ne les a pas consultées sur cette statue allégorique, et

Le chef-d'œuvre de Westmacott est peut-être son Fox expirant dans les bras de la Liberté; c'est vers la déesse que son dernier regard semble se lever avec le sentiment d'un triste adieu. A ses pieds la Paix gémit sur celui qui plaida constamment pour elle; et un Africain à genoux exprime sa reconnaissance pour le ministre-citoyen qui signala sa courte administration par l'abolition de la traite des noirs. Westmacott, sans ôter à cette figure aucun des traits particuliers de sa race, en a ennobli et adouci le caractère : M. Wilberforce ne serait pas le seul à s'écrier ici « que le nègre fut fait comme le blanc à l'image du Créateur. »

Pour me résumer sur les sculpteurs anglais, je dois répéter, avec mon interlocuteur, sir William, que Chantrey est le seul parmi eux qui soit vraiment original. Combien n'est-il pas à regretter en le voyant dans ses moindres têtes allier tant de vérité à tant de poésie, parer ses jeunes filles et ses enfans de tant d'ingénuité, de délicatesse et d'inno-

qu'elle était faite avant la souscription. La *nudité* d'Achille a surtout causé le scandale.

cence, fixer sur les traits de toutes ses statues le sourire, la pensée fugitive, le regard exalté de l'enthousiasme, ou la grave expression de la méditation ; combien n'est-il pas à regretter, dis-je, qu'un si beau talent oublie sa haute destinée pour n'être qu'un sculpteur de bustes! Peut-être aussi serait-ce à l'Angleterre d'ouvrir les yeux sur les intérêts de sa gloire, et de consacrer son immortel ciseau à quelque grande composition. Nous verrons le président de l'Académie royale de Peinture borner aussi son ambition à être un peintre de portraits. Il faut ajouter, il est vrai, que si de tous les sculpteurs Chantrey est le plus grand par la puissance du génie, il est aussi le plus jeune en renommée.

LETTRE XV.

A M. TAYLOR.

Before this court, I Peter Puff appear
A Briton born, and bred an auctioneer.
. . . .
Before you buy, be sure to understand.
    Garrick, Prologue de la comédie des *Virtuoses.*

Devant cette cour je parais, moi Pierre Puff [1], né Anglais, élevé au métier de crieur d'encans. . . .
. . . .
Avant d'acheter, sachez vous y connaître.

Plus civil sans doute, mais tout aussi partial que ses compatriotes, le voyageur Paul [2], qui n'est autre, comme vous savez, que *le grand inconnu* lui-même, voudrait flétrir, par ses méprisantes épithètes, notre école de peinture nationale, tout en convenant qu'elle a produit des artistes du premier ordre. Par de

[1] Compère qui sert les marchands, etc.
[2] Voyez les Lettres de Paul, par sir Walter Scott.

justes représailles, il serait possible de prouver à l'Angleterre qu'elle n'a eu jusqu'ici ni artistes du premier ordre ni école. Quand on a parcouru quelques châteaux anglais et ces galeries de Londres, plus riches en chefs-d'œuvre que les *villa* et les galeries italiennes, et capables de fournir peut-être dix musées comme notre Louvre, on est tenté de croire que l'orgueil national a dit à l'Angleterre, comme la Muse de Virgile disait aux Romains : « Laissez aux autres nations le soin mercenaire d'orner vos palais des productions de l'art. »

Excudent alii spirantia mollius æra, etc.
Æneid. vi.

L'histoire des premiers progrès de la peinture anglaise jusqu'à Henry VIII intéresse tout au plus les antiquaires. Par une vanité toute égyptienne, Henry VII confia la gloire de son tombeau à l'architecture, et négligea tous les autres arts ; mais Henry VIII, naturellement magnifique, et jaloux de rivaliser par les pompes de sa cour avec François Ier, aurait voulu lui disputer les grands maîtres de l'Italie. Henry commença une collection de tableaux ; mais les principes de la réforme religieuse, qui cessa d'être sous ce règne une puissance occulte, furent plus funestes aux arts que l'ostentation et la vanité du roi ne leur avaient été favorables. Il faut dire néanmoins qu'Holbein travailla sous les auspices de Henry. La minorité d'Édouard et les réactions religieuses sous Mary causèrent une véritable lacune dans l'histoire de la peinture anglaise ; et lorsqu'Élisabeth monta sur le trône, son égoïsme réclama en quelque sorte pour elle, comme une divinité jalouse, tout le culte des arts ; si elle protégea Zucchero et quelques Flamands, ce fut pour multiplier ses propres portraits. Jacques, son successeur, n'avait aucun goût pour les artistes et les tableaux ; et heureusement, a-t-on dit avec raison, car il eût voulu imposer aux peintres ce goût pédantesque dont il infecta la littérature. Une ère propice arriva enfin pour les arts, sous Charles Ier, protecteur généreux et juge éclairé, qui mérita que Rubens daignât corriger ses propres ébauches. Charles qui naturalisa en quelque sorte Vandyck dans la Grande-Bretagne, augmenta les collections de Henry VIII, et acheta les célèbres cartons de Raphaël.

Les beaux-arts partagèrent la proscription et l'exil des Stuarts. La populace aveugle dans ses caprices de haine, crut effacer les traces brillantes de la tyrannie, en détruisant les palais et leurs pompes. La peinture était une idolâtrie aux yeux des Puritains qui s'imaginaient imiter les Israélites fidèles du règne de Jéroboam, et renverser les autels élevés aux faux dieux. La restauration ramena les arts, mais non le goût et l'élégance française, excepté en architecture. Non contens de tourner en ridicule le cagotisme révolutionnaire, les royalistes introduisirent dans la peinture, aussi bien que dans les lettres, l'*obscénité* comme une réaction contre l'austérité puritaine. Le peintre à la mode fut le Hollandais Pierre Lely, qui, avec un talent peut-être aussi original que celui de Vandyck, gâta, par de bizarres accessoires, ses portraits devenus historiques. Vandyck avait été aussi fidèle au costume que naturel dans ses draperies. Mais quand on voit à Windsor sourire encore sur la toile cette brillante cour de beautés immortalisées par le pinceau de Lely, et par les Mémoires d'Hamilton, on comprend la *critique* qu'un Bridgenorth de l'époque écrivit contre les *gorges* et les *épaules*.

Après Charles II, les préludes d'une révolution nouvelle ne purent être favorables aux arts; cette révolution fut consommée au profit d'un monarque qui aimait la gloire, mais qui faisait peu de cas des artistes qui la consacrent.

Kneller, seul, a laissé un nom parmi les peintres de ce règne, et de celui d'Anne qui vit plus de beaux esprits et d'auteurs élégamment classiques que de grands poètes, ou d'artistes de mérite. Totalement négligés par George 1er, les arts dégénérèrent encore, et il fallut à Jervas l'amitié de Pope et des autres littérateurs ses contemporains, pour passer à la postérité. George II, ou plutôt la reine Caroline, fit naître l'aurore d'une époque plus heureuse pour la peinture. Ce fut sous George II que parut le peintre satirique Hogarth, devenu si populaire par le genre de son talent : j'avoue que peu de tableaux m'amusent autant que ceux d'Hogarth ; il est vrai que je dois me placer au nombre de ceux à qui il en appelait en reconnaissant tout le monde pour juge, excepté les connaisseurs. Mais je dois, malgré l'enthousiasme de Walpole, laisser parler la critique après ce franc aveu, et remarquer pour compléter cette esquisse rapide de la peinture anglaise que les compositions d'Hogarth, si dramatiques et si morales, sont mal dessinées, faiblement coloriées, et prouvent qu'il ignorait ou négligeait le mécanisme de son art.

On peut donc dire que sir Josué Reynolds, son contemporain, trouva la peinture dans l'enfance, et dut surprendre ses rivaux en leur révélant, à la fin du dernier siècle, un autre Corrège, par quelques unes de ses têtes d'enfant. Gainsborough et Wilson, dans le paysage, se montrèrent aussi des artistes dignes de toutes les écoles. Mais B. West est le seul qui ait tenté le vrai genre historique avec quelque succès. Avec de grandes prétentions et un véritable enthousiasme, Barry a laissé de belles leçons sur la peinture, et des tableaux fort médiocres ; il prit son aveugle ambition pour un gage assuré de succès; son génie ne tint aucune de ses promesses.

Tous ces peintres peuvent être considérés comme les fondateurs de l'Académie anglaise, quoique l'idée d'une semblable société et des expositions appartienne surtout à sir Josué Reynolds. En examinant l'exposition de cette année, c'est-à-dire les progrès de l'art en Angleterre, nous jugerons les fruits des leçons de ces maîtres, et les fruits de l'institution. Hogarth, seul, s'était opposé à l'établissement d'une académie. Selon lui, et les critiques d'Édimbourg [1] ont répété ses idées, un des vices des académies commun à toutes les corporations dans la littérature et dans les arts, c'est l'orgueil ou la vanité qu'elles font naître. L'importance de tout le corps se communique à chaque membre en particulier, et un académicien est comme un docteur qu'un diplôme fait participer à l'autorité de la Faculté, quelques médiocres que soient ses talens : ces dignitaires croient être pour le moins l'assemblée législative du goût et des sciences; ils

---

[1] *Ed. Rev.* Article sur Barry, v. 16.

fixent arbitrairement les caractères de l'excellence, et risquent ainsi de sanctionner tout système d'erreurs que le caprice ou des théories frivoles peuvent mettre à la mode. Comme dans ces assemblées le talent de la discussion donne plus d'influence que le talent d'artiste, il devient le premier objet de l'ambition; et bien parler de peinture, plutôt que peindre bien est le moyen le plus commode de se distinguer. L'affaire de diriger l'institution détourne ainsi de son but; des factions s'élèvent, et chaque académicien, plus il est négligé et méprisé comme artiste, n'en est que plus occupé à se donner de l'importance comme homme de cabale.

Croirait-on que l'Académie de peinture de Londres eut cependant un jour le sentiment de sa médiocrité, et se ligua secrétement contre le projet d'établir un Muséum comme celui du Louvre, composé d'ouvrages choisis parmi ceux des plus célèbres peintres étrangers? Les académiciens avaient ébloui le public par une exposition annuelle de peintures modernes. Selon eux, ils avaient formé le goût de la génération présente. La menace d'une galerie où l'on apprendrait à apprécier l'École italienne, les fit trembler sur leurs paisibles fauteuils; la simplicité, la noblesse, l'énergie et la vérité des modèles allaient dévoiler la mesquinerie des compositions de l'École anglaise : selon les académiciens, c'était détruire le germe de l'art, détourner l'enthousiasme national, attaquer des réputations méritées, ravir le gagne-pain des peintres anglais! Enfin, dans un libelle, on osa blasphémer contre Raphaël et ses émules.

La galerie fut formée cependant malgré la cabale : les peintres nationaux en sont moins admirés, peut-être; les peintres étrangers le sont davantage, parce que le goût du public est plus éclairé. Cette galerie qui, pour le local, serait digne d'un grand seigneur, et non d'une grande nation, se renouvelle chaque année. Ce sont tour à tour les tableaux de l'École italienne, de l'École hollandaise, ou de l'École anglaise qu'on y expose; les souscripteurs *prêtent* leurs tableaux pour une année seulement; mais je reviens à l'*exposition* des artistes modernes.

Quand j'ai quitté Paris, chacun se récriait,

avec quelque raison, sur l'infériorité de notre dernière exposition comparée aux expositions précédentes ; mais là, néanmoins, quelques heureuses imitations nous rappelaient que l'exil n'avait pas enlevé à la France David tout entier ; David, dont le pinceau sut reproduire les beautés mâles et sévères de la statuaire antique, et la nature calme et sublime de l'École athénienne. Nous avons encore notre Gérard, dont le talent est si pur, si spirituel, et si moelleux; Girodet n'a rien perdu de son imagination audacieuse et brûlante; Gros et Guérin n'ont pas renoncé à nous charmer, l'un, par sa vigueur, l'autre, par sa finesse et la suavité de ses contours. Le pinceau d'Horace Vernet, enfin, nous surprendra long-temps encore par sa féconde originalité.[1]

L'exposition de Somerset-House ne fait pas honneur à l'Académie britannique : le plus grand nombre des tableaux admis consiste en portraits, entrepris la plupart, comme

[1] Ceci a été écrit de l'exposition de 1822. Celle de 1824 nous a révélé de nouveaux talens dignes des maîtres que je me suis permis de citer seuls.

c'est d'ailleurs partout l'usage, bien moins dans l'intérêt de la gloire de l'artiste que comme moyen utile de flatter la vanité, ou les caprices de ceux qui posent pour se faire admirer par les oisifs dans un cadre brillant de dorure. Il faut cependant rendre justice à quelques portraits de sir Thomas Lawrence, président actuel de l'Académie, à ceux de Jackson, de Raeburn, de Shee, et de Thomas Philips. « — C'est de l'histoire, » me dit sir William en me les montrant, comme dit un jour un fameux critique, en voyant le pape Jules, peint par Titien ; en effet, les portraits du duc d'York, de Wellington, etc., ne sont pas des masques inanimés, c'est la nature, c'est le caractère et la vie qu'ils expriment ; on peut les placer à côté des chefs-d'œuvre vraiment historiques de Vandyck.

Je reconnus aussi, avec plaisir, divers sujets empruntés à la poésie par Howard, dont sir William m'avait vanté le goût élégant et l'imagination. Mais il a voulu malheureusement fixer sur la toile l'aimable Ariel. Le sylphe a échappé à son pinceau, et ne lui a laissé qu'une figure qui n'a rien d'aérien.

Ailleurs, son Caliban n'est que grotesque : le même peintre s'est trompé en espérant de réaliser la belle apparition de la fée des Alpes. Lord Byron ne reconnaîtrait pas dans la simple mortelle que Howard a placée sous un arc-en-ciel cette émanation de la cataracte dont l'aspect divin charme quelques instans le désespoir et les remords de Manfred. Thomson n'a pas été plus heureux dans une scène de la *Tempête*. Quelques gravures, et les élégantes vignettes des œuvres de Byron et de Scott, ont fait connaître en France Westall et Howard. Le premier est ce que les Anglais appellent un *maniériste* agréable. Ses scènes champêtres sont quelquefois dramatiques, et une douce mélancolie l'inspire assez bien. Mais son tableau de la présente exhibition est le plus prétentieux de tous ceux qu'offre Somerset-House ; c'est un sujet mythologique, Psyché, curieuse, et timide encore, qui s'approche pour surprendre son mystérieux amant. Le dessin est très défectueux : le sommeil de Cupidon est exprimé avec quelque charme ; mais Psyché n'a rien que de commun : le fonds et les draperies de ce tableau, qui m'ont rappelé le Saül de Gros, jettent un éclat rougeâtre désagréable à l'œil. Quelle différence avec le coloris pur, le ton suave, la touche délicate, et la vérité qui distinguent un groupe de trois enfans exposés non loin de là par T. Philips !

Aucun tableau historique ne se présente : on s'arrête, en souriant, devant une scène des *Précieuses ridicules*, par Chalon :

MASCARILLE.

Au voleur ! au voleur ! au voleur !
Votre œil en tapinois me dérobe mon cœur.

Le ton héroï-comique du faux marquis est passablement bien rendu, ainsi que l'admiration de la prude :

CATHOS.

Oh ! mon Dieu, voilà qui est dans le dernier galant !

On retrouve volontiers Molière au milieu de tous ces masques enluminés, dont le faux éclat nous éblouit un moment. — « Son souvenir me disposerait aussi malgré moi à la critique envers la foule d'originaux dont nous sommes entourés, » me dit sir William, qui aime assez à faire des portraits satiriques :

— « laissez-moi vous faire remarquer certaines caricatures vivantes de la vieille Angleterre, qui circulent dans ces salles étroites. A son col en pointe, à sa coiffure, à son habit court comme une veste, mais surtout à son air gauchement fat, je crois reconnaître un de ces *dandys*, ou petits-maîtres, auxquels vous devez au moins un chapitre dans votre voyage. S'ouvrant dédaigneusement un grand passage à travers les groupes pour venir fixer son lorgnon sur Mascarille, il pirouette soudain sur lui-même, s'échappe d'un autre côté en proclamant son jugement par une seule épithète, et va faire admirer son bon goût et son laconisme impertinent devant chaque tableau tour à tour. Nous le retrouverons au Vauxhall, dans Bond-Street, à l'Opéra, et peut-être derrière le comptoir d'un boutiquier de la Cité. Voyez maintenant cette élégante Miss qui s'est instituée cicerone devant une autre esquisse, où M. Chalon a peint la fontaine et le marché des Innocens. Elle promène de là ses auditeurs dans les principaux quartiers de Paris, et en fait l'historique en confondant Saint-Victor et

Dulaure : que d'intéressantes digressions ! Elle a vécu dans le beau monde de Paris, elle y a jadis obtenu des hommages ! La demoiselle, hélas ! n'est plus jeune ; elle se pince les lèvres, elle balance son buste avec une grâce affectée. » —Mais sir William se hâte d'ajouter tout bas : « —Ce n'est pas une Anglaise [1], c'est un bas-bleu, une vieille fille qui fait partie d'une classe anomale du sexe anglais, qu'aucun Molière n'a encore pu expulser de chez nous : vous pouvez bien remarquer comme elle contraste avec ces véritables filles de John Bull, dont le maintien est si calme et si chaste ! Ne confondez pas non plus avec elles cette prude d'un certain âge qui baisse les yeux chaque fois qu'une nudité mal gazée s'offre à elle. Elle me rappelle trois sœurs méthodistes qui, ayant trouvé dans l'héritage d'un oncle mondain le tableau d'une Danaé

---

[1] L'Italien vous dit, quand vous lui demandez, en lui montrant un pensionnaire de la chapelle papale : Quel est cet homme? — « *No è un uomo, è un musico.* » Sir William isole de la nation anglaise les dandys et les bas-bleus. Ce ne sont ni des hommes ni des femmes, mais des bas-bleus et des dandys.

par W...., n'eurent rien de plus pressé que de la reléguer dans un grenier ; mais le tableau y choquait encore parfois les regards des trois demoiselles : leur pudeur alarmée envoya chercher un barbouilleur, dont le pinceau maladroit revêtit Danaé d'une tunique. W.... était alors en Italie ; à son retour il s'informa du sort de sa Danaé auprès des héritiers du défunt. Jugez de son indignation en la voyant couverte de cette chemise protectrice des bonnes mœurs. [1] »

Nous nous réfugions dans une autre salle, et nous cherchons Constable, Calcott, Turner, Wilkie, Allan, etc.

En paysages et en tableaux de genre, les Anglais ont conservé leur supériorité, et leurs peintres égalent leurs poètes, quoique nous voyions plutôt ici, en général, de rapides ébauches, qu'aucun de ces dioramas si vrais créés par la magie de Girtin [2] ou de Turner.

Le salon n'est pas riche, mais c'est l'in-

---

[1] J'ai entendu raconter depuis à Paris une anecdote à peu près semblable arrivée à l'un de nos premiers peintres.

[2] Artiste d'un rare talent, mort il y a quelques années.

souciance des artistes qui en est cause. Turner n'a envoyé qu'un portrait : heureusement je dois à M. Hulmandell de connaître la plupart de ses merveilleuses aquarelles.

Turner a été plus loin qu'aucun peintre connu dans l'art de la perspective. Claude lui-même n'a pas mieux rendu les variations de l'atmosphère aux différentes heures du jour, les accidens de la lumière et des ombres dans les temps sereins ou nébuleux, les effets des orages et des saisons. Je vous envoie la dernière livraison des *Antiquités d'Écosse* de sir W. Scott. La première gravure reproduit un de ses ravissans dessins. Non seulement le feuillé des arbres est agité par le vent; mais quel parti il a su tirer du chien que la bise repousse, et de la pauvre femme qui a peine à s'envelopper de son *plaid* pendant que le petit garçon va lui chercher de l'eau pour rafraîchir ses poissons! On ne se lasse pas d'admirer la vérité, la force et l'éclat de ces contrastes.

Constable, à qui C. Nodier donna la palme l'année précédente, s'est négligé cette année, et quelques petits paysages ne sont pas assez pour sa réputation. Il est resté au-dessous de lui-même et de Calcott, dont les *contrebandiers, surpris par le temps contraire*, sont une belle production. A l'exception d'un homme qui regarde le ciel comme pour le maudire, l'expression des figures n'a rien de remarquable, et ces groupes ne sont pas heureux. C'est dans la nature inanimée que Calcott nous charme par la fraîcheur et la vérité de son pinceau. Il y a un effet surprenant dans le brouillard qui se détache des rochers et les découvre graduellement.

C'est le chef-d'œuvre de Wilkie qui arrête le plus long-temps les groupes de curieux. Nous connaissons en France, par la gravure, son Ménétrier aveugle, l'Ouverture du Testament, Colin-Maillard, etc., toutes scènes piquantes par la composition des groupes et la variété d'expression de chaque figure. Son dernier tableau représente les Invalides de Chelsea, écoutant la lecture de la gazette qui annonce la bataille de Waterloo. Le choix du sujet, certes, contribue aux hyperboliques éloges que lui prodiguent les Anglais : mais il est juste de convenir que, dans un groupe assez nombreux, Wilkie n'a négligé aucun détail de la physionomie de chaque personnage ; tous sont francs et naturels. Le vieillard qui lit la gazette, un nègre de la musique militaire, un pensionnaire sourd au coin de la table, le soldat qui sort la tête par une fenêtre, tous les acteurs enfin de cette scène ont un caractère original. Le rival de Wilkie, Écossais comme lui, est Allan, qui, non moins avare de ses productions, n'a exposé qu'un petit tableau, le *Violon brisé* : comme dans les tableaux de Wilkie, on reconnaît dans ceux d'Allan un tact exquis pour concevoir un sujet et en disposer toutes les parties ; même bonheur dans les détails, même richesse d'observation, même talent pour introduire des caractères bien distincts et toujours exprimés avec originalité. Mais si on a pu reprocher à Wilkie un coloris un peu pâle, ce reproche doit, à plus forte raison, s'adresser à Allan. Et combien Allan reste au-dessous de Wilkie pour le mérite de l'invention, la vivacité de l'expression et l'exactitude du dessin ! Il faut ajouter que la gravure a bien servi la popularité de Burnet, de Wilkie et d'Allan.

L'exhibition ne saurait nous retenir plus long-temps. Je consacrerai quelques lettres à un petit nombre de peintres qui font exposition à eux seuls, et dont le nom ne figure pas toujours sur le catalogue de Somerset-House. On a eu tort d'avancer qu'aucun tableau n'était refusé. Un comité juge ceux qui sont dignes d'être admis; et aucun artiste ne peut en envoyer plus de sept. Le n° 842 termine la liste de cette année.

LETTRE XVI.

A M. DE LAROCHE.

One coloured best, and one did best design.
Épître de Dryden à Kneller.
L'un colore mieux, l'autre dessine mieux.

Je reviens à quatre peintres que je n'ai guère caractérisés, dans une précédente lettre, que par quelques épithètes ; et je répète une question beaucoup controversée ici :
— « Les Anglais ont-ils une école de peinture historique ? » Je consens à répondre affirmativement, puisqu'ils en appellent à West et à Fuseli (l'un Américain, l'autre Suisse, naturalisés à Londres), à Barry et à Haydon.
— « Mais cette école a-t-elle produit des modèles ? » La réponse est moins facile. West trouva dans George III une riche protection et de nobles encouragemens ; les galeries

royales, qui n'admettaient guère jusque là de grands tableaux que ceux des artistes étrangers, et les églises naguère fermées à la peinture, réclamèrent également les créations de ses pinceaux. La gloire nationale et la religion lui indiquèrent ses sujets. Mort octogénaire, il eut le temps de méditer tous les secrets de l'art, de soigner et de retoucher ses compositions. Mais West n'a été qu'un peintre de talent; s'il y a peu à critiquer dans ses tableaux, ils n'excitent jamais cet enthousiasme ou ces vives émotions qui sont le vrai but de la peinture. Il a la science de l'artiste, mais sa poésie est toute artificielle. Les puritains reprochaient aux Raphaël, aux Dominiquin de séduire le peuple à la superstition romaine; West eût réconcilié les iconoclastes avec les tableaux d'église; il satisfait la raison comme le ferait un froid narrateur. On sent presque la curiosité d'effacer un moment ses couleurs, de décomposer ses groupes et ses figures pour étudier l'échafaudage du tableau, ou les lignes géométriques qui ont guidé la main du peintre; tandis que, dans une œuvre d'inspiration, nous ne pensons à analyser qu'après avoir été d'abord acteurs en quelque sorte de la scène représentée; qu'après avoir partagé les passions qui animent chaque personnage. Il y a cependant une riche variété d'expressions et de contrastes dans son vaste tableau où Jésus confond la sagesse des Pharisiens par ses sublimes paraboles, autant que par ses miracles. Il est rare de trouver mieux observées les lois de l'unité d'action et d'intérêt. Toutes les physionomies offrent d'excellentes études, depuis le regard de ce prêtre dont on croit entendre la malédiction qui fait frémir ses lèvres, jusqu'à cette tendre et aimable ingénuité qui respire dans les traits de la jeune fille appuyée sur le bras du centurion.

L'apparition de la sorcière d'Endor n'est qu'une fantasmagorie peu originale; West a mieux réussi dans *le Cortège de la Mort*. On se rappelle l'imposante énumération des fléaux vivans du sixième chapitre de l'Apocalypse. Le peintre a donné un corps à toutes ces allégories. Il y a, certes, une horrible bizarrerie dans l'idéal de cette pompe de la Mort triomphante; mais il y a aussi de la vigueur et des détails parfaitement exécutés. West avait, du reste, un goût trop sage pour affectionner beaucoup de pareils sujets : son Saint Paul de Grenwich porte le cachet de son vrai talent.

Son contemporain Barry, avec ses hautes prétentions, a laissé une renommée plus grande comme esprit singulier (*an humourist*) que comme peintre. Gonflé d'une vanité maladive, il se croyait le plus grand des artistes, parce qu'il avait fait des tableaux à larges cadres ; négligeant l'art des proportions, méprisant le coloris, il lui manqua surtout le naturel et la grâce. Les décorations des salles d'Adelphi n'offrent que des figures colossales. C'est une suite d'allégories sur les progrès de la civilisation. On sourit quand on vous fait remarquer, comme des portraits fidèles, ceux de sir Francis Drake, de sir Walter Raleigh, du capitaine Cook, du docteur en musique Burney, etc. Les uns et les autres sont peints sous la forme de *Tritons*, entourés de néréides, dans le *Triomphe de la Tamise*.

Le gigantesque pris pour le grandiose, la bizarrerie pour l'originalité, l'exagération

pour la hardiesse, sont le cachet du style de
Fuseli, devenu le professeur actuel de l'Académie. Dans la chaire, il professe d'autres
principes; son enthousiasme n'est plus du
délire ; il apprécie souvent avec goût les
grands maîtres et les grandes époques de
l'art ; mais dans ses leçons écrites, de fréquentes hyperboles, des métaphores forcées,
des allusions métaphysiques trahissent son
origine germanique et l'école plus pédantesque encore qu'enthousiaste des Schlegel ;
quelle différence avec la chaste élégance de
Reynolds! Mais c'est dans ses tableaux que
Fuseli méprise surtout les grâces du Titien
anglais. Fuseli a aspiré à être le Michel-Ange
et le Dante de la peinture moderne. Quelquefois grand et sublime, il a plus souvent outré
l'exagération du grandiose, et transporté sur
la toile les horreurs de l'extravagance allemande. Ses formes, son coloris, son expression, réalisent un idéal qui n'appartient qu'à
son imagination et qui n'est fondé sur rien
dans la nature. Il est original, parce qu'il ne
ressemble à personne ; aussi a-t-il affectionné
les sujets empruntés à la mythologie scandi-

nave, et la plupart de ses tableaux terribles seraient dignes d'orner le palais sanglant d'Odin.

Un quatrième peintre, plus jeune, a tout à coup obtenu, par deux compositions, plus d'éloges qu'aucun de ses devanciers ou de ses contemporains. M. Haydon a été proclamé le premier peintre historique de l'Angleterre, depuis son *Entrée du Christ à Jérusalem*. Le *Jugement de Salomon*, qui avait précédé ce tableau, et qui était déjà une composition remarquable, n'a plus été considéré que comme une promesse de talent. L'*Entrée du Christ*, exposée alternativement dans les principales villes de la Grande-Bretagne, a trouvé à Édimbourg de sévères critiques dans les Aristarques de l'*Édinburgh Review*, qui n'ont voulu y voir que l'*ébauche* d'un beau tableau, et rien de plus. Il est certain qu'une seule figure de cette vaste composition est réellement finie. Il y a de l'art dans la disposition des groupes, des contrastes pleins d'effet, des traits hardis et vigoureux; mais il y manque ce coloris qui donne la pensée et le sentiment au dessin. Les figures attendent cette dernière touche du pinceau qui doit les animer, comme le souffle de Jéhovah anima soudain l'argile, œuvre de ses mains. Haydon a osé s'écarter, pour la tête du Sauveur, de cette espèce de tradition consacrée, à laquelle tous les peintres s'étaient conformés jusqu'à lui. Ce n'est plus ce regard de mansuétude et de majesté, dont l'expression calme est caractéristique. M. Haydon a voulu personnifier la suprême intelligence, et fondre dans les traits de l'homme-dieu cette auréole divine qui le couronne dans les antiques tableaux.

Deux groupes frappent également l'attention; l'un à la droite, l'autre à la gauche de Jésus. Ce dernier, qui se compose de trois portraits, met en scène trois grandes renommées littéraires. Un sophiste moqueur raille le Christ avec un rire sardonique, c'est Voltaire; un philosophe chrétien est dans l'attitude d'une respectueuse contemplation, c'est sir Isaac Newton; un poète religieux se prosterne dans une humble adoration, c'est Wordsworth, poète contemporain, qui a voulu ramener la poésie à son origine, la méditation des grands mystères de la nature et de la Providence. Ces portraits authentiques ne sont plus que des portraits auprès de l'autre groupe que forment le centurion agenouillé et la jeune fille repentante amenée par sa mère et sa sœur : c'est cette jeune fille qu'Haydon a douée d'une grâce ravissante.

Enthousiaste des marbres d'Elgin, M. Haydon n'a plus guère produit depuis son Christ que de riches dessins de ces admirables modèles : je n'ai pas vu encore, il est vrai, sa *Résurrection de Lazare* et son *Macbeth*, que j'entendis beaucoup vanter l'autre jour.

Oublions qu'au salon de Somerset-House, Westall s'est classé parmi les peintres d'histoire; à l'exhibition particulière de M. Cooke (Soho-Square), il se fait remarquer par d'élégans dessins d'une dimension moins ambitieuse; mais citons surtout pour sa gloire les vignettes où, dans quatre pouces carrés, il sait renfermer tant de poésie. Comme les incorrections du dessin y sont rachetées par l'effet général ! Mais les femmes surtout, comme Westall les pare heureusement tour à tour des charmes de l'innocence et de ceux de la volupté! Quel poète *illustré*[1] par lui ne reconnaîtrait pas dans ces *illustrations* l'idéal de ses rêves les plus doux! car ce sont rarement des formes mortelles que Westall dessine, mais des sylphides ou des fées.

Stothard, qui a *illustré* des scènes plus domestiques que celles de Westall, vient immédiatement après lui. Il est au-dessus du Smirke, qui, quelquefois original, n'est plus souvent que grotesque. *Le Pèlerinage de Cantorbery*, sujet emprunté au vieux poète Chaucer, est une belle composition de Stothard; mais je n'en connais que la gravure.

[1] On sait qu'une *illustration* est une estampe ou une suite d'estampes accompagnant un poëme, etc.

LETTRE XVII.

A M. TAYLOR.

A picture is the past; even ere its frame
Be gilt, who sate hath ceased to be the same.
Don Juan.

Un portrait appartient au passé; avant que son cadre soit doré, déjà celui qui a posé cesse d'être le même.

J'ai dû chercher les peintres anglais ailleurs qu'à l'exhibition; et j'avoue que j'ai trouvé quelquefois leurs œuvres avec plaisir, dans les diverses galeries privées de Londres. La galerie Leicester en réunit le plus grand nombre, étant réservée presque exclusivement à l'école anglaise, qui fait prudemment dater son origine des succès de Josué Reynolds. Pour passer en revue ses successeurs, je ne puis mieux faire que de commencer par celui d'entre eux qui, non seulement préside officiellement ses collègues de l'Académie, mais qui encore semble s'être proposé sir Josué pour modèle, en consacrant son pinceau et sa palette à immortaliser pour cent cinquante guinées par tête toutes les notabilités du jour nobiliaires ou financières. Sir Thomas Lawrence serait-il devenu sous une autre inspiration un grand peintre d'histoire? ses amis nous l'assurent; tout ce qu'on peut répondre, c'est qu'il est le plus riche des peintres de l'Europe, et le plus original des peintres de portraits. Sir Josué Reynolds considéra peut-être le genre historique comme secondaire pour lui; mais il a laissé du moins quelques ouvrages d'imagination qui, diversement jugés, sont encore remarqués et plus souvent cités même que ses portraits, dans l'histoire de son talent. Certes, dans le sujet qu'il emprunta au Dante, un des fils du comte d'Ugolin, celui qui embrasse les genoux de son père, est une création très poétique. Qui n'admirerait sa *Sainte Famille?* — Sir Thomas Lawrence a réservé toute son imagination pour ses portraits. Je serais curieux d'en voir tout à coup apparaître quelques uns au milieu d'un cercle de nos artistes. Je ne doute pas que leur étonnement n'égalât celui du comte Manfred, dans le *Château d'Otrante* [1], lorsqu'il voit descendre de son cadre le portrait de son aïeul. Après l'étonnement, la critique trouverait enfin une voix, mais la première impression aurait fait d'abord crier au prodige : comment ne pas admirer, en effet, cet art de créer pour les arrière-plans une véritable atmosphère, tantôt ombre vaporeuse, et tantôt comme animée par une émanation du soleil lui-même! C'est dans ce milieu aérien que semblent sourire ou réfléchir des physionomies vivantes, comme celles des portraits du Titien ou de Vandyck, et riches d'une belle carnation. Plus heureux dans ses attitudes que correct dans son dessin, on dirait que sir Thomas Lawrence a inventé pour ses personnages un coloris assorti particulièrement à son style; tant le teint de ses figures et le tissu de ses draperies se marient harmonieusement avec les nuances de son ciel, de sa verdure, ou de tout autre objet accessoire du tableau. Il est difficile de réunir

---

[1] *Castle of Otranto* by Walpole.

enfin un idéal si poétique à une telle vérité d'expression. Maintenant si j'étais artiste, je trouverais sans doute à blâmer ces mêmes teintes vaporeuses à travers lesquelles on découvre les portraits de sir Thomas Lawrence ; je critiquerais, comme des traits vagues, indécis, sans force, ces mêmes figures dont le sourire, le regard sérieux, n'importe quelle expression enfin, a quelque chose de fantastique. J'aurai mal défini mon admiration, si elle n'est que la surprise causée par un genre tout nouveau. J'ai vu cependant quelques artistes français et italiens séduits comme moi. J'ignore, qui plus est, si sir Thomas Lawrence, comme jadis Reynolds, n'a pas trop sacrifié à l'effet, et si ses couleurs si fraîches et si vives ne passeront pas rapidement comme celles de son maître. Parmi les émules de sir Thomas, Jackson, Philips et Shee font bien plus que lui leur objet principal de l'éclat des couleurs; mais, soit qu'ils négligent les détails, soit qu'ils leur accordent un soin trop minutieux, les élèves et les maîtres sont presque toujours médiocres. Après Jackson, il est juste de citer toutefois

M. Owen, qui imite agréablement la manière de sir Thomas Lawrence.

Sir Thomas, président de l'Académie, et baronnet comme Reynolds, a comme lui su parvenir à de grandes richesses ; il est si doux de se survivre à soi-même, et si glorieux de figurer dans une galerie généalogique ! La faveur de poser chez sir Thomas devient de plus en plus chère ; mon épigraphe sera répétée long-temps encore sans lui faire tort.

> *A picture is the past; even ere its frame*
> *Be gilt, who sate hath ceased to be the same.*

« Les peintres d'histoire, disait G. Kneller, font vivre les morts, et ne commencent à vivre eux-mêmes qu'après leur mort. Je peins les vivans, parce qu'ils me font vivre. »

Parmi les peintres qui se sont fait une grande renommée dans un genre subalterne ou par une manière à eux, je ne voudrais pas laisser échapper le nom de Martin, qui s'est spécialement exercé à faire jouer le principal rôle dans ses tableaux aux diverses modifications de la lumière. L'éruption des volcans devait naturellement lui fournir une brillante composition. Pour représenter celle qui coûta la vie à Pline, il a moins songé à rendre ses personnages dramatiques, en retraçant les attitudes et les mouvemens de leur terreur, qu'à faire admirer les contrastes de chaque reflet lumineux sur les groupes ou sur la campagne. Son grand tableau du *Festin de Baltazar* a un aspect encore plus étrange. L'architecture du palais de Babylone semble, en quelque sorte, accabler sous la masse de ses formes colossales, des pygmées mal dessinés, et s'épuisant en contorsions, que Martin fait surprendre par la miraculeuse clarté des caractères menaçans tracés sur la muraille. Il y a cependant dans le tableau un certain artifice de perspective, qui permet à ce splendide palais de révéler toute sa grandeur et sa pompe de décorations dans l'étroite enceinte du cadre. La flamme des lettres mystérieuses, inégalement distribuée, produit des accidens de lumière d'un grand effet. Mais toute cette fantasmagorie est-elle dans les ressources légitimes de l'art ?

Si la critique nous répond par la négative, je préférerai alors les effets plus surprenans, mais plus vrais, d'un tableau transparent.

Je quitte M. Martin pour les peintres dont l'Angleterre peut être fière, sans trouver de contradictions; je veux parler des peintres d'intérieur et de paysages.

Je dirai ailleurs ce que d'autres heureusement ont dit avant moi; comment notre poésie dramatique et notre peinture ont été généralement peu d'accord avec notre histoire, les mœurs de nos aïeux, et les nôtres; nous aurions donc quelque peine à accorder en France toute l'importance qu'on accorde ici à un genre de peinture qui, dans un sens, est tout national, puisqu'il choisit ses personnages dans le peuple proprement dit. Le style que nous appelons historique est en effet celui qui s'occupe le moins de notre histoire et de notre physionomie comme nation. En estimant davantage le tableau de chevalet, nous ramenerions peut-être l'art à plus de vérité. Ce genre de composition s'ennoblirait sans nuire aux honneurs de l'autre, ou, si nous perdions un chant d'Iliade, nous pourrions gagner un roman à la Walter Scott.

Les peintres de chevalet, en Angleterre, se sont bornés, en général, à la peinture de la vie domestique. Allan seul a fait de l'histoire, Wilkie et Mulready n'ont retracé que des *mœurs bourgeoises*. Il ne faut pas confondre le style de Wilkie avec l'imitation de l'école flamande en général, ni même avec celui de Teniers, malgré le titre de *Teniers écossais* qu'on lui donne quelquefois. Ce ne sont ni les orgies burlesques du cabaret, ni les grossières scènes du corps-de-garde, et de la vie du pauvre en haillon, qu'il a affecté de peindre. Il y a toujours un peu de caricature dans les sujets flamands. Les héros de l'école hollandaise excitent un gros rire, parce qu'ils sont volontiers bouffons ; ceux de Wilkie font seulement sourire, et c'est parce qu'ils sont naturels et vrais ; ses scènes domestiques méritent d'être populaires comme l'histoire du bon vicaire de Wakefield ; ses intérieurs sont aux tableaux d'histoire ce que le roman de Goldsmith est aux pompeux récits de la muse épique. Doué d'un talent plus facile, Teniers a beaucoup produit; mais il semble que si Wilkie a produit moins c'est qu'il a voulu choisir, tandis que Teniers ne reculait devant aucun sujet. Les tableaux de Wilkie sont à la fois plus simples et plus exacts de dessin; mais, peut-être à cause de cette exactitude même, on n'y trouve pas toujours cette aisance et cette fraîcheur de coloris que nous admirons dans les peintures de Teniers. Celui-ci ne rend souvent qu'un trait principal de la physionomie; Wilkie exprime le moindre geste de ses personnages. La gravure a tellement multiplié ses compositions, qu'il serait superflu de décrire ici soit le tableau si moral de l'*Ouverture du Testament*, soit la scène dramatique des *Politiques de village*, soit le *Jour du Payement des fermages* [1], etc. Dans toutes ces créations originales on ne sait ce qu'on doit admirer le plus de l'ensemble ou des détails. Chaque fois qu'on les regarde on fait connaissance avec un personnage nouveau, ou qu'on avait

[1] On a traduit, à Paris, le titre de ce tableau par : *Le Jour du Loyer*.

bien moins observé que les autres, et cependant parfaitement à sa place. Quand un même intérêt agite toutes ces bonnes gens, quelle variété dans l'expression ! Il y a telle sensation aussi que tout autre peintre désespérerait de rendre; comme celle de l'éternuement, par exemple, ou cette douleur et cette peur sans grimace du petit enfant dans le *Doigt coupé*. Il est curieux d'aller visiter l'atelier de Wilkie, mais surtout de lui voir disposer les matériaux d'une composition nouvelle. Le peintre s'est procuré une boîte dans les proportions du tableau qu'il médite, il la meuble suivant l'état des personnages qu'il doit loger : les chaises y sont rangées contre la tapisserie, éparses dans l'enceinte de la chambre ou autour d'une table; le buffet est garni, la cheminée a sa grille et ses chenets, les fenêtres leurs rideaux; alors Wilkie y introduit sa famille de mannequins, assigne une place à chacun des membres, et ferme la porte. Mais il s'est ménagé dans quelque coin une ouverture d'où son regard semble surprendre ses *hôtes* dans leurs occupations domestiques.

Il paraît, du reste, que beaucoup de grands peintres copient des mannequins analogues. Gainsborough disposait des fragmens de pierre et de cristal, avec des branchages et autres objets pour trouver des idées de paysage.

LETTRE XVIII.

A M. AIMÉ BLAIN.

> ..... *So lovely seem'd*
> *That landskip.*
> MILTON.
> Si ravissant était ce paysage !

QUELLES paroles purent jamais révéler au citadin casanier la solennelle obscurité d'une forêt, la grandeur solitaire d'une montagne ou l'immensité des mers ? On éprouve la même difficulté à faire comprendre les magnifiques spectacles que nous offrent les marines de Turner. De tous les peintres anglais c'est celui qui a créé le plus de merveilles ; c'est peut-être le premier de tous les paysagistes. Croirait-on que c'est celui qui trouve le moins d'encouragemens dans le patronage si étendu des grands seigneurs anglais ? tant il est vrai que sir Lawrence et ses élèves en ont acquis le monopole. Ainsi, quand sir Josué Reynolds crut reconnaître un rival de gloire dans Gainsborough, il se montra plus jaloux de détruire sa réputation de peintre de portrait que celle de paysagiste. On dit que le talent de Wilson ne fut pas non plus accueilli de son temps comme il le méritait. Wilson et Gainsborough sont de grands noms dans l'histoire de l'art. Le premier s'inspira du climat et des monumens de l'Italie; Gainsborough, en imitant Ruysdael, Hobbima et Watteau, n'a peint que les scènes pastorales de *l'Angleterre*. Wilson, d'un esprit plus noble, plus élevé, plus épique, plaçait volontiers dans ses tableaux des ruines classiques et des personnages allégoriques; Gainsborough, plus simple, sinon plus naturel, appelait dans ses paysages un petit berger ou une petite fille, auxquels il donnait, il est vrai, une grâce charmante de naïveté. Wilson, dans son admirable *Tempête*, a mêlé au combat des élémens les traits vengeurs d'Apollon poursuivant les fils de Niobé. Gainsborough fait surprendre par l'orage un pauvre bûcheron. La *Tempête* de Wilson est si grande, que son Dieu et ses victimes, très accessoires d'ailleurs, sont perdus dans l'immensité; le *Bûcheron* de Gainsborough excite en nous un tendre intérêt.

Le graveur Woolet a été le Balechou des grands paysages de Wilson.

Turner a fait, comme Wilson, des paysages dans le genre historique. Je voudrais trouver quelque expression assez noble pour caractériser les sublimes effets de ses tableaux et de ses aquarelles. Pour reproduire les scènes terribles ou gracieuses de la nature, il a été hardi et grand comme elle. Partout il a compris que pour l'imiter en artiste de génie, il était possible d'allier l'idéal à l'exactitude des détails. Devant ses paysages le cœur bondit de joie, et se livre à cet enthousiasme qui nous saisit, lorsque, parvenus au sommet d'une montagne, nous mesurons de l'œil l'horizon agrandi. Turner lui-même contemple toujours ses paysages dans le plus vaste cadre, et semble s'élever comme un dieu au-dessus de l'humanité. L'homme, les animaux qu'il introduit dans un site, y jouent un rôle si secondaire, y sont tellement rapetissés, qu'ils y figurent comme les hommes que Shakspeare aperçoit des hauteurs de son rocher de Douvres. Cette petitesse de l'homme, en présence des masses imposantes d'une montagne, ou perdu sur l'immensité de l'Océan, est sensible même dans les tableaux où Turner a admis des personnages historiques. Annibal et ses soldats franchissent les Alpes; ce capitaine et cette armée, dont chaque pas ébranle dans l'histoire le colosse de la puissance romaine, ne sont plus que quelques pygmées que le génie des montagnes, va, dirait-on, anéantir en riant, sous quelques flocons de neige; mais cette scène est aussi terrible que si Turner avait précipité sur les Carthaginois l'effrayante avalanche. Un de nos peintres a tenté de donner, après le Poussin, une idée du Déluge, par l'agonie d'une seule famille qui va être engloutie. Turner a fixé sur la toile tout le spectacle des eaux inondant la terre. Dans l'épisode de Girodet, nous tremblons pour quelques victimes isolées; dans le tableau de Turner, nous comprenons le danger de toute la race humaine.

Ailleurs c'est le soleil qui se montre dans les cieux, dissipe les vapeurs du matin, et suspend son disque sur la mer. Ce n'est pas un seul rayon tremblant qui trace un sillon borné sur une vague : la mer tout entière se déroule immense dans un lointain sans limite; et la lumière de l'astre se fond avec les flots de saphir et d'or. Cette lumière, dans un cadre plus resserré, conserve ses teintes variées sur le feuillage d'un arbre, sur le miroir poli d'un lac transparent, ou sur les légères ondulations

>Du moindre zéphir dont l'haleine
>Fait rider la face de l'eau.

Turner est moins heureux dans la peinture des villes. A Rome même il se sent captif, il ne respire pas librement, il lui faut de l'air et une perspective lointaine; mais partout il sait se ménager au moins une issue par où il appelle l'imagination, bien au-delà de l'enceinte de maisons qu'il nous fait franchir. Je l'ai dit en commençant ma lettre, de tels effets ne sauraient être exprimés. Quelques gravures de la collection des côtes d'Angleterre, par Cooke, répandues en France;

en diront plus aux artistes que tout ce que je pourrais décrire.

Comment expliquer encore la magie plus douce des pinceaux de Constable, de Calcott, de Ward et de Collins? Quel est le secret de cette humide fraîcheur qu'on croit respirer à l'approche de leurs paysages? Tous ces sites, tous les objets qui y figurent, de quelle atmosphère artificielle sont-ils enveloppés?

Il y a ici un art inconnu même à Gainsborough, à Ruysdael, et à nos paysagistes. Est-ce un art légitime, ou est-ce l'art de Lawrence appliqué au paysage? Je ne suis pas artiste, je le répète, et je ne vois dans les tableaux de Constable et de Calcott que des arbres, de l'eau, et toutes les nuances fugitives de l'atmosphère. Quand des animaux s'offrent à nous dans une de ces scènes rustiques, ils sont d'une vérité admirable, c'est la manière de Cuyp perfectionnée. Cooper, Landseer, Ward sont les premiers des peintres en ce genre.

J'ajouterai qu'on voit encore avec admiration les aquarelles de Proust et de Fielding auprès de celles de Girtin et de Turner.

Il m'en coûte sans doute de proclamer la supériorité des paysagistes anglais sur les nôtres. Mais je ne doute pas que tôt ou tard nos artistes ne s'aperçoivent qu'ils ont besoin d'étudier la nature plus encore que les modèles. Ne pas négliger les détails d'un site, mais observer plus encore la perspective, les masses et les harmonies variées de l'ombre et de la lumière, tel est le secret des paysagistes anglais. On s'arrête un moment sur le premier plan de leurs tableaux, tout y est pur et vrai sans être *léché;* mais leurs lointains ou leur ciel nous occupent bien davantage par de merveilleux effets qui sont d'une poésie souvent sublime.

LETTRE XIX.

AU DOCTEUR BLACHERE,
ERMITE A GAUJAC.

.... *Perchance a king*
Had reconciled him to the thing.
     Lord Byron, *Mazeppa.*
Peut-être un roi l'eût réconcilié à la chose.

Lundi.

Mon cher ermite,

Me voici presque réconcilié avec les dimanches anglais. Le premier que j'ai passé à Londres ne pouvait, certes, me séduire. Les sombres couleurs d'un ciel pluvieux avaient ajouté à tout ce qu'a de triste pour l'étranger la vaste solitude d'une capitale dont toutes les maisons sont fermées comme dans le deuil d'une grande calamité publique. Hier un beau soleil de juin a lui dès le matin; il m'a semblé que ses rayons, en dissipant le brouillard de la Tamise, animaient aussi d'une gaîté sans doute involontaire les physionomies de ce peuple *religieux* [1] se rendant à l'église. La jeune fille était plus leste dans ses atours de dimanche; et les bouquets que les jeunes artisans [2] portent à la boutonnière m'auraient presque fait croire qu'ils se préparaient à danser le soir dans les villages voisins, comme la jeunesse de nos faubourgs : la plupart songeaient du moins à aller jouir de l'air libre des champs. Bientôt le passage presque continuel des *stage-coaches*, les cris des cochers invitant les passans à se rendre à Greenwich, à Windsor, etc., etc., l'agilité avec laquelle ceux-ci grimpaient sur l'impériale des voitures, les bateaux nombreux qui se détachaient des différens quais de la Tamise, tout enfin donnait un air de vie aux larges rues de Londres. Je me rappelai ces vers de lord

---

[1] On me demandera si *religieux* n'est pas ici pour *endimanché* : *The primum mobile of England is cant*, etc.

[2] Les Anglais d'une classe plus élevée aiment aussi beaucoup à se *fleurir*, comme on dit familièrement.

Byron, qui a rarement décrit les scènes domestiques de sa patrie :

LXIX.

The seventh day this. . . . . . .
. . . .
. . . . *Highgate.*

Childe Harold, cant. 1ᵉʳ.

« C'est le septième jour le jubilé de l'homme. O Londres ! tu connais bien le jour de la prière ! Tes citoyens mis avec élégance, tes artisans et leurs apprentis proprement vêtus se donnent l'air du dimanche; tes fiacres, tes whiskeys, tes demi-fortunes et l'humble *gig*, roulent dans ta banlieue ; Hampstead, Brentford, Harrow les voient accourir jusqu'à ce qu'un pauvre cheval harassé oublie de traîner la voiture qui reste immobile dans l'ornière, excitant les railleries jalouses des piétons.

« Les barques de la Tamise promènent des beautés décorées de rubans; d'autres aiment mieux la route à barrières comme plus sûre; il en est qui gravissent la colline de Richemond, ceux-ci préfèrent se rendre à Ware, ceux-là au coteau d'Highgate; ombrages de la Béotie, demandez-vous pourquoi? c'est pour une cérémonie mystérieuse, pour l'adoration de la *Corne* auguste. C'est sur ce signe redouté que jurent les hommes et les jeunes filles en consacrant leur serment par la danse et des libations jusqu'au lendemain matin. »

Lord Byron écrivait ces vers à Thèbes, la patrie d'OEdipe; et l'on ne sera pas étonné, dit-il dans une note, qu'il ait eu l'idée de faire une énigme à propos d'Highgate dans la patrie d'OEdipe. Je profite de l'occasion pour l'expliquer; car je ne me rappelle pas que le traducteur du noble lord en ait dit plus que lui là-dessus.

On trouve dans les tavernes du village d'Highgate deux cornes vénérables, et la première fois qu'un étranger s'y arrête, on le force de prononcer sur cet emblème symbolique un serment dont voici la teneur :

« Je jure de ne jamais embrasser la ser-
« vante quand je pourrai embrasser la maî-
« tresse; de ne jamais boire de la petite bière
« quand je pourrai boire du *porter*, etc. »
La cérémonie par laquelle on prélude à ce serment burlesque est un peu tombée en

désuétude; elle me rappelle la foire annuelle des cornes qui se tient à Charlton, dans le comté de Kent, le jour de saint Luc (18 octobre). Une affiche l'annonce aux bourgs adjacens, et l'on y voit accourir une foule tumultueuse qui s'est réunie au rendez-vous général de *Cuckold's-Point* (la pointe des cornards), près de Deptford. Chacun s'est paré le front de ce signe qui ornait la tête de Jupiter Ammon; c'est la coiffure obligée du jour. On ne vend guère à cette foire que des cornes de bélier et toutes sortes de joujoux et d'instrumens en corne; les figures de pain d'épice même en sont décorées. La tradition donne pour origine à cette foire une aventure amoureuse :

Le roi Jean résidait au château d'Eltham; s'étant égaré à la chasse, dans le voisinage, il entra dans une chaumière de Charlton, qui n'était alors qu'un petit hameau, pour demander son chemin. Le prince ne trouva que la maîtresse de la maison, et elle lui parut si jolie, qu'il oublia, dans cette chaumière, son palais, le gibier et sa lassitude. Il se donna pour un petit gentilhomme, pensant que ce titre suffirait auprès de la belle : en effet il obtint tout ce qu'il désirait ; lorsque le mari, survenant tout à coup, le surprit au milieu de son bonheur, mais ne voulant pas croire qu'un simple gentilhomme fût assez grand seigneur pour pouvoir se donner de tels priviléges chez lui, il allait tuer sans pitié les deux délinquans. Le monarque le voyant si déraisonnable, fut obligé de déclarer son nom et son rang inviolable. Le paysan ne voulut y croire que lorsque sa majesté lui eut donné une bourse pleine d'or et octroyé la propriété de tout le terrain qui s'étendait depuis sa cabane jusqu'à Cuckold's-Point. Il se fit nommer, de plus, seigneur du hameau, et obtint la foire annuelle qui perpétue le souvenir des galanteries du roi Jean.

Un sermon est prêché dans l'église de Charlton le jour de la foire : c'était autrefois un discours apologétique en faveur des époux bénévoles de l'endroit.

Le roi actuel, George IV, étant prince de Galles, avait une résidence dans le voisinage de Cuckold's-Point.

LETTRE XX.

A MADAME DE BIEF.

There let us trace the matchless vale of Thames
Far winding up to where the muses haunt
Twit'nam bowers, etc.
THOMSON.

Parcourons l'incomparable vallée de la Tamise, et suivons les détours de ses flots jusqu'à l'asile chéri des muses, les bocages de Twickenham.

MADAME,

Permettrez-vous à un voyageur votre compatriote de chercher à vous intéresser à une de ses excursions dans les environs de Londres ? La grâce de vos manières, votre affabilité si heureuse en aimables questions et en prévenances toujours flatteuses, savent bannir l'ennui du cercle le plus nombreux ; vous possédez si bien l'art de plaire dans les salons, qu'on peut croire que vous vous y plaisez ;

mais je sais que vous ne dédaignez pas les champs, et que vous fuyez même volontiers la poussière des promenades publiques et les brillantes lumières des grandes soirées pour l'atmosphère diaphane des prairies et le demi-jour des bois : c'est ce qui m'encourage à vous adresser mes souvenirs de Richmond.

Décidé, hier, à aller passer mon dimanche aux environs de cette colline si vantée, je m'emparai d'une dernière place sur l'impériale d'un *stage*, voiture qui, je le répète, n'a rien de commun avec les humbles coucous de Saint-Germain ou de Saint-Cloud ; dans une heure et demie nous arrivâmes dans un village où chacun descendit et paya deux shellings au cocher. Je fus forcé de deviner que nous étions à Richmond, car j'avais bien adressé quelques questions à mon voisin pendant la route, mais John Bull est souvent plus taciturne le dimanche que le reste de la semaine. Découragé par ses monosyllabes, j'avais abandonné moi-même la conversation et m'étais réduit au rôle silencieux d'observateur de la nature.

Nous avions traversé rapidement de fertiles prairies, tantôt sous des arcades de feuillages, tantôt entre un double rang de maisons précédées d'un parterre fleuri, et dont les murs sont souvent décorés de festons de verdure. Par intervalles, on entrevoyait les ondes paisibles du fleuve qui, aperçu seulement en partie à cause de ses bords sans escarpemens, coule en ces lieux avec plus de grâce peut-être que de majesté. Je me hâte de gravir une rue montante avec l'émotion de celui qui s'imagine être sur le point de découvrir une terre inconnue. J'évite de détourner la tête jusqu'à ce que je me croie sur le point le plus élevé de la terrasse, et là je cherche enfin à reconnaître les lieux chantés par Thomson.

A trois cents pieds au-dessous de moi s'étend un océan de verdure sur lequel se détachent çà et là, comme des îles, quelques groupes d'ormeaux ou un chêne gigantesque ; c'est une vaste forêt qui a toute l'élégance et les ornemens d'un bosquet. On ne sait quel art magique rend si riant et si varié un tableau dont le plan est si simple, et dont rien n'altère la chaste unité : ce n'est que le souvenir des vers du poète qui nous fait chercher au-delà de ce paysage sans limites les royales tours de Windsor, à gauche « Augusta, le géant des capitales, » ou la retraite enchantée de la Muse qui servit d'interprète aux douleurs d'Héloïse. Pauvre Jeannie Deans![1] je me rappelai aussi quelles furent tes sensations sur ce même coteau où je me trouve ! Les personnages du dernier des ménestrels écossais font en quelque sorte partie de tous les sites où s'est passée la moindre scène de leur histoire. Puis-je mieux faire que d'emprunter quelques traits de la description de sir W. Scott? C'est avec lui que j'admire « la Tamise couronnée ici de *villas* pittoresques; là, des guirlandes de la forêt, s'avançant avec calme et majesté, comme le fleuve-roi de ces lieux embellis surtout par elle, et portant sur son sein ces navires et ces esquifs dont les blanches voiles et les pavillons flottans donnent la vie à l'ensemble du tableau. »

Je ne m'étonne plus qu'un voyageur, qui du reste est plus souvent anglais que français, ait été vivement repris dans le *Quarterly Review*, pour avoir déclaré que le fleuve

[1] *La Prison d'Edimbourg.* (The heart of Mid-Lothian.)

n'était ici qu'un ruisseau qu'il n'y aurait pas grand mal à dessécher. Dessécher la Tamise ! l'orgueil anglais plongerait plutôt dans ses flots tous les voyageurs du monde ! Qu'aurait donc dit le critique s'il avait connu l'anecdote d'un fat de nos compatriotes qui vint, dit-on, exprès de Paris, faire une pirouette sur la terrasse de Richmond, selon l'expression de mon auteur. Peu touché de l'aspect de cette perspective admirable, de ce parc suspendu comme un promontoire sur cette immense vallée, des troupeaux paissant dans ces gazons si frais de la Tamise *à regret fugitive* : « — Ce n'est que cela ? dit-il ; ôtez la verdure et l'eau, que restera-t-il ? »

Ce site enchanteur réveilla dans l'âme simple et religieuse de Jeannie la mémoire de la patrie absente.

« — Nous n'avons rien de pareil en Écosse, » dit le duc d'Argyll.

« — Voilà de beaux pâturages et de beaux troupeaux, reprit Jeannie ; mais l'aspect du mont *d'Arthur*[1] et de la mer, qui s'étend

---

[1] *Arthur's seat*, qui domine Edimbourg. *Voyez* le chapitre où le duc d'Argyll conduit Jeannie à la reine.

au-delà, vaut celui de tous ces arbres ! »

Les voyageurs français ont aimé à comparer la terrasse de Richmond à celle de Saint-Germain, qui serait plus belle sans doute, si la faux y avait épargné ces grands arbres dont rien ne remplace l'absence. Nous avons trop vite oublié en France que notre origine remonte à ces Gaulois à qui l'ombre des forêts servit long-temps et de temple et d'asile. Jeannie, et son pieux ressouvenir de sa pauvre patrie, me firent reporter mes pensées vers notre ville natale[1], qui, plus favorisée par le climat que la patrie de la jeune calédonienne, eut aussi comme elle une époque d'indépendance, un diadême royal, et surtout ses Wallace et ses Bruce. Hélas ! il lui a manqué ses poètes, et l'histoire injuste lui dispute même quelquefois ses antiques honneurs presque oubliés.

Il nous reste de glorieuses ruines que l'étranger nous envie, et dont les villes privilégiées sont fières d'orner leurs musées ou leurs édifices modernes. Semblable au sol profané de la Grèce, le royaume de Bozon se voit ravir

[1] Arles.

peu à peu ses dieux mutilés, les fragmens de ses temples, et jusqu'à ses tombeaux !

Trop indifférens peut-être à la perte de ces richesses, sachons du moins jouir avec un noble orgueil de celles dont on ne pourra pas nous dépouiller. N'avez-vous jamais, madame, arrêté vos pas sur ces débris de nos remparts, qui conservent encore le nom poétique de Laure ? n'y avez-vous jamais admiré avec enthousiasme le sublime tableau qui s'offrait soudain à votre vue : presque sous vos pieds cette église d'architecture grecque, et le cyprès solitaire qui rappelle le palmier du temple de Thésée ; à gauche, la Durance accourant sur les arceaux pittoresques d'un aquéduc ; à droite, les riants jardins tributaires de ses ondes ; devant vous, une verdoyante plaine demi-circulaire, au milieu de laquelle s'élève un élégant rideau de peupliers, et plus loin enfin l'humide ceinture du Rhône, ses îles de saules, et parfois une flottille de navires aux blanches voiles, arrivant de la colonie des Phocéens ? Oui, cette vue vaut bien celle de Richmond.

J'ai salué, dans l'église, la sépulture du

chantre des saisons, dont le nom est gravé
sur le bronze, et précède une citation de son
hiver : c'est une prière à l'Être suprême,
prière pieuse et très morale, mais que je n'ai
pu lire sans sourire, en me rappelant qu'un
jour, au collége, dans une disette de complimens pour la nouvelle année, je m'en étais
emparé en changeant quelques hémistiches,
et l'avais adressé au proviseur, qui fut tout
surpris de me voir de si bonne heure poète
dans la langue de Thomson. J'avoue que ce sont
les seuls vers anglais que j'aie faits de ma vie.

La maison de Pope mérite bien aussi un
pèlerinage. En suivant les bords de la Tamise,
on arrive à Twickenham par un chemin
agréable, et l'on admire à chaque pas de
nouveaux sites, et surtout d'élégans châteaux. Tant de riches maisons déplairaient
peut-être à celui qui n'aime que des paysages
sauvages ou purement champêtres; mais on
se souvient bientôt que parmi ces *villas* s'élevait jadis, plus simple il est vrai, celle de
Pope, le poète de la civilisation. C'est ici qu'il
modernisa la grande muse d'Homère, éton-
née quelquefois dans sa traduction, de voir sa

simple majesté remplacée par les grâces apprêtées d'une coquette ; mais c'est ici que Pope fit parler à la philosophie la langue poétique, et qu'il composa ses satires et ses épîtres, telles qu'Horace les eût écrites à la cour de la reine Anne. Si le gothique château de Strawberry appartenait à un âge plus reculé, on pourrait associer à son aspect les accens sublimes et passionnés de l'amante d'Abeilard.

En 1807, la baronne de Howe fit abattre la *villa* de Pope, remplacée par une habitation plus digne de milady, et sans doute plus *confortable*. Que de choses sacrifient quelquefois les Anglais à cet adjectif favori ! La fameuse grotte que Pope s'était plu à décorer lui-même de coquillages et de minéraux en a été presque entièrement dépouillée par les *pèlerins de son génie* [1]. Le saule pleureur qu'il avait planté de ses mains est mort, un autre incline ses rameaux sur le reste de son tronc desséché ; plus loin, dans un lieu plus solitaire, plus favorable au recueillement, est encore debout l'obélisque érigé par le poète, à sa mère. Le meilleur de ses ouvrages

[1] *Pilgrims of his genius.* CHILDE HAROLD.

ne m'avait pas fait autant de plaisir que la vue de ce monument de son amour filial. Heureux le fils qui peut déposer un légitime laurier sur la cendre de celle dont ses premiers succès firent le bonheur et l'orgueil !

La tartuferie est aujourd'hui, selon lord Byron, la maladie morale de l'Angleterre : tartuferie morale, tartuferie littéraire, tartuferie religieuse, etc. C'est une question que je ne saurais m'empêcher de traiter plus tard, quand j'aurai mieux vu la société de Londres. Je puis déjà signaler en quelques mots la tartuferie littéraire et morale, au sujet de Pope et de ses détracteurs. J'abandonne pour le moment son mérite comme poète, qu'il sera intéressant de discuter, en nous occupant des diverses phases de la littérature anglaise; mais on a attaqué en même temps en lui l'homme et l'auteur. Le cagotisme est une véritable inquisition; il lui faut des victimes. Pope, fils respectueux et tendre, ami généreux et désintéressé, susceptible, il est vrai, mais qui jamais ne connut la basse envie, a été cité à ce tribunal des scandales, comme un cœur ingrat, jaloux, sordide, méchant,

licencieux surtout. Le révérend M. Bowles
a su transformer en crimes ses moindres
faiblesses. Les perfides insinuations de cet
éditeur de Pope, et ses réticences, sont calculées avec un art jésuitique, pour se faire une
réputation de candeur, en distillant la calomnie sur le plus grand nom littéraire du siècle
de la reine Anne. Lord Byron n'est pas le
seul qui ait appelé de son vrai titre la vertu
affectée du révérend critique ; mais on s'aperçoit que parmi les vengeurs de ces augustes
cendres outragées, il en est encore qui n'osent
attaquer en face un ennemi qui se couvre d'un
masque si spécieux.

Les anecdotes recueillies par Spence, dans
la société de Pope, et publiées récemment, ont
introduit la postérité dans l'intérieur de l'auteur de la *Boucle de cheveux* ; elles expli-
quent en faveur de son caractère plusieurs
faits défigurés par M. Bowles. Son ressentiment contre la belle lady Montagu n'est-il
pas un peu justifié par les dédains moqueurs
de cette dame pleine de contrastes, qui oublia
trop son sexe pour tâcher de jouer un rôle
important dans les lettres et la politique ?

Pope, qui, comme on l'a dit [1], n'était pas fait pour l'amour, eut la faiblesse de penser que l'amour pouvait être fait pour lui; erreur excusable du poète! Sa passion pour lady Mary versa de l'amertume sur sa jeunesse, et l'indifférence de Marthe Blount fit le malheur de son âge mûr. L'âme de Rousseau respire dans sa Julie. Si Pope n'eût jamais aimé, les regrets brûlans d'Héloïse n'eussent peut-être pas trouvé en lui un interprète si éloquent. On a trouvé aussi quelques autres épanchemens de sa muse, que dans son dépit il avait supprimés depuis qu'il était revenu du rêve de ses folles espérances. Il avait osé parler avec lady Mary de la sympathie supposée de leurs âmes, et demandé timidement si elle ne pourrait pas oublier un corps disgracié par la nature; à ces mots un bruyant éclat de rire trahit les cruels dédains de celle dont il n'avait jamais captivé que l'esprit.

J'emprunterai, pour finir ma lettre, quelques détails sur les derniers momens de Pope, au livre de M. Spence, que nous classerions en France parmi les livres d'*Ana*.

[1] Q. Rev.

Trois semaines avant sa mort, dit le narrateur, il envoya en présent quelques unes de ses épîtres : « — Me voici, dit-il, comme Socrate distribuant mes leçons morales à mes amis, avant de les quitter pour toujours. »

« — C'est ce que j'ai pensé plusieurs fois, pendant que j'étais dernièrement avec vous à Twickenham, lui répondis-je, et parfois j'étais porté à me comparer à Phédon. »

« — Cela pourrait être, reprit-il; mais vous ne devez pas espérer que je vous parle comme Socrate. »

« — Une des choses qui m'ont toujours étonné, c'est l'existence de la vanité; si j'en eus jamais, j'ai bien eu de quoi la mortifier il y a quelques jours, car je perdis ma raison pendant vingt-quatre heures. » Ces paroles furent prononcées le 10 de mai.

Un ou deux jours après il se plaignit de ce phénomène bizarre (comme il l'appelait), qui lui faisait voir tous les objets dans la chambre comme à travers un rideau.

Le 15, M. Littleton étant venu le voir, il lui dit : « — Vous me voyez mourant de cent bons symptômes ! » Le docteur T.... venait de lui rappeler qu'il était charmé de lui trouver la respiration plus facile, le pouls excellent, et il lui avait dit encore d'autres choses encourageantes.

« — Qu'est-ce que cela ? » s'écria-t-il en étendant le doigt avec un regard fixe ; et puis il tourna les yeux sur moi, en me disant avec un sourire et la plus grande douceur : « — C'était une vision ! »

J'avais à la main l'édition du régent de Daphnis et Chloé pour me distraire pendant qu'il sommeillait : « — Ce sont là, me dit-il, des amours bien innocentes, comme celles d'Adam et d'Ève dans Milton. Je m'étonne qu'un homme aussi corrompu que le régent eût le moindre goût pour un tel livre. »

Le même jour Pope voulut être porté à la table où nous dînions. Son aspect était tel que nous le croyions tous mourant. Mistress Anne Arbuthnot s'écria involontairement : « — Que le Seigneur ait pitié de nous ! voilà presque un banquet égyptien. »

Peu de temps avant sa mort, M. Pope dit : « — Je suis si certain de l'immortalité de l'âme, qu'il me semble sentir cette vérité en moi comme par intuition. »

Quand M. Hooke lui demanda s'il ne voulait pas mourir comme son père et sa mère, et s'il n'enverrait pas chercher un prêtre, il répondit : « — Je ne suppose pas que ce soit essentiel ; mais c'est convenable, et je vous remercie de me l'avoir rappelé. »

Dans la matinée, quand le prêtre lui eut donné les derniers sacremens, il dit : « — Il n'est rien de méritoire que la vertu et l'amitié ; l'amitié elle-même fait, il est vrai, partie de la vertu. »

Pope mourut le 30 mai 1744, vers le soir; mais on ne sut pas l'heure précise, car sa mort fut si douce, que ceux qui étaient auprès de lui ne s'en aperçurent pas.

C'est ainsi que la vie d'un poète passe comme un rêve, et ne laisse que l'ombre d'un nom.

Recevez, madame, etc.

LETTRE XXI.

A M. DUDRENEC.

*He is complete in manners and in mind
With all good grace to grace a gentleman.*
SHAKSPEARE.
Accompli dans ses manières et dans son esprit, il est
doué de toutes les grâces qui ornent le *gentleman*.

STRAWBERRY-HILL.

Quand on a lu, dans les divers ouvrages de critique et les inimitables lettres d'Horace Walpole, la description des antiques manoirs qu'il visitait; quand on se rappelle son admiration pour l'effet pittoresque et souvent sublime de ces tours, de ces créneaux, de ces chapelles, de ces voûtes, etc. dont son style animé compose des tableaux si brillans par le grandiose de l'ensemble et le fini des détails, on s'attend à trouver dans son château de Strawberry-Hill un monument de la grande architecture du moyen âge : mais ce château, modèle de goût et d'élégance, serait plutôt une miniature gothique. C'est encore plus la *villa* du grand seigneur homme du monde, que le manoir du baron féodal. C'est ainsi que, dans le roman du *Château d'Otrante*, le style trahit la *feintise* du prétendu traducteur de cette imitation des récits d'un autre âge ; j'aimerais mieux plus de naïveté et moins de correction.

On rencontre Strawberry-Hill sur les bords de la Tamise, à un mille et demi de Twickenham. La disposition et l'ameublement des appartemens intérieurs répondent au style de la façade ; les plafonds, les niches, tous les détails de l'architecture, sont modelés sur les décorations pittoresques des cathédrales, des abbayes et des édifices gothiques. On reprochait à Horace Walpole une certaine mesquinerie envers les artistes : cependant les tableaux et les trésors d'antiquité qui ornent Strawberry seraient dignes d'une galerie royale. Quand

Horace Walpole marchandait le talent, il entrait peut-être dans ses calculs moins d'avarice réelle que de cette manie de l'amateur qui met tour à tour son amour-propre à payer cher et avoir à bas prix un objet d'art ou de curiosité : je connais un noble baron bibliomane qui est aussi fier d'avoir trouvé sur un quai une fameuse édition *avec la faute* pour dix sous, que d'avoir acheté à une vente une Bible de 1400 pour cinquante louis.

Lord Byron, qui, plus souvent démocrate, a aussi ses petites boutades aristocratiques, cherche à venger la mémoire d'Horace Walpole dans la préface du *Doge*, et le cite comme le type du vrai *gentleman* (homme comme il faut). A ce titre, l'auteur du *Château d'Otrante* s'offre à nous paré de grâces étrangères; et, certes, l'urbanité de l'aristocratie anglaise de nos jours n'est encore qu'une imitation de la grâce parisienne. Quelque critique de ce pays se hâtera d'ajouter que Walpole était surtout Français par sa vanité excessive. La vanité fut en effet la maladie d'Horace Walpole. On a souvent dit que la vanité est pour un sot une cuirasse impénétrable au ridicule, mais qu'elle rend l'homme d'esprit sensible à ses moindres traits. La peur du ridicule fut le tourment de toute la vie de Walpole : c'est le secret de toutes ses faiblesses. Le besoin de s'en défendre réclamait continuellement toutes les ressources de son esprit, et ce fut ce qui l'empêcha de devenir un homme supérieur dans aucun genre : nulle part il n'osait être franchement soi ; partout il portait un masque, partout il y avait dans sa manière d'être de la contrainte ou de l'affectation. Ce n'est que dans l'intimité, je dirais volontiers le *négligé*, de la correspondance, qu'il est le rival de Voltaire. Les contradictions de son caractère et de sa position sociale sont piquantes. Fils d'un premier ministre, il fut un whig de l'opposition ; indépendant et contempteur des rois, il était flatté des sourires du pouvoir et fier de sa naissance. En littérature, écrivant comme pour prouver seulement ce qu'il pourrait faire s'il n'eût méprisé le titre d'auteur, il affichait l'indifférence sur le succès de ses productions, semblait les abandonner à la critique, et cependant il était jaloux de sa propre gloire, envieux de celle des autres, appelait adroitement les éloges, et allait au-devant des objections. Sans cette peur du ridicule, plus franc dans son allure, plus hardi dans ses conceptions, il eût été original, grand peut-être ; il aurait pu prendre le sublime essor du génie s'il n'eût été arrêté par la puérile occupation de mesurer tous ses pas et d'écouter les *on dit* de l'opinion. On ne peut lui adresser que le compliment très vrai de madame du Deffand, cette pauvre amie aveugle, si souvent rudoyée par lui : « — Vous avez du discernement, le tact très fin, le goût très juste ; vous auriez été de la meilleure compagnie du monde dans les siècles passés, vous l'êtes dans celui-ci, et vous le seriez dans les siècles à venir. » Sans nous offrir aucune dissertation sérieuse en fait de science et de beaux-arts, de politique ou d'administration, sans aucun de ces élans de l'âme qui enthousiasment les lecteurs, H. Walpole intéresse ; il amuse dans ses lettres comme Voltaire dans les siennes, par la tournure piquante et la variété de ses récits, la vivacité spirituelle et la finesse de ses remarques, par la malice ingénieuse et la philosophie si gaie de ses commentaires sur les personnages et les événemens. Ses *Mémoires* historiques prouvent encore que ce n'est pas en France seulement qu'on possède le secret de ce genre d'histoire familière. Il est vrai, je le répète, que Horace Walpole avait bien plus les formes françaises qu'anglaises. Peut-on ne pas relire, peut-on oublier son portrait de lord Balmerino, celui de George Selwyn, celui de ce duc de Newcastle le *tatillonneur?* et sa grande scène si comique des funérailles de George II, et son anecdote du mariage de Tracy?

Tout était bien fait pour enivrer ce Vathek[1] homme du monde dans son élégant palais : et ce palais même où de célèbres artistes le visitaient et l'appelaient leur Mécène, et les courtisans titrés qui venaient apprendre de lui le ton de la *bonne compagnie,* et les plus brillantes beautés du jour, heureuses de lui payer d'un sourire l'honneur de figurer dans ses amusantes chroniques du

---

[1] *Vatheck — England's wealthiest son,* etc.
　　　　　　　　　　CHILDE HAROLD.
Allusion de Byron à M. Beckford de Fonthill.

temps. Écoutons-le décrire lui-même ses jouissances.

« Strawberry est devenu une autre Paphos;
« c'est le paradis des beautés. Mercredi les
« duchesses d'Hamilton et de Richmond y
« ont dîné avec lady Ailesbury : quel char-
« mant spectacle de les voir réunies ! Dans
« *mille ans,* quand je commencerai à devenir
« vieux, si cela peut être, je parlerai de ce
« beau jour, et je dirai aux jeunes gens com-
« bien les femmes étaient, de mon temps,
« plus jolies qu'elles ne le seront jamais, etc. »

Seigneur châtelain de Strawberry-Hill, gare la goutte !

. . . . Heaven avert that ever thou
Should'st weep, and haply weep in vain [1].

Mais à travers ce feu roulant de saillies et ce brillant persifflage, expression d'une supériorité moqueuse, au sein de cette indifférence, de ce *nil admirari*, qu'on a voulu appeler le bonheur philosophique ; malgré les jouissances du riche égoïste et du luxe du

---

[1] Que le ciel te préserve de pleurer un jour, et de pleurer peut-être en vain.

grand seigneur élégant, quelle triste réflexion sur la pauvre humanité fait naître tout à coup l'aveu qui échappe à ce Démocrite homme de cour, lorsque étendu sur un lit de douleur il entrevoit les sévères ennuis et les infirmités de la vieillesse et de la solitude :

« Je suis fatigué de ce monde, dit-il, de sa po-
« litique, de ses intérêts et de ses plaisirs ; mais
« qu'il m'en coûtera de me soumettre au ré-
« gime de la décrépitude ! certes, je ne parerai
« pas mon corps flétri pour le traîner dans les
« places publiques ! mais rester assis dans sa
« chambre, vêtu chaudement ; recevoir les
« visites de gens qu'on n'aime pas, se voir soi-
« gné et flatté par des parens impatiens de
« notre mort, ah ! que la goutte serait la bien-
« venue dans mon estomac plutôt que dans
« mes articulations ! »

Ce n'était pas ainsi qu'Evelyn entrevoyait le soir de sa vie.

Miss Hawkins, dans un recueil de *souvenirs* précieux, mêlés de beaucoup de bavardages, nous a tracé un portrait assez curieux de la personne d'Horace Walpole. Voici comment elle représente ce seigneur, type de l'homme de bon ton dans le dernier siècle en Angleterre.

« Sa taille était élancée et mince à l'excès;
« le teint de son visage et de ses mains était
« d'une pâleur maladive; ses yeux vifs et
« noirs avaient un regard pénétrant; sa voix
« n'était pas forte, mais d'un accent agréable
« et tout-à-fait noble et distingué, si je puis
« parler ainsi : je ne me rappelle pas sa dé-
« marche habituelle; il entrait toujours dans
« un salon avec cet air de délicatesse affectée,
« que la mode avait rendu alors presque na-
« turel; il tenait son chapeau sous le bras,
« entre ses mains, comme s'il eût voulu le
« comprimer; il s'avançait le genou fléchi et
« sur la pointe du pied. Son costume habillé
« consistait communément, dans la belle sai-
« son, en un habit gris, une veste brodée d'ar-
« gent, ou de soie blanche brodée au tam-
« bour; des boucles d'or, des manchettes et
« un jabot de mousseline : il ne portait de la
« batiste qu'en négligé; en été, sa perruque
« était sans poudre, mais bien peignée, avec
« la queue, et laissant son front pâle à dé-

« couvert; en hiver, il avait de la poudre. »

Mais il est temps, pour compléter un sujet ébauché à Say's-court et à Wooton, que je considère le poète de Twickenham et le châtelain de Strawberry-Hill, comme les principaux auteurs de cette révolution de goût qui a substitué, aux dessins de Le Notre et de ses imitateurs, le *pittoresque* des jardins anglais, qu'il faudrait bien se garder d'appeler ici jardins anglo-chinois; car les Anglais réclament toute l'originalité de l'invention. Déjà Addison, dans *le Spectateur*, avait donné quelques idées aux architectes paysagistes; Pope, dans le n° 173 du *Guardian*, comique comme une scène de Molière, désenchanta les ifs métamorphosés en géans ou en dragons, et les autres monstres de la sculpture végétale. Son plaisant catalogue d'arbres taillés à vendre restitua en quelque sorte aux chênes et aux ormeaux leurs branches mutilées; et dans son Épître à lord Burlington, le poète traça les règles de la nouvelle culture. Bridgeman renversa les murailles des parcs pour les entourer de fossés : ces limites, qui rendaient la perspective à la vue, furent

appelées *ha! ha's*, exclamation qui exprimait
la surprise de ceux dont elles arrêtaient soudain les pas trop hardis. Parut alors Kent,
qui, peintre peu habile le pinceau à la main,
fit exécuter avec un vrai génie les paysages les
plus variés. « Kent franchit les murailles et
les barrières, dit Walpole, et découvrit que
toute la nature était un jardin. » A la régularité du compas il préféra les irrégularités
de l'imagination; habile dans l'art de varier
les contrastes et de tromper la vue par de
continuelles illusions, il enrichit les sites les
plus ingrats, et sut réaliser les conceptions
les plus magiques de la peinture. Kent fit
surtout admirer sa manière de mettre l'eau
à profit; mais, en louant ses inventions originales, Walpole attribue à Pope le mérite
d'avoir contribué à former son goût. « — Le
dessin du jardin de Carlton-House, dit-il, fut
évidemment emprunté à celui du poète à
Twickenham; il y avait une certaine affectation de modestie dans Pope, lorsqu'il répétait que de tous ses ouvrages son jardin était
celui dont il était le plus fier : cependant il
fallait un singulier effort d'art et de goût pour

prêter une telle variété d'aspects à un terrain de cinq acres. Le passage de l'obscurité de la grotte à la clarté du jour, puis le retour de l'ombre dans les bosquets et le vallon, et la solennité de cette avenue de cyprès qui conduit au tombeau de sa mère, prouvent un art et un goût exquis. »

Brown continua plusieurs plans de Kent, et modifia avec bonheur ses idées dans certaines *villas;* mais un peu *maniériste,* Brown a poussé plus loin que Kent la haine de la ligne droite; aussi multipliait-il peut-être trop les zig-zags et les labyrinthes. La théorie du jardin anglais a été expliquée avec talent par M. Repton dans des traités ex-professo, dont je n'ai lu, je l'avoue, que l'analyse dans le *Quarterly Rev.* J'emprunterai à cet ouvrage l'expression de quelques craintes sur l'avenir des parcs et des jardins anglais, dont nos propriétaires pourront faire leur profit. Séduit par les enchantemens du paysage anglais, je n'aurais pas deviné que les mutations de propriété menacent de lui devenir funestes.

« — Plusieurs des nouveaux possesseurs n'ont ni le goût ni le désir de continuer à orner leurs domaines, plus jaloux de les augmenter que d'en jouir. » Il faut en effet tenir à une propriété par un sentiment, il faut la respecter comme l'asile de ses ancêtres, l'aimer comme son berceau et celui de ses pères, pour mettre son bonheur à l'embellir. « —Ces nouveaux propriétaires, continue M. Repton, sont des spéculateurs qui pensent à doubler la rente de leurs terres, pour retrouver le plus tôt possible le double de leur capital, le liquider et aller le risquer ailleurs : il y a parmi eux beaucoup de marchands enrichis, peu jaloux des améliorations de pur agrément. Dans leur égoïsme solitaire, ils disent : *Nous savons ce qui nous plaît.*

« Parmi ces nouveaux venus, il est néanmoins des personnes qui ont reçu une éducation libérale, et à qui jusqu'à présent il n'a manqué que le loisir pour apprécier le véritable charme de la campagne, considérée comme la scène d'une active bienveillance et des plaisirs tranquilles ; c'est à eux qu'est réservé d'embellir les alentours des habitations champêtres, et de contribuer à l'aisance de ceux qui sont placés sous leur dépendance :

c'est là le rôle véritable d'un gentilhomme. Il n'est nulle part aussi respectable qu'à la tête de ses tenanciers et de ses paysans, quand il s'occupe de leur bien-être. L'art du jardin-paysage l'excitera d'abord à se créer et ensuite à aimer un *chez soi* confortable (*a comfortable home*); la réciprocité des bons offices entre les classes élevées de la société et leurs inférieurs, résultat de la résidence des grands propriétaires sur leurs domaines, est un objet de la plus grande importance nationale. »

J'aurai sans doute l'occasion de revenir sur ce sujet, et de faire des applications particulières des généralités de cette lettre.[1]

[1] J'apprends au moment où j'écris que la fameuse abbaye de Newstead, condamnée comme une *vieille ruine*, est à la veille de céder le terrain à une élégante *villa* moderne; et je me hâte de vous transporter dans le Nottinghamshire par les lettres d'Horace Walpole lui-même :

.... « A mon retour j'ai vu Newstead.... c'est encore l'antique abbaye elle-même. La grande croisée orientale subsiste et tient au manoir. La grand'salle, le réfectoire, la chapelle, le cloître sont intacts, ainsi que l'ancienne citerne du couvent avec les armes des moines. Le parc, qui est encore charmant *, n'a pas été exempt de profanation. Le lord actuel a perdu beaucoup d'argent, et en a payé une partie en vieux chênes : on en a abattu pour cinq mille guinées. En récompense, il a bâti deux petits forts pour dédommager en châteaux son pays du tort qu'il a fait à sa marine. Il a planté aussi une poignée de sapins d'Écosse, qui ressemblent à de petits garçons de ferme qu'on aurait revêtus de la livrée de la famille pour un jour de fête publique. Dans la grand'-salle est une bonne collection de tableaux représentant des animaux. Le réfectoire est plein de Byrons, etc. etc. » (*Lettres* d'*H. Walpole*.)

Ces Byrons n'ont pas été oubliés par le poète devenu lord Byron, dans la description de Newstead, qu'il a introduite dans son Don Juan :

Steel Barons, etc. — Don Juan, ch. xiii, st. 48.

La vente de Newstead a été un cruel sacrifice pour lord Byron ; on lui en ferait un crime si *un grand seigneur* ne devait pas payer ses dettes à tout prix. Espérons que le nouveau propriétaire respectera cette abbaye à laquelle le chantre de Childe Harold adressa ses premiers vers**. La Revue écossaise s'écrie avec raison au sujet de ce passage de Walpole***, que je viens de citer : « C'est une description négligée, mais heureuse, d'un des plus nobles manoirs d'Angleterre, et

* *Charming.*
** *Adieux à Newstead.*
*** N° 61.

on la lira aujourd'hui avec un bien plus vif intérêt qu'à l'époque où elle fut écrite. Walpole vit la résidence des Byrons, antique, majestueuse et vénérable ; mais il n'y vit point ce charme magique que la gloire répand sur la demeure du génie, et qui de nos jours couronne de son prestige toutes les tourelles de Newstead. Walpole vit l'abbaye lorsque la ruine* dégradait le cloître, le réfectoire, la chapelle, et menaçait d'ensevelir tous ses honneurs sous la poussière des décombres : il ne pouvait savoir qu'une voix, s'élevant bientôt de ces antiques cloîtres, retentirait à travers les siècles, et crierait aux anciens habitans de ce séjour : « Réveillez-vous! » — Quel que soit son sort à venir, Newstead-Abbey sera désormais une résidence mémorable. Le temps peut semer ses pariétaires sauvages sur ces murailles, et convertir ces longs appartemens et ces galeries en repaires pour les bêtes farouches; Newstead peut tomber au pouvoir d'un orgueilleux seigneur illettré ou d'un opulent plébéien, qu'importe ? Newstead a été l'habitation d'un grand poète. Son nom reste associé à une gloire impérissable, et il passera à la postérité dans les pages les plus brillantes des annales de l'Angleterre.

* *Ruin*, c'est une des personnifications favorites de la poésie de Byron, et de la poésie anglaise en général.

Je suis, etc.

LETTRE XXII.

A M. ADOLPHE DE CHEVRY.

Beauteous Windsor high and story'd halls,
Where Edward's chiefs start from the glowing walls.
WARTON.

Superbe Windsor, dont les splendides appartemens semblent encore habités par Édouard et ses capitaines.

Thou sayd'st the king grows mad.
SHAKSP. *King Lear.*

J'AI revu Richmond, mais avec moins de plaisir que la première fois. Ce paysage a besoin de soleil. Le jour d'un ciel vaporeux, confondant toutes les teintes de ces groupes rapprochés de verdure, produit un tableau uniforme qui manque de vie et de mouvement. La Tamise elle-même semble avoir oublié de couler si quelques rayons ne jouent pas sur ses flots endormis.

Sans doute aussi qu'une impression peut en affaiblir une autre : j'arrivais de Windsor.

Windsor est le Versailles des rois d'Angleterre, mais un Versailles gothique ; et cette épithète détruit toute comparaison entre le palais du plus magnifique des rois et le château féodal d'un de ses grands feudataires [1]. A trois milles de distance, Windsor vous apparaît déjà avec ses terrasses, ses tours, ses bannières flottantes et la Tamise à ses pieds. Cette résidence royale, construite d'abord par Guillaume-le-Conquérant, agrandie par Édouard III, embellie surtout par Charles II, et réparée par le feu roi, se compose de bâtimens dont l'irrégularité ajoute à l'effet de l'ensemble. Situé sur le revers d'une haute colline, le château se termine par une terrasse de 1,870 pieds de longueur ; quand vous y parvenez, après vous être égaré dans les cours dont la morne solitude ressemble à celle d'une prison, vous ne pouvez vous défendre

---

[1] Les Anglais trouveront la phrase gasconne ; mais ils se rappelleront le *titre ridicule* de roi de France que leurs monarques se sont attribué pendant des siècles : Charles II lui-même, quoique à la solde de Louis XIV.

d'un mouvement d'enthousiasme à l'aspect de cette riche plaine formée de douze comtés de la vieille Angleterre. En ramenant vos regards sur ces austères murailles, vous leur trouvez alors un caractère royal, et les guirlandes de lierre couronnent avec plus de grâce leurs vieilles tours, depuis que votre imagination les associe au paysage que vous venez de découvrir.

Dans la première cour, sur une éminence artificielle couverte de gazon, s'élève la *tour ronde*, contenant les appartemens du gouverneur, et fameuse par la captivité de Jacques 1ᵉʳ d'Écosse, perfidement arrêté, malgré la foi des traités. Là aussi séjourna un roi de France, qui sacrifia sa liberté à l'honneur. On vous montre sa prétendue cotte de maille comme un monument : il eût mieux valu graver sur les murs ses belles paroles, qui auraient pu servir de leçon à ses vainqueurs [1]. Ici gémit encore le brave et galant Surrey, condamné à mort par la jalousie de Henry VIII.

---

[1] Le roi Jean disait : — « Si la bonne foi était bannie du reste de la terre, il faudrait la retrouver dans le cœur des rois. »

C'est dans la seconde cour qu'est la chapelle ou église collégiale de Windsor, la plus grande des trois chapelles royales d'Angleterre, celle dont l'architecture est la plus chaste et la plus élégante. L'intérieur est d'une forme elliptique; le chœur, qui sert à l'installation des chevaliers de la Jarretière, est orné de trente stalles en chêne sculpté, que surmontent les bannières et les armes de chaque membre de l'ordre. La vue de ces pannonceaux, de ces écus blasonnés; l'autel orné des armes d'Édouard, et les peintures brillantes des vitraux gothiques, vous transportent aux temps de la chevalerie. Un sentiment religieux complète cette poétique illusion quand l'harmonie solennelle de l'orgue, qui se marie à la voix touchante des choristes, vous agite d'une douce émotion, et excite cette vague rêverie si favorable au culte du passé.

Les appartemens royaux, meublés par Charles II, appellent d'autres souvenirs. Les salles n'ont rien de remarquable en elles-mêmes, sans en excepter celle de Saint-George, que le *cicerone* vous vante comme une des plus belles de l'Europe. La chambre de la reine contient un lit de parade qui coûta, dit-on, treize mille guinées. *Un lit de parade!* Charles II n'en était pas moins excusable d'y rêver quelquefois à cette éblouissante constellation de houris chrétiennes, dont les portraits décorent *la chambre de la beauté :* — Je relirai les Mémoires de Grammont.

J'ai peu admiré quelques tableaux du Guide; la richesse du coloris ne rachète pas ici le manque d'expression. *Vénus et les Grâces* auraient dû être plus belles; la *Délivrance d'Andromède* plus tragique, et *Judith* regarde la tête d'Holoferne d'un air si timide, qu'elle rappelle l'épigramme de Racine :

> Je pleure, hélas! sur ce pauvre Holoferne,
> Si méchamment mis à mort par Judith.

Une *sainte Catherine* du Corrège est ravissante; les *Avares* de Quintin Matsys sont un tableau original. Le feu roi, qui protégeait beaucoup West, l'a employé à décorer la salle d'audience : — peintures d'antichambre! Son tableau de la chapelle vaut un peu mieux.

Je n'ai fait qu'une courte excursion dans

cette forêt de Windsor, chantée par Pope ; mais j'ai visité le collége d'Eton, dont il n'entre pas dans mon plan de parler encore.

Parmi les souverains qui habitèrent Windsor, celui dont les traces sont encore récentes est le feu roi, enseveli dans la chapelle, avec sa royale épouse, avec Amélie, sa fille bien aimée, et sa petite-fille la princesse Charlotte. Le nom de George III restera attaché au règne le plus extraordinaire peut-être de la monarchie anglaise, quoique ce monarque ait été condamné à ne figurer dans les derniers temps que comme un fantôme couronné. Ces appartemens ont vu le nouveau roi Lear délaissé, aveugle, privé de sa raison, commandé par ses serviteurs, et à qui la cruelle maladie n'accordait quelques intervalles lucides que pour lui révéler les désordres de sa famille. La dignité qu'un long malheur prête au roi le plus faible n'a pas défendu George III des sévères censures de l'opposition ; l'histoire elle-même ne lui accordera peut-être que des vertus négatives, et l'accusera d'avoir, par son opiniâtreté et son caractère vindicatif, prolongé la lutte inutile de l'Angleterre contre ses colonies américaines. Les paroles adressées par lui à l'ambassadeur des États-Unis prouvent du moins une certaine grandeur d'âme : c'était la première audience de M. Adams : « — Je m'aperçois, lui dit-il, que vous êtes un peu agité ; cela ne me surprend pas, je suis ému moi-même ; mais sachez, monsieur Adams, que si j'ai été le dernier en Angleterre à reconnaître l'indépendance de mes domaines américains, maintenant que l'acte est ratifié, je serai le dernier à le violer. » Mais George III (véritable roi constitutionnel dans ce sens) a régné presque continuellement sous le bon plaisir d'un ministère dictatorial, à qui doit être attribué la gloire ou le blâme de ses actes. Premier prince de sa dynastie franchement Anglais, il n'a exercé d'influence que sur les mœurs et les idées de sa cour. Notre Henri IV était le premier gentilhomme de son royaume ; dans un siècle nullement chevaleresque, George fut le premier fermier du sien.

« Le roi, disait Walpole, paraît bon homme et désirant le bien de tous ; ses paroles sont obligeantes. Je l'ai vu hier, et j'ai été surpris de trouver que le *lever* avait perdu presque entièrement l'air de la tanière du lion. Ce souverain ne reste pas immobile ; les yeux fixés royalement vers la terre, et débitant des nouvelles allemandes, il va et vient, parle à tout le monde. Je l'ai vu ensuite sur son trône, il s'y tient avec dignité, lisant avec une certaine grâce ses réponses aux différentes adresses. » [1]

La simplicité de ses manières, l'autorité de son exemple et de ses principes étaient bien nécessaires à l'Angleterre après le gouvernement corrupteur de Robert Walpole. Les Mémoires particuliers et la satire si vraie de Chrysal [2] attestent que la démoralisation était complète. L'Angleterre nous reproche les mœurs de la régence : celles de la cour de George II n'étaient guère meilleures. En voici une esquisse ; je l'emprunte à un grand peintre, à sir Walter Scott.

« — Un long cours de prospérités nationales avait amené les maux qui en sont ordinairement le résultat : l'égoïsme, l'avarice et

---

[1] Walpole's Memoirs.
[2] Par Johnstone.

une grossière débauche. Nous ne sommes pas peut-être plus moraux dans notre conduite qu'on l'était il y a cinquante ou soixante ans » (aveu précieux à recueillir d'un tel observateur!); « mais le vice moderne paye du moins un tribut aux apparences et se soumet à porter un masque de décorum. Une lady H.... et Pollard Ashe, si souvent mentionnés dans la correspondance d'Horace Walpole, n'oseraient certainement plus insulter aussi publiquement à la décence; nos débauchés les plus licencieux ne se hasarderaient pas à imiter les orgies de Medenham-Abbey, décrites par Johnstone avec de si horribles couleurs. Ce n'est pas là que s'arrêtent les améliorations. Nos hommes d'état sont aujourd'hui forcés d'être ou du moins de paraître inspirés par de plus nobles motifs que leurs prédécesseurs. Sir Robert Walpole, qui, après avoir gouverné tant d'années par la corruption la plus ouverte et la plus avouée, se fit avec les dépouilles de l'état une fortune de prince, ne serait plus toléré aujourd'hui. Le siècle ne supporterait pas la magnificence de Hugenton. Nos derniers ministres et hommes d'état sont morts, presque sans exception, pauvres et insolvables ; preuve certaine que s'ils furent dirigés par l'ambition, ils furent exempts du moins des torts de l'avarice. La première peut suivre encore parfois la route des vertus publiques, tandis que la seconde égare constamment dans les voies détournées de l'intérêt personnel. La corruption générale des ministres eux-mêmes et leur fortune ostensiblement acquise par un système erroné de *revenant-bon* introduisaient, au temps de nos pères, une habitude de cupidité et de rapine dans tous les départemens de l'administration, tandis que les mêmes vices et les mêmes moyens faisaient fermer les yeux à ceux qui auraient dû prévenir les spoliateurs. Si les hommes qui remplissaient les emplois subalternes payaient d'énormes droits à leurs supérieurs, ce ne pouvait être que pour acheter le privilége de piller eux-mêmes le peuple avec impunité. J'ai connu des gens de talens et dignes de foi qui servaient dans l'expédition de la Havanne, et je les ai toujours entendu affirmer que les scènes infâmes et horribles, décrites par l'auteur de

Chrysal, n'étaient nullement exagérées. Cette attention aux besoins du soldat et du matelot, cette vigilante tutelle qui protége leurs droits et leurs intérêts, et qui de nos jours fait honneur aux officiers de terre et de mer, étaient alors totalement inconnues. Les chefs avaient pour but d'amasser des richesses, et non de cueillir des lauriers; comme le ministre ne songeait qu'à s'enrichir lui-même, indifférent pour la gloire de la patrie. Aussi le premier Pitt et le général Wolfe étaient regardés comme des hommes au-dessus de l'humanité, moins à cause de l'éloquence et des grands talens de l'un ou de la science militaire de l'autre, que parce qu'ils faisaient de l'honneur et de l'intérêt de leur pays leur but direct et principal; ils *osaient*, pour me servir de la phrase classique, *mépriser les richesses....* L'homme d'état et le guerrier d'aujourd'hui, au contraire, *n'oseraient pas* se proposer un tel mérite comme sujet de louanges. L'amélioration comparative de nos mœurs aussi-bien que de notre gouvernement, est certainement due en grande partie au progrès général des lumières et du goût;

mais elle fut suscitée par les vertus privées de notre vénérable monarque. Le frein que dès sa jeunesse l'expression de son déplaisir imposait déjà au vice et à la licence, est mentionné plus d'une fois dans Chrysal, et la disgrâce de plus d'un ministre, dans les commencemens de son règne, fut attribuée avec juste raison à la manière dont ils avaient augmenté leur fortune, en se prévalant de leurs avantages politiques pour spéculer sur les fonds. Les abus des emplois publics ont été de même réprimés, le système du *casuel* aboli, et tous les moyens de profits indirects interdits, autant que possible, au serviteur du public, etc., etc. »[1]

[1] Le roman de Chrysal est l'*histoire d'une guinée* qui, passant de main en main, donne à l'auteur l'occasion de peindre tous les personnages marquans de l'époque : c'est une satire que le temps a privée d'une partie de son intérêt.

LETTRE XXIII.

A M. AUG. D'HAUTERIVE.

Who has not heard of Surrey's fame?
   Sir W. Scott. *Le Lai du dernier Menestrel.*
Qui n'a pas entendu parler de la gloire de Surrey?

Monument des âges chevaleresques, le château de Windsor réveille surtout les souvenirs de cette époque poétique où nous devons commencer à étudier les institutions de l'Angleterre et sa littérature nationale. Nous trouvons même le berceau de la poésie écossaise [1] dans la prison de Jacques 1er. C'est ici que ce prince brave et galant se consolait de la perfidie anglaise avec la philosophie. Bientôt l'amour vint aussi charmer les longs

---

[1] La poésie de la Basse-Écosse. La langue gaélique était celle des montagnes (Highlands), qu'il ne faut pas confondre avec les Lowlands.

loisirs du roi captif, et la belle lady Jeanne de Beaufort en fit un poète. L'Addison américain [1] a embelli de tout le charme de son style la romanesque histoire de ce prince, digne d'un meilleur sort, qui n'oublia pas sur le trône celle qu'il avait aimée dans le malheur. Le diadème d'Écosse brilla sur le front de la belle lady Jeanne : hélas ! quand des traîtres levèrent leurs poignards régicides sur son époux, elle lui fit en vain un bouclier de son sein.

Jacques reconnaissait pour ses maîtres Chaucer, Gower et Lydgate, dont il fut presque le contemporain. Depuis Chaucer jusqu'au lord Surrey, la succession des poètes anglais fut interrompue pendant près de deux siècles. Aussi Warton a-t-il comparé l'apparition de Chaucer, dans la littérature nationale, au jour précoce d'un printemps d'Angleterre, après lequel l'hiver revient avec ses orages, et détruit les boutons et les fleurs qu'avait fait naître un soleil éphémère. Cinq règnes, dont les annales ne méritaient d'être écrites que de la main du bourreau, selon

---

[1] Washington Irving de New-York.

l'énergique expression de Voltaire, ne pouvaient guère favoriser les progrès de la poésie. La rivalité des républiques italiennes avait produit à la fois des écrivains et des capitaines. Mais les discordes civiles d'Angleterre agitaient toute la nation en masse ; l'habitude du carnage abrutissait l'esprit public ; la guerre et les proscriptions absorbaient toutes les intelligences. Quand Henry VI parvint à la couronne, la moitié de la noblesse et de la bourgeoisie avait péri sur le champ de bataille ou sur l'échafaud. Ce ne fut que sous Élisabeth que le génie poétique brilla d'une véritable splendeur. Le règne de Henry VIII n'en avait vu que l'aurore.

Si Chaucer fut le père de la poésie anglaise, Surrey peut être nommé son fils aîné. L'histoire de ce chevalier menestrel, dont la tour de Windsor entendit résonner le luth plaintif, se rattache à quelques uns des événemens les plus importans du règne de Henry VIII. Les anecdotes fabuleuses de sa vie errante pourraient même fournir des traits heureux au romancier qui voudrait peindre, comme sir Walter Scott, les mœurs de l'époque. Le docteur Nott, qui s'est fait de nos jours le biographe du comte de Surrey, a sans doute exagéré l'influence de son génie, puisque Warton lui-même, moins enthousiaste, a été réfuté par Campbell ; mais, quand il s'agit d'un poète, on se sent malgré soi entraîné à croire ceux qui en ont parlé plus poétiquement.

Boccace avait produit Chaucer ; Pétrarque fut le modèle de Surrey. Les cours de France et d'Angleterre commençaient à se distinguer par leur élégance. François 1er avait opéré une révolution dans le style de notre littérature en mêlant la galanterie à la science. Les dames, invitées avec les ecclésiastiques à ses carrousels et à ses fêtes, polirent peu à peu les pédans. Henry VIII, qui ne pouvait souffrir de rival, même en plaisirs, déployait une égale magnificence, et, comme le vainqueur de Marignan, il voulut que la beauté présidât à la pompe guerrière de ses tournois. Henry était affable avec le beau sexe, et ne se montrait cruel pour ses femmes qu'après les avoir entourées d'abord des plus brillans hommages.

La poésie devait naturellement payer son tribut à ses fêtes; Henry l'aimait, et il composa lui-même des vers. Pétrarque, le prince des poètes amoureux, devait être le poète favori d'une semblable cour. Henry Howard, comte de Surrey, devint le Pétrarque de l'Angleterre, et une autre Laure inspira ses sonnets. Henry Howard, né en 1516, de Thomas, troisième duc de Norfolk, fut élevé à Windsor avec Henry Fitzroy, duc de Richmond, fils naturel du roi, qui donnait les plus belles espérances, et avec qui il contracta une illustre amitié. Les deux jeunes émules eurent fini leur éducation académique et chevaleresque à l'âge de seize ans. On reproche, avec raison sans doute, aux écoliers de nos jours de prendre à dix-huit la robe virile; mais les jeunes gens d'alors, instruits de bonne heure dans les langues étrangères, comme dans les nobles exercices de dompter un coursier de bataille, et de jouter dans un tournois, étaient déjà des hommes à seize! Richmond et Surrey n'avaient donc que seize ans lorsqu'ils quittèrent l'Université [1] pour épou-

[1] Warton les envoie à Oxford, et le docteur Nott à

ser, Richmond la sœur de son ami, et Surrey lady Frances, première fille de lord Oxford. Les chroniqueurs prétendent cependant qu'ils ne furent que fiancés, et que Richmond, qui mourut un an après, n'avait pas encore consommé le mariage. Surrey pleura longtemps la mort prématurée de l'aimable compagnon de ses jeux et de ses études, comme l'attestent plusieurs de ses sonnets, dans lesquels il unit le nom de Richmond à celui de la belle Geraldine.

On suppose, pour l'honneur du lien conjugal, que son amour pour la fille de lord Gerald Fitzgerald était purement platonique, comme l'amour de Pétrarque pour Laure. Geraldine était à quinze ans l'épouse de sir Anthony Wood, qui en avait soixante; mais deux vertueux chevaliers du même siècle, Bayard et P. Sidney, aimèrent publiquement deux dames mariées, dont la réputation resta sans tache, malgré les larmes qu'elles répandaient chaque fois que leurs amans s'éloignaient d'elles.

Cambridge, dont, par la suite il est vrai, Surrey fut nommé *high-steward*.

Ce fut après la mort de son ami que Surrey commença ses voyages romanesques. Il fit le tour de l'Europe en véritable Amadis, proclamant sans pareils les charmes de sa maîtresse, et prêt à défendre la cause de sa beauté avec les armes de la chevalerie errante. Il se rendit d'abord à Florence, capitale de la Toscane, dont les ancêtres de Geraldine étaient originaires. Dans sa route, il s'arrêta quelques jours à la cour de l'empereur, où il fit connaissance avec Cornélius Agrippa, célèbre alchimiste de ce temps. Le menestrel de l'Écosse, dans une de ses poétiques ballades, raconte comment le nécromancien fit voir à Surrey, dans un miroir enchanté, l'image vivante de Geraldine, languissamment inclinée sur sa couche, et lisant avec une douce émotion les vers de son chevalier. Enflammé d'un nouvel enthousiasme, à peine fut-il arrivé à Florence qu'il publia un défi contre tout amant guerrier, chrétien, juif, turc ou maure, qui oserait mettre sa dame au-dessus de Geraldine. Le grand-duc de Toscane permit la libre entrée de ses états aux combattans de tous les pays, et le comte fut victorieux dans tous les assauts.

Ces joutes chevaleresques ne détournèrent pas Surrey de se livrer au culte des Muses italiennes : c'était surtout dans ses vers que Geraldine devait trouver l'immortalité.

Mais un amour si ardent et si fidèle n'empêcha pas sa belle maîtresse de passer des bras de son premier époux dans les bras d'un second. Un amour platonique ne suffisait pas toujours aux beautés de ce vieux temps; à son retour à Londres le poète-chevalier trouva sa dame comtesse de Lincoln : quelques uns de ses vers attestent ses regrets, et il semblerait que s'il eut recours aux puissantes distractions de l'ambition et de la guerre, ce fut pour oublier son indifférence. Warton et Walpole se sont trompés en le faisant assister à la bataille de Flodden-Field; mais il est certain qu'il fit ses premières armes en Écosse, et qu'il reçut, pour prix de sa valeur, l'ordre de la Jarretière, distinction plus honorable alors que de nos jours. Par suite d'une querelle sanglante qu'il eut à la même époque, il fut enfermé à Windsor, et y fut renvoyé peu de temps après en être sorti, pour avoir encouru le déplaisir du roi et celui de l'église en violant l'observation du carême[1]. Un autre grief assez bizarre de la part d'un héros homme de lettres lui valut aussi quelques mois de prison. Il fut accusé d'avoir parcouru pendant la nuit les rues de Londres, en brisant les vitres à coups d'arbalète. Sa justification surprendra le lecteur, qui serait tenté d'appeler ce délit une folie de jeunesse.

« — Milords, dit-il à ses juges, je conviens que mon intention peut être mal interprétée; mais je voyais avec douleur les mœurs licencieuses des citoyens de Londres; c'étaient les mœurs de Rome papale dans toute sa corruption, plutôt que celles d'une société chrétienne. Devais-je souffrir que ces hommes malheureux périssent sans avertissement? La charité me le défendait. Les remontrances de leurs pasteurs spirituels avaient été vaines. Je me suis donc armé de mon arbalète pendant la nuit, et j'ai brisé leurs fenêtres, afin que les pierres, qui traversaient l'air sans bruit pour surprendre les coupables, leur rappelassent le châtiment imprévu dont

[1] *For eating flesh*, pour avoir fait gras.

l'Écriture menace les pécheurs impénitens. »

Les juges ne voulurent pas croire probablement que le jeune chevalier se fût fait sincèrement le Don Quichotte de la réforme. Le docteur Nott pense cependant qu'il était de bonne foi.

La guerre avec la France donna de plus nobles occupations à l'inquiète activité de Surrey. Il était feld-maréchal de l'armée anglaise dans l'expédition de Boulogne. Cette ville tomba en son pouvoir, et d'autres faits d'armes lui acquirent une brillante renommée de bravoure et d'habileté militaire. La valeur française l'emporta néanmoins dans cette campagne, et ce fut la conduite d'une retraite qui fit le plus d'honneur au comte de Surrey. La Muse n'avait pas été exilée de sa tente. Un de ses meilleurs sonnets fut composé pendant les travaux de cette guerre.

Mais plus la popularité du jeune comte augmentait, plus il perdait de son crédit auprès d'un roi dont l'âge et les infirmités aigrissaient le caractère jaloux et cruel. Aimable aux yeux du peuple et de l'armée, il ne pouvait que devenir odieux au tyran. On appela sa gloire une ambition dangereuse. Il fut remplacé dans ses commandemens par son ennemi personnel, le comte d'Hertford, chef de la faction des Seymours. Surrey eut l'imprudence de parler de son ennemi avec indignation, et d'exprimer peut-être l'espoir d'être vengé sous un autre règne. Le roi fit connaître son aversion pour lui : c'était inviter les calomniateurs à l'attaquer. Windsor le revit encore captif. On lui rendit la liberté momentanément pour ourdir de nouvelles trames contre lui ; et quand on se fut assuré des délateurs et des juges, une absurde accusation de haute trahison lui fut intentée. On lui supposa l'intention de rétablir le papisme et d'épouser la princesse Marie : les preuves étaient la protection qu'il accordait aux Italiens, et l'écusson d'Édouard-le-Confesseur ajouté à ses armoiries. Son éloquente défense s'adressait à des juges qui avaient vendu sa mort. Il fut condamné, et porta sa tête sur l'échafaud.

Le comte de Surrey était encore à la fleur de son âge et de son génie. Vrai fils des preux, troubadour accompli, ami ardent, aussi amoureux que brave ; poète et chantant lui-même ses romances sur son luth, il chérissait autant les arts que la guerre. Les Italiens qu'on lui fit un crime d'avoir auprès de lui, étaient des artistes qui vivaient de ses bienfaits. Le château qu'il fit construire à Norwich fut le premier modèle d'architecture grecque en Angleterre. Comme poète, Surrey a plus de goût et de naturel qu'on ne s'attend à en trouver dans un règne où tout était sacrifié à la polémique religieuse et aux subtilités d'une politique perfide. Moins savant que Pétrarque, il a moins recours que lui aux allusions pédantesques. Sans être exempt de *concetti* et d'exagérations sentimentales, il préfere imiter son maître dans les grâces naïves et simples de ses véritables inspirations.

Il y a toujours dans les sonnets les plus brillans de ce galant chevalier quelques traits de cette mélancolie rêveuse qui caractérise un amour malheureux. Comme toutes les intelligences précoces et les âmes passionnées, Surrey avait aussi été désabusé de bonne heure de ses plus douces illusions. Les abstractions du platonisme alors à la mode devaient donc le séduire; il y trouvait un refuge contre les cruelles réalités d'une cour tyrannique à laquelle son rang l'enchaînait. Mais sa poésie variée n'offre pas seulement les vagues regrets d'un amour déçu : à une sensibilité exquise, il réunissait un rare talent de description. Le sonnet suivant a toute la fraîcheur de la saison qu'il peint : n'oublions pas que l'auteur écrivait dans un siècle où le langage des poètes était hérissé de pédantisme, et que les idées neuves alors, retournées de mille manières depuis trois siècles, sont devenues des lieux communs.

« — Le doux mois de mai, qui fait éclore le bouton et la fleur, a paré de verdure le coteau et la vallée. Le rossignol chante revêtu de nouvelles plumes, et la tourterelle redit ses plaintes à sa compagne; le printemps est venu, tous les arbrisseaux bourgeonnent; le cerf et le chevreuil ont bondi de plaisir; la couleuvre a rejeté son vêtement d'hiver; l'agile hirondelle poursuit les petits insectes, et l'industrieuse abeille compose son miel; l'hiver fatal aux roses est déjà loin; tout ce qui plaît renaît autour de moi; tous les soucis disparaissent, et cependant mon chagrin ne me quitte pas. »

Une autre élégie de Surrey sur les maux de l'absence, est écrite d'un style si pur qu'on la prendrait pour des vers échappés à la muse classique de Pope ou de Campbell.

Mais dans une lettre datée de Windsor, il faudrait citer de préférence les vers qu'il y composa pendant sa captivité dans la tour ronde. « — Quelle prison serait plus cruelle que le superbe Windsor, où je passais dans les fêtes et le bonheur mes jeunes années avec le fils d'un roi, etc., etc. ! »

Dans la situation du poète, dit Warton, rien ne peut être plus naturel que la réflexion par laquelle il commence sa complainte. Ce superbe palais où il avait passé les plus heureux jours de sa jeunesse avec le fils d'un roi, est maintenant converti en prison solitaire. Ce revers de fortune inattendu réveille en lui une foule d'idées intéressantes; la comparaison du présent et du passé lui rappelle les jeux et les plaisirs de ses jeunes ans, d'autant plus à regretter que Richmond a cessé de vivre : le souvenir de cette perte, qui a laissé un vide irréparable dans ses affections, lui arrache cette belle apostrophe :

« — Chatam, témoin de mon bonheur, toi qui renouvelles tous mes regrets, où est-il le noble ami, alors habitant de tes murailles ? où est-il ce compagnon aimé de tous, mais aimé surtout de moi ? L'écho ne me répond que par l'accent répété de ma plainte. »

— Le menestrel se rencontre ici avec le poète oriental : « — J'ai demandé à l'écho où sont les amis de ma jeunesse : — où sont-ils ? — L'écho m'a répondu : « Où sont-ils ? » — « Hélas ! ajoute le poète qui termine son chant élégiaque par un sentiment touchant, dans le goût de Pétrarque ! — Hélas ! seul, privé de ma liberté dans le lieu même où j'appris à être libre, pour bannir la mémoire d'un malheur, je n'ai que la triste ressource de me souvenir d'un malheur plus grand encore ! »

On comprend la verve d'indignation avec laquelle sir Walter Scott parle de cette noble victime du farouche Henry :

Thou, jealous ruthless tyrant, etc.

« O toi, jaloux et impitoyable tyran, puisse

le ciel venger sur toi et sur les derniers de tes descendans, les caprices féroces de ton despotisme, ton lit nuptial ensanglanté, les autels que tu dépouillas, le sang de Surrey que tu fis couler, et les pleurs de Geraldine! »

Chant de Fitzraver (*le Lai du dernier Menestrel*).

LETTRE XXIV.

A M. B....

Where Thames with pride surveys his rising towers.
                                        Pope.
Où la Tamise voit avec orgueil les monumens de Londres.

On ne doit pas oublier, dans la topographie de Londres, qu'il n'y faut pas plus confondre les habitans des différens quartiers, que nous ne confondons à Paris le bon bourgeois du Marais et le marchand de la rue Saint-Denis, avec l'élégant Parisien de la Chaussée-d'Antin. Londres, ai-je déjà dit [1], se divise en deux villes bien distinctes : la première, appelée par excellence la Cité ou la ville de l'Est, est la capitale du commerce

---

[1] Lettre VI. Je regarde Westminster comme une troisième ville à part, le siége du parlement et de la haute judicature.

anglais ; et l'autre, ou la ville de l'Ouest, celle de la cour et du beau monde. Les marchands anglais, les plus riches du monde, ne se sont pas avisés, comme nos banquiers, de bâtir une Chaussée-d'Antin ; mais les enrichis désertent naturellement les alentours de la Bourse pour aller rivaliser de magnificence avec les lords des quartiers de l'ouest. La plupart se partagent entre les deux villes, conservant leurs comptoirs dans les rues tortueuses et obscures où commença leur fortune, s'y rendant chaque matin pour continuer leurs spéculations, et chaque soir retournant dans leur hôtel pour y jouer le rôle d'homme à la mode dans le cercle que rassemble autour d'eux l'odeur d'un bon dîner. A Londres, comme à Paris, l'Amphitryon où l'on dîne ne manque pas de beaux esprits, qu'il soit lord ou banquier.

La Cité a aussi ses fidèles habitans, et c'est parmi eux que l'on trouve le vrai caractère anglais, qu'on veuille l'étudier chez le marchand ou chez l'avocat et le procureur, etc. L'activité de ce quartier est sans égale ; les trottoirs, plus étroits, il est vrai, que dans la ville de l'Ouest, ne suffisent plus à la foule qui va et vient continuellement; malgré soi on est obligé souvent de les abandonner un moment pour marcher dans la rue, c'est-à-dire sur le pavé; ce qui n'arrive, disent poliment les Anglais, qu'aux chiens et aux Français. Bornons-nous donc à longer Cheapside et Fleet-Street, où sir W. Scott transporte ses lecteurs dans son nouveau roman des *Aventures de Nigel;* mais où le luxe et l'élégance des magasins étonneraient les Anglais du temps du bon roi Jacques. Cheapside et Fleet-Street sont pour la Cité la rue Saint-Denis et la rue Vivienne réunies.

Nous trouverons mieux encore dans la ville de l'Ouest. Avant d'aller y joindre les fashionables dans les bazars ou dans Bond-Street, plaçons-nous sur le *Pont de Londres*, et portons nos regards du côté du levant, vers le port de la Tamise, où une forêt de mâts s'étend dans un espace de quatre milles. Ici, je l'avoue, Londres est la première des capitales, et la Seine n'est plus qu'un ruisseau. Nous n'oublierons pas d'aller ensuite nous placer sur le pont de Blackfriars, dont l'usage n'a pas encore consacré le nouveau nom (le pont de Pitt), voté en l'honneur de l'illustre rival de Fox.

De Blackfriars Bridge nous apercevons à la fois Saint-Paul, la Tour, le Monument, le palais de Somerset, l'abbaye de Westminster, et plus de trente églises. Le pont de Westminster était le plus beau de Londres avant que le pont de Waterloo fût construit, et Londres le devait à un artiste français. Mais le pont de Waterloo n'est pas seulement le premier de Londres, c'est le plus beau pont du monde [1]. A la vue de ces arches elliptiques, d'un effet si gracieux et si noble, suspendues avec tant de légèreté d'un rivage à l'autre, on ne s'étonne pas que Canova se soit écrié qu'il changerait sans hésiter toute sa gloire contre ce chef-d'œuvre de Rennie.

Mais nous avons déjà dépassé les limites de la Cité. Voici la place de Charing-Cross, au milieu de laquelle s'élève la statue éques-

---

[1] Il parcourt un espace de 2890 pieds. Six ans ont suffi pour le construire, et les travaux coûtèrent trente-six millions.

tre du malheureux Charles 1er, et plus loin, dans une espèce de cour, derrière Whitehall, d'où le prince sortit pour monter à l'échafaud, celle du dernier roi de sa dynastie, Jacques II, érigée à ce prince l'année qui précéda son expulsion. Sur le piédestal de cette statue d'un roi mort dans l'exil, est gravé seulement son nom, avec son titre de roi, que la dynastie nouvelle dédaigna d'effacer.

A Charing-Cross nous entrons dans la ville moderne. Dans Pall-Mall, à Haymarket et dans Piccadilly, nous retrouvons presque tout le bruit et le mouvement des rues marchandes de la Cité; mais l'aspect des maisons change, la couleur n'en est plus si noire, les trottoirs sont plus larges, on y est moins coudoyé. Au milieu de Piccadilly s'ouvre un passage semblable à celui du Panorama ou de la galerie Delorme, et dans Bond-Street, de trois à cinq heures, les plus jolies dames de Londres viennent chaque jour visiter les magasins, moins pour faire des emplettes, dit-on, que pour exercer la patience des marchands. C'est dans les rues adjacentes, jusqu'à Grosvenor-Square et dans les quartiers qui s'étendent au-delà de la rue immense et populeuse d'Oxford, qu'il est du bon ton d'avoir son hôtel. A Paris, nous ne donnerions pas ce nom à des maisons sans porte cochère; mais à Londres, où les portes cochères n'existent pas, les remises et les écuries sont placées dans des espèces d'impasses ou rues borgnes pratiquées derrière les rues principales.

Je n'ai choisi mon logement ni dans les quartiers à la mode ni dans la Cité, mais dans une situation plus centrale et à portée des théâtres que je fréquente. La maison où je suis provisoirement est une maison garnie, tenue par une demoiselle d'un *certain âge ;* ce qui vous laisse toute la latitude possible pour lui attribuer de trente à quarante ans. Elle préside ce que nous appelons à Paris une pension bourgeoise, composée de jeunes gens dont il m'a été jusqu'ici impossible de deviner l'état. On ne s'est pas pressé de me faire des questions, et un étranger doit être au moins aussi discret que ceux avec qui il se trouve. Les repas que nous faisons sont

capables de contenter l'appétit le plus robuste ; c'est-à-dire le dîner, car le déjeuner consiste en thé, dont notre aimable hôtesse se plaît à verser autant de tasses qu'on lui en demande....................
....
.........................[1]

---

[1] Je supprime ici quelques détails qui me sont personnels, et qui peut-être pourront trouver place ailleurs.

LETTRE XXV.

A MADAME SAINT-G...s.

*....Thundered knockers broke the long sealed spell
Of doors against duns, and to an early dinner
Admitted a small party as night fell.*

Don Juan, chant xi.

Les portes, naguère fermées comme par un charme à tous les importuns visiteurs, s'ouvrent ébranlées par le tonnerre des marteaux, et admettent les convives, etc. etc.

Madame,

Vous prétendez que j'oublierai bientôt à la table et dans les salons de John-Bull vos dîners si gais, vos soirées si amusantes. Avez-vous oublié vous-même qu'au nombre des dieux pénates de ce pays on compte encore le *Spleen*, ce Gnome au teint jaune, au front soucieux, à la bouche béante, qui apparaît presque toujours aux étrangers, quelque bon visage que chacun daigne s'efforcer de leur faire. Pour mieux vous répondre de moi, je vais vous décrire trois dîners en ville et un *rout* ou *assemblée fashionable*. Mon *début* a été chez un baronnet, sir Francis L...., qui jouit de cinq mille livres sterling de revenu [1]. Ce n'est pas tout-à-fait un lord; mais ce n'est pas non plus un petit bourgeois. Son landau est un des plus élégans qu'on remarque à Hyde-Park. Lady L.... et ses deux filles n'auraient besoin que d'un hiver passé à Paris pour avoir quelque chose de vos grâces. En attendant, elles font profession d'aimer tout ce qui est français, et sont de ces ladys qui n'ont pas assez d'esprit national pour appeler nos modistes transplantées à Londres des ouvrières de contrebande. A six heures du soir, j'avais la main sur le marteau de sir Francis, dont j'admirai le cuivre poli avant de le laisser retomber sur la porte. Je lus aussi le nom du maître de la maison et son titre de baronnet, gravés sur une plaque de métal, inscription qui décore presque toutes

[1] Cent vingt-cinq mille francs à peu près.

les portes de Londres. Vous direz peut-être que l'appétit me donnait bonne mémoire : je n'oubliai pas de frapper les coups redoublés qui annoncent aux domestiques qu'il arrive un *gentleman*. Le laquais qui m'ouvrit répondit fort respectueusement à ma question, prit mon chapeau, qu'il déposa dans un appartement à ma droite, et me remit moi-même en quelque sorte entre les mains d'un de ses camarades. Celui-ci me précéda jusqu'à la porte du *drawing-room*, ou salon du premier étage, où il annonça le docteur P...., en écorchant un peu la prononciation de mon nom. Je saluai sans trop m'incliner, pour singer autant que possible la dignité anglaise. Sir Francis s'avança gravement vers moi, en me tendant la main, et accomplit la brusque cérémonie de secouer la mienne avec cordialité. Après quelques questions insignifiantes et de brèves réponses, il me proposa de me présenter d'abord à sa femme, et ensuite à deux de ses amis. J'acceptai avec d'autant plus de plaisir, que j'espérais bien être *introduit* aussi *à* ses deux filles, que j'avais aperçues à côté de leur mère. Le rapide coup d'œil qu'on jette en entrant dans un salon pour reconnaître son monde m'avait permis déjà de prendre une idée très favorable de leur personne. La formalité de l'introduction est indispensable pour pouvoir adresser la parole à qui que ce soit. Je fis ma respectueuse révérence à lady L...., qui fut très laconique dans son langage, mais très gracieuse dans son sourire. Lady L.... est certes encore fort bien, et il me semblait que le sourire qui épanouissait ses traits irait à merveille à ceux de ses deux filles. Hélas! soit oubli, soit discrétion paternelle, soit défiance anglaise, sir Francis se contenta de m'avoir présenté à sa dame et à ses deux amis, et je désespérai d'être autorisé, pour cette soirée, à dire le moindre mot à ses deux filles et à trois autres miss et jeunes dames qui faisaient partie de la réunion. Nous descendîmes bientôt dans la salle à manger. J'offris la main à une jeune personne, que j'appris plus tard se nommer miss Clara, et vous rirez peut-être, madame, si je vous dis que je me serais bien gardé d'engager l'entretien avec elle.

Miss Clara comprit sans doute mon embarras, et charitablement elle me dit : « Y a-t-il longtemps que monsieur est arrivé de Paris ? » Ces mots furent prononcés en bon français, avec l'accent timide de l'hésitation, mais assez purement. Ils me communiquèrent une véritable hardiesse ; mais nous étions à la dernière marche de l'escalier ; je n'eus que le temps de répondre sans questionner à mon tour, et nous étions déjà séparés. Je fus placé entre lady L.... et M. John F...., l'un des deux convives avec qui il m'était permis d'échanger quelques paroles. Il y eut si peu de différence entre le dîner de sir Francis et ceux de Paris que je ne vous en ferai pas la description. Je me réserve seulement, madame, d'apporter à votre cuisinier la recette d'un *pouding* et de quelques autres mets anglais par excellence. Au service, les vins de France succédèrent heureusement aux vins de Porto, de Shery et de Madère, qui versent dans les veines une sorte de flamme liquide, et qu'il n'est guère d'usage de mêler avec l'eau. Entre deux verres, vous pouvez vous désaltérer avec de l'ale ou de la bière de table d'un goût fort agréable. C'est une boisson dont on se fait servir isolément ; mais, quant au vin, il faut attendre, au moins pour le premier verre, que le maître de la maison ou votre voisin vous invite à boire avec lui, invitation qu'il ne serait pas poli de refuser. Que vous ayez soif ou non, on vous envoie le flacon ; vous remplissez votre verre, et vous faites une légère inclinaison de tête avant de le goûter. A votre tour, vous proposez plus tard des santés, auxquelles on vous répond avec la même gravité. Ces libations occupent jusqu'au premier dessert, où souvent le fromage figure seul. On lève ensuite la nappe, et l'on sert les fruits, dont, grâce aux serres chaudes, on ne peut qu'admirer la fraîcheur, sinon le goût savoureux. Les santés, ou, si l'on veut, les signes de tête cessent. Les flacons circulent, arrêtés au passage par chaque convive. Les dames n'oublient pas que Noé planta la vigne pour leur sexe, tout comme pour le nôtre ; mais certes c'est ici le lieu, au nom de la galanterie française, d'en appeler de l'accusation du fameux général Pillet, qui, furieux d'avoir été tenu, pendant plusieurs années, au régime de l'eau sur les pontons, a osé imprimer que les dames anglaises vacillaient souvent sur leurs jambes, comme les prêtresses du consolateur d'Ariane : et notez que ce militaire discourtois ne va pas chercher ses expressions dans le langage allégorique de la mythologie.

Bientôt les dames désertèrent la table pour aller préparer le thé dans le salon. Jusqu'alors la conversation n'avait été nullement générale ; chacun s'était entretenu avec son voisin ou sa voisine ; personne ne s'avisait de s'emparer d'une phrase isolée pour en faire un texte de discussion ; personne n'amenait une de ces anecdotes dans lesquelles le narrateur, visant à l'effet, triomphe d'attirer sur lui toute l'attention. Après le départ des ladys, les hommes se rapprochèrent les uns des autres. Les vins circulèrent de nouveau. Il y eut à la fois plus d'abandon et plus de suite dans les discours ; un instant même on parut s'échauffer. La politique fut mise sur le tapis. Il se fit ensuite une scission entre les divers interlocuteurs. Nous eûmes un parti

ministériel et une opposition, des orateurs
à longues improvisations, et d'autres à ré-
pliques laconiques, un petit parlement enfin,
mais sans désordre, sans personnalité. La
raison anglaise y présidait, ou du moins cette
froide dignité que ce peuple sait quelquefois
prendre, surtout quand il veut vous accuser
de ne pas savoir *rester assis*.

J'eus l'honneur d'être à deux reprises in-
terpellé pour dire l'opinion de quelques uns
de nos publicistes, et je vous avoue que me
considérant un moment comme une espèce
de plénipotentiaire neutre, assistant aux débats d'une assemblée législative, et voulant
représenter dignement ma nation, j'usai d'un
petit charlatanisme pour donner quelque importance à mon rôle et du poids à mes réponses. J'eus occasion de citer Mirabeau,
Barnave et d'autres orateurs, dont les paroles
ont retenti dans toute l'Europe. J'eus bien
soin de faire suivre ou précéder chacun de
ces noms d'une périphrase caractéristique de
leur génie particulier ; et cela pour prouver que nous savons apprécier en France nos
Fox et nos Burke, car c'est un lieu com-

mun, dans les exagérations continuelles des Anglais sur notre caractère frivole, de s'écrier quand nous leur opposons une ou deux *fortes têtes*, que, françaises ou non, nous ne sentons pas ce qu'elles valent. Malgré tout ce qu'il y a peut-être de pédantesque dans ces débats en forme autour de la table, j'écoutai avec un certain plaisir et j'aimai à reconnaître, dans cette lutte d'opinions individuelles, un de ces exercices préparatoires par lesquels les citoyens des trois royaumes préludent aux discussions sérieuses du parlement, but de toutes les ambitions, et où l'on voit débuter souvent des orateurs tout formés.

Sur les dix heures, sir Francis se leva, et nous le suivîmes dans le salon. Mais d'abord, madame, comment vous traduire l'invitation qui fut faite à chacun de nous, à voix basse et en termes choisis? De quel nom poétique embellirai-je l'urne de porcelaine que je trouvai dans un petit cabinet où, à mon tour, je fus introduit? La modestie anglaise, vierge très capricieuse, a proscrit de la langue certains mots que nous prononçons nous

autres sans rougir dans la meilleure société.
Par exemple la culotte, de ce côté-ci du
détroit, s'appelle *l'inexprimable* ou *le vêtement nécessaire* : on pourrait donner le titre
de vase nécessaire à celui dont je veux parler. Remarquez bien que les dames ne sont
plus là, et que les mœurs britanniques s'adoucissent tous les jours comme la langue. J'ai
même peine à croire qu'on ait jamais fait à
Londres, devant le beau sexe, ce qui coûte
tant de périphrases pour être exprimé décemment.

Nous trouvâmes les dames autour de la
table, où le *thé élémentaire*, comme Pope
appelle l'eau, bouillonnait en sifflant dans
une théière de forme élégante ; miss L....,
l'aînée des filles de sir Francis, était l'Hébé qui
préparait ce breuvage chinois. L'offre d'une
tasse me procura enfin la faveur de la première phrase que m'adressait sa jolie bouche.
J'acceptai plusieurs fois, et miss Clara observa que j'étais à demi Anglais. Je ne laissai
point tomber cette observation, qui m'autorisait à commencer un entretien avec cette
jeune personne. Je m'emparai d'une chaise

à son côté. Je vous avoue, madame, que je fus, pendant un quart d'heure, enchanté de son esprit et de son instruction. Mais miss Clara n'avait pas seulement le talent de bien dire, elle fut bientôt appelée au piano, et chanta avec goût et pureté un air du Tancredi. Rossini est le dieu musical des salons de Londres comme de ceux de Paris. Les autres demoiselles chantèrent presque toutes après miss Clara. Les hommes applaudissaient, avec une gravité risible, ce que la moitié d'entre eux n'avait pas écouté; car la société se subdivisa en groupes de deux ou trois personnes qui causaient à demi-voix fort sérieusement. Ces espèces d'*aparte* n'étaient interrompues par intervalle que pour applaudir d'un signe de tête ou par un *bravo* laconique. Je fus, pour ma part, condamné à entendre alternativement les deux messieurs *à qui* j'avais été *introduit*; et comme notre conversation se réduisait à des lieux communs, je vis avec plaisir que l'un d'eux faisait mine de s'éclipser. Pour me retirer à l'anglaise, autant que possible, j'imitai toutes ses allures, je répétai ses demi-saluts, et je descendis avec lui l'escalier. J'avais d'ailleurs à lui faire à l'oreille une question qui me semblait embarrassante. Je voulais qu'il m'apprît comment m'y prendre pour donner quelques shellings au domestique qui me remettrait mon chapeau, usage dont j'avais vaguement ouï parler. Il me répondit qu'il n'était plus guère convenable de donner cette étrenne après un *premier dîner*.

Voilà donc un dîner et une soirée de Londres où j'aurais pu regretter plusieurs fois cette gaîté, un peu frivole peut-être, des dîners de Paris; cet aimable échange de complimens, que les Anglais appellent de la fausse monnaie de France, mais qui amuse nos dames et fait sourire nos plus graves *bonnets*; en un mot, ce véritable ton de société qui, en dépit de ce qu'en dit la morgue britannique, consiste à mettre chacun à son aise.

Mon dîner du lendemain eut lieu chez un petit bourgeois de la Cité, où tout se passa plus austèrement encore : j'étais tenté de me croire chez des Quakers. Les mets furent en plus petit nombre; on ne servit même pas de soupe, ce qui est un luxe dont je me passe ici fort volontiers ; car les cuisiniers anglais y prodiguent le poivre à vous calciner le palais. Nous *tablâmes* aussi moins longuement, sans doute parce que les vins étaient moins variés. Les libations de thé furent tout aussi abondantes que chez sir Francis; mais ce qu'il y eut de très mortifiant pour votre serviteur, c'est que le nombre des convives étant moins nombreux, on ne forma dans le salon qu'un seul groupe, qu'une seule conversation, dont trois vieilles dames firent les frais, et, pour la plus grande gloire de Dieu, elles dissertèrent deux grandes heures sur la profanation du saint jour de dimanche dans les villes de France. Avec un ministre, j'aurais peut-être plaidé pour notre gaîté catholique; mais je vous avoue, madame, qu'après avoir sondé le terrain, et reconnu que la contradiction serait mal accueillie, je protestai plus haut que ces dames contre les plaisirs mondains que nous nous permettons le jour du sabbat.

J'espérais trouver chez lord T. quelque chose qui se rapprocherait davantage des mœurs françaises : je ne fus pas trompé ; car la haute aristocratie de l'Angleterre a une préférence décidée pour les coutumes parisiennes. J'admirai aussi dans son hôtel une véritable magnificence. J'avais déjà rencontré sa voiture, qui m'avait paru des plus riches. Peut-être le luxe des grands seigneurs est encore plutôt ici dans leurs équipages, leurs chevaux et leur livrée, que dans l'ameublement de leurs maisons; je préfère du moins les grands hôtels de Paris à la somptuosité de ceux de Londres. Le goût français n'y est qu'imité; mais ce qui séduit dans les lords anglais, c'est leurs manières grandes et aisées, leur affabilité sans affectation, je dirai même leurs grâces prévenantes. Cette dernière expression s'applique surtout aux dames, qui ne dédaignent pas de plaire, et savent être aimables sans coquetterie. J'espère être de jour en jour confirmé dans cette première impression. Ce *bon ton* est évidemment le résultat d'un goût vif, je dirai plus, d'un besoin de société qui règne dans les hautes classes. Peut-être en ferai-je plus tard un sujet de blâme et non d'éloges.

J'aurais pu me croire à Paris pendant une

grande partie du dîner. Dans les salons, où la compagnie devint avant minuit fort nombreuse, l'illusion se serait facilement prolongée. Je dois cependant dire que je souhaiterais pouvoir admirer souvent, dans la Chaussée-d'Antin ou sur l'autre rive de la Seine, autant de jolies personnes...., et, par esprit national, je supprime à leur sujet plusieurs autres épithètes. J'appris avec plaisir que je retrouverais le lendemain la plupart des mêmes beautés dans un *rout*, chez lady B...., où lord T.... devait me conduire.

LETTRE XXVI.

A LA MÊME.

CONTINUATION DU MÊME SUJET.

*There stands the noble hostess, nor shall sink
With the three-thousandth curtsey.*
DON JUAN, ch. XI.
La noble hôtesse fait trois mille révérences sans se lasser.

Qu'est-ce qu'un *rout*[1] ? me demanderez-vous sans doute, madame. Il semblerait vraiment que le beau monde de Londres ait été jaloux

[1] Je ne sais trop si j'ai raison de jeter quelques pierres dans le jardin des traducteurs ; mais je ne puis m'empêcher de révéler un singulier quiproquo du premier traducteur de *Waverley*. Sir Walter parle de certains montagnards si adroits et si robustes, qu'ils pourraient bien être les ancêtres, dit-il, de quelques uns des Celtes modernes qui ont aujourd'hui le bonheur de transporter en chaises à porteurs les belles dames d'Édimbourg,

du tumulte bruyant du peuple à la porte des spectacles. Un *rout* est une grande assemblée des fashionables. La maîtresse de la maison prévient ses *amis* long-temps à l'avance, afin que la *cohue* soit complète. Les avenues de la rue sont remplies de voitures ; les escaliers, le vestibule, les appartemens sont tellement remplis de visiteurs allant et venant, que vous vous croyez toujours à la veille de faire le coup de poing pour vous introduire jusqu'à la salle principale où milady prodigue ses sourires à tous ceux que le flot amène jusqu'à elle. En sortant chacun s'écrie hors d'haleine : « Glorieuse soirée ! » et le lendemain on déploie avec empressement les larges feuilles de la gazette ; on cherche de l'œil l'article intitulé : *Fashionable parties*, et heureuse la dame qui y lit les détails circonstanciés de sa

à dix *routs* en une même soirée : *to ten routs in one evening*. Mais, selon M...., « — on aurait pu dire qu'ils « avaient *reçu le jour* de ces adroits *phaétons* qui con- « duisent à Édimbourg les belles voyageuses en *chaises* « *de poste*. Ces porteurs se mirent en *route*, etc., etc. »

Il est juste de dire que Waverley a été retraduit pour l'édition in-8° de M. Ch. Gosselin.

parure, qu'elle a peut-être envoyés de sa main au journaliste[1]. Ah! sans doute nos coquettes parisiennes seraient ravies que nos folliculaires, plus galans, donnassent à leurs atours la même publicité qu'à nos débats politiques et au cours de la rente! Mais, hélas! le *Journal des Modes* lui-même ne se permet pas la moindre personnalité à leur égard. Que l'on dise après cela que nous donnons trop d'importance au beau sexe.

L'époque actuelle est la plus brillante de l'année pour les *papillons* de la mode, nom qu'un poète donne aux fashionables; aussi cette saison s'appelle-t-elle la *saison* par excellence. Telle lady, tel freluquet peut aller le même soir s'étouffer dans dix *routs* différens. Certes, je n'aurais jamais pensé trouver chez la grave nation anglaise un goût si vif pour la *société*.

Écoutez parler la jeunesse, les dames, et même des hommes d'état, vous vous croyez chez le plus frivole des peuples. Le dirai-je, le général de Waterloo lui-même est dans le

[1] Il paraît que ce sont les faiseuses de modes qui livrent aux journaux le détail des costumes.

monde le plus insignifiant des petits-maîtres. Si l'aristocratie anglaise n'allait se régénérer, après la *saison*, dans l'atmosphère de ses châteaux, toute l'énergie nationale s'évaporerait dans les fadeurs des salons.

Ne peut-on pas répéter ici ce qu'une femme célèbre disait des sociétés allemandes : « — On perd un certain temps pour la toilette nécessaire dans ces grandes réunions; on en perd dans la rue, on en perd sur les escaliers, on en perd en restant trois heures dans les salons; et il est impossible, dans ces assemblées nombreuses, de rien entendre qui sorte du cercle des phrases convenues. C'est une habile invention de la médiocrité pour annuler les facultés de l'esprit, que cette exhibition journalière de tous les individus les uns aux autres. S'il était reconnu qu'il faut considérer la pensée comme une maladie contre laquelle un régime régulier est nécessaire, on ne saurait rien imaginer de mieux qu'un genre de distraction à la fois étourdissant et insipide. Une telle distraction ne permet de suivre aucune idée; il transforme le langage en un gazouillement qui peut être

appris aux hommes comme à des oiseaux. »
(*De l'Allemagne*, par madame de Staël.)

Nous ne saurions disputer aux hautes classes dans tous les pays la véritable élégance des mœurs. Si avant notre révolution la société de nos grands seigneurs était la plus aimable de l'Europe, elle le devait à l'exclusion des bourgeois capables alors, comme aujourd'hui, des vertus du citoyen, mais plus rarement des grâces cultivées de la civilisation. La noblesse se conservait, autant que possible, pure de toute mésalliance, et n'admettait dans ses réunions que les littérateurs qui apportaient le tribut de leur originalité ou celui d'une flatteuse complaisance, et des saillies du *bel-esprit*. Les riches roturiers étaient bien tolérés quelquefois, mais le plus souvent ils payaient, sans s'en douter, leur écot en ridicules. Il existait une différence réelle, pour le ton et les manières, entre les diverses castes. La révolution les fit d'abord se heurter, et ensuite se confondre; et depuis, la ligne de démarcation qui les sépare est bien moins saillante. Le peuple est resté peuple; mais une même éducation a bien effacé les nuances qui distinguaient auparavant les personnes de deux ordres jouissant à peu près d'une égale fortune. Nous sommes attirés ou repoussés, non plus par une classe, mais par une opinion. Tel marquis a gardé le bonnet rouge *in petto ;* tel parvenu partage les préjugés de l'ancienne aristocratie. Vainement celle-ci voudrait épurer ses rangs et fermer de nouveau ses hôtels aux bourgeois, la plupart y sont tellement naturalisés, qu'ils se retireraient avec toutes les traditions de la bonne compagnie. Je ne sais si l'aristocratie n'a rien perdu dans notre commerce du côté du bel air ; je serais tenté de croire qu'elle n'y a perdu que sa fatuité dédaigneuse. Franchement, doit-elle regretter les marquis du siècle précédent ? Ils nous amusaient encore sur le théâtre ; nous leur avons dit le dernier adieu en perdant Fleury.

La société anglaise est depuis long-temps dans la situation où les nouvelles mœurs de la république et de l'empire ont amené la nôtre. C'est surtout dans les provinces que les institutions politiques mêlent les *états ;* car à Londres l'aristocratie semblerait tenir davantage son rang ; tandis que, chez nous, c'est dans nos petites villes que notre petite noblesse a voulu, depuis la restauration, remonter sur ses échâsses, et faire bande à part.

L'oligarchie anglaise peut bien se suffire à elle-même dans les beaux salons de Londres ; on la retrouve populaire dans ses terres, et là, digne encore peut-être d'avoir elle-même fondé la liberté du peuple ; mais ce n'est que dans les salons de Berkley, de Grovenor-Square que je l'étudie pour le présent. C'est là que, sans rien préjuger de son caractère comme corps politique, je la trouve perdant ses formes graves, son originalité naturelle, son indépendance et sa dignité, pour affecter ces grâces frivoles qui jusqu'ici avaient fait exclusivement partie du caractère français. Elle ne cache pas son admiration pour les agrémens parisiens ; elle les croit indispensables pour le bonheur de la vie. Sans doute les deux sexes se façonnent passablement sur le modèle qu'ils ont sans cesse sous les yeux ; mais ils restent imitateurs, et perdent leur physionomie nationale. Si depuis le roi-fermier, George III, la cour d'Angleterre, malgré les mauvais exemples qu'elle a donnés quelquefois, n'était pas la plus simple des cours européennes, un nouveau Charles II s'y ferait facilement un cortége aussi licencieux que celui qui accourut de France à la restauration des Stuarts.

La société anglaise se dépouille donc chaque jour davantage de ce qu'elle avait d'âpre pour un étranger ; et dans la haute société, surtout parmi les dames, on est tenté de dire : *un Français a passé par là.* Un observateur critique peut encore y dessiner des ridicules comme partout et toujours. Si la sentimentale lady est plus rare, la coquette qui vise à l'effet par sa tournure *continentale*, son aisance et sa vivacité d'imitation, est là pour fournir un portrait aussi piquant. Les *beaux* du temps d'Addison, personnages factices, représentés sur le théâtre par les Amabel et les Wildairs, dataient de la cour de Charles, et se rapprochaient de nos petits-maîtres de la même époque. Ils savaient parer de dehors plus galans et plus brillans que ceux de leurs successeurs la vanité de leurs prétentions et leur caquetage frivole. Le bel air, l'aisance des manières, le talent de donner le ton au beau monde, de dicter les caprices de la mode, voilà encore, en Angleterre, des titres de distinction, de gloire même. Telle a été, jusqu'en 1815, la gloire de ce fameux Brummel, que Byron appelle un des trois grands hommes du dix-neuvième siècle, en se mettant le troisième en rang et Buonaparte le second. Un des grands malheurs de madame de Staël, selon la bonne société, c'est de n'avoir pas su plaire à ce coryphée des fashionables. Je ne sais aux mains de qui son sceptre a passé aujourd'hui; j'ai déjà nommé un illustre général comme un des prétendans.

A la suite du vrai *gentleman*, qui n'a rien que d'aimable après tout dans sa brillante médiocrité, marche le ridicule troupeau des caricatures. Le type de ces fats manqués se trouve dans Shakspeare. Le bouillant Hotspur a fait justice des dandys de son temps dans une éloquente tirade. Les dandys de nos jours, avec leurs collets roides, leurs pantalons cosaques et leurs talons sonores, longent Bond-Street à l'heure où les dames viennent y visiter les magasins. Ces *incroyables* anglais passent pour être moins prétentieux qu'impertinens; il n'y a dans leurs manières rien de chevaleresque : au lieu de se porter pour protecteurs du beau sexe, quelques uns affectent de le mépriser, et l'on en a vu se donner le bras militairement, ou plutôt grossièrement, et repousser du trottoir avec brusquerie la timide beauté.

Les *calicots* de la Cité ne sont que les copistes de ces fats des quartiers fashionables. Il paraît qu'en 1815, rivalisant avec les nôtres, ils prétendaient à une tournure guerrière, et les moustaches postiches étaient appelées au secours de leurs pâles physionomies de citadins. Aussi, dans la *Famille Fudge*, Thomas Moore n'a pas eu de peine à mettre en scène un de nos chevaliers de l'aune.

La bizarrerie, ou, pour employer un mot local, l'*eccentricité* qui distinguait jadis certains lords anglais, n'a pas perdu non plus tous ses droits sur leur classe. Avant la révolution, nos auteurs bénévoles faisaient toujours, sur notre scène, de cette originalité d'outre-mer une forme de générosité ou même de grandeur d'âme. La véritable bienfaisance, comme la véritable magnanimité, a un caractère simple, grave, et il ne lui est pas défendu d'être aimable. Mais au temps de l'anglomanie, nos auteurs dramatiques et nos romanciers ne pouvaient plus protéger l'innocence et secourir le malheur qu'avec les guinées d'un milord, dont la misanthropie capricieuse n'excluait pas une sentimentalité libérale. Pendant que le peuple anglais nous désignait à la risée de l'Europe par ses caricatures plus ou moins plaisantes, nous faisions de John Bull le beau idéal de l'espèce humaine. Combien de fois John Bull ne se glorifie-t-il pas du milord Édouard de Jean-Jacques! Depuis nous avons eu le tort peut-être de donner dans l'excès contraire; mais nous sommes encore en avance de politesse avec nos voisins.

Les Anglais avouent eux-mêmes que leur *eccentricité* n'est quelquefois qu'une absence d'éducation. On cite aujourd'hui tel lord qui n'a pas trouvé d'autre moyen pour se faire un *homme à part,* que de se promener bras dessus bras dessous avec son cocher. Une des singularités anglaises les plus innocentes et qui prêtent le plus aux scènes comiques, c'est cette *humour* de taciturnité qui a fourni à Ben Jonson le personnage de Morose dans sa comédie d'*Épicène*. L'exagération de cette *humour* imperturbable était, dit-on, fort amusante dans le feu duc de Devonshire et son frère le comte George. Ces deux nobles lords passaient des mois entiers ensemble sans se dire *une parole*, n'exprimant que par gestes ou par un simple regard leurs émotions les plus vives. C'est ainsi qu'ils parcouraient l'Europe dans la même chaise de poste depuis un an, lorsque, arrivant un soir dans une auberge d'Allemagne, ils furent prévenus, après le souper, qu'on ne pouvait leur offrir qu'une chambre à trois lits, et dont l'un était déjà occupé. Ils ne firent aucune observation, et se déshabillèrent sans bruit ; mais, avant de se coucher, les deux frères furent curieux de voir ce que contenait le troisième lit, dont les rideaux étaient soigneusement fermés. Le duc les entr'ouvrit doucement, et son frère se contenta de suivre d'un coup d'œil le mouvement de son bras ; puis ils se glissèrent entre leurs draps et dormirent d'un profond sommeil. Le lendemain, après avoir déjeuné et soldé le compte, le duc ne put enfin s'empêcher de dire à son frère : « — *Georges, did you see the dead body ?* — George, vîtes-vous hier soir ce cadavre dans le lit? —*Yes,* oui, » répondit son frère; et ils montèrent gravement en voiture pour continuer leur voyage. Convenez, madame, qu'ils perdirent peut-être une effrayante histoire par une telle opiniâtreté de silence.

Il est en Angleterre d'autres *humours* plus gaies; il en est de plus tristes. On cherche généralement à se donner un air d'indépendance par toutes ces bizarreries, qui ne sont qu'un artifice pour fixer l'attention publique : celui-là est souvent esclave de l'opinion des autres, qui feint de la braver. Il est encore quelques traits généraux du caractère anglais qu'il serait intéressant de relever; mais, de peur d'être accusé d'un esprit de satire, je devrais prudemment m'appuyer pour cela des observations de quelque auteur national : peut-être aussi cette précaution est-elle peu nécessaire, car si vous reprochez au peuple anglais un vice ou un défaut qu'il ne peut nier, il en tire vanité assez volontiers, et vous répond avec sang-froid : « — Nous sommes ainsi faits; c'est notre physionomie qui a des traits marqués. Les aspérités de notre surface ont déjà été comparées par Yorick à celles des pièces de monnaie bien frappées ; les Français sont des sous polis, mais usés par le frottement. Nous sommes tous fiers, parce que nous appartenons à la nation dont la prééminence politique est incontestable. Notre fierté n'est que l'expression de notre dignité bien sentie ; la dignité de l'homme libre. Nous méprisons les étrangers, que nous appelons tous des esclaves, comme jadis les républiques de la Grèce et de Rome traitaient de barbares tous les peuples qui n'avaient pas le bonheur d'être comme elles, et comme nous, *pressés* par une oligarchie, mais en même temps jouissant du privilége d'un retour périodique de saturnales. Oui, nous tenons plus à mépriser les autres Européens qu'à nous estimer nous-mêmes. Cela est si vrai que nous serions fâchés sérieusement que la liberté [1] du gouvernement re-

---

[1] C'est une chose remarquable que la joie exprimée par les journaux anglais de toutes les opinions, chaque

présentatif apprît aux Français qu'ils sont nos égaux. — Mais si nous sommes froids avec l'étranger, continuent-ils, nous portons la peine de notre défaut de sociabilité. Entrez dans la salle commune d'un hôtel ou d'un club, voyez deux Anglais y rester isolés dans un coin, au lieu de se chercher ou d'engager une conversation. Si l'un d'eux a, par hasard, un peu moins de réserve et ose adresser une question à l'autre, celui-ci froncera le sourcil et répondra tout au plus par un sec monosyllabe qui lui rappellera qu'il se trouve rarement sous le même toit deux Anglais non taciturnes.[1] »

C'est ainsi que l'orgueil anglais se justifie et s'accuse souvent dans un même discours. Si l'étiquette était nécessaire à un peuple, ce serait aux Français, trop enclins peut-être à improviser des connaissances et à prendre un ton familier; mais nous sommes traités

fois qu'une *mesure ministérielle* annulle provisoirement quelqu'une des institutions libres que nous devons à la Charte. Un peuple vraiment libre devrait-il être jaloux de la liberté chez les autres?

[1] Je trouve cette citation dans mes notes, sans indication d'auteur.

de baladins grimaciers par cette même nation anglaise, qui, amoureuse du *confortable*, ennemie surtout de la gêne, et si heureuse de sa franchise, de sa brusquerie même, redoute la familiarité comme le poison de la dignité.

LETTRE XXVII.

A M. D. H....

.... *He could not descend*
To pedant laws ond lectures without end.
CRABBE.

Il ne put s'abaisser à écouter un cours de droit pédantesque et des leçons interminables.

Je veux vous parler d'un compagnon d'infortune, d'un jeune auteur qui, comme vous, attend encore un tour de faveur pour se couronner du double laurier de Melpomène et de Thalie. Cet ami malheureux se nomme Henry B.... Encouragé par ses offres obligeantes, j'ai osé lui adresser plus de questions sur lui-même et ses habitudes que n'en hasarde ordinairement un étranger. La curiosité a aussi ses ruses, et quelquefois imi-

tant les Écossais, il m'est arrivé de répondre
à une de ses questions par une autre, comme
si je mettais une espèce de condition à ma
réponse.

M. Henry avait été placé de bonne heure
par ses parens chez un avocat. Mais le démon de la poésie vint l'y tourmenter au bout
d'un an de dégoûts et d'ennui. Quand il pouvait s'échapper le soir, il allait se distraire
au théâtre, et il y prit peu à peu la passion
du métromane. Comme le Victor de Piron,
il élevait en idée l'édifice de sa fortune et de
sa gloire sur les planches mobiles de la scène.
Ce devint bientôt un besoin pour lui d'assister à la représentation de chaque nouvelle
pièce; il n'entrait dans une bibliothéque ou
une librairie que pour y chercher quelque
œuvre dramatique, et déjà il s'exerçait secrètement lui-même sur divers sujets, qu'il
confiait seulement à la discrétion de quelques
amis. Leurs éloges et sa propre satisfaction
l'enivrèrent, et il aspira à se donner enfin le
public pour auditoire. Mais il trouva Covent-Garden et Drury-Lane d'un accès aussi difficile que le sont nos théâtres de Paris. Il était

destiné comme Tobin [1] à essuyer treize refus consécutifs, et il eut toute la persévérance de l'auteur de *la Lune de miel.* Comme lui, en se voyant supplanté par des rivaux sur lesquels il croyait avoir une supériorité incontestable, il ne pouvait renoncer à l'espoir de surmonter un jour, à leur exemple, tous les obstacles. Pendant les premières années, il eut contre lui cette méfiance qu'inspire aux *comités* l'inexpérience de tous les jeunes candidats dramatiques, et qui fait préférer au génie inconnu la médiocrité déjà en pied.

De là naît à Londres, comme à Paris, ce monopole qui commande l'exclusion du talent, et force les auteurs privilégiés à masquer l'indigence de leurs inventions par tous les expédiens du mauvais goût. Plus tard Henry eut à lutter contre les préventions excitées par ces mêmes refus qu'on lui avait fait essuyer. Aguerri par ses démarches infructueuses, il en a du moins retiré l'avantage de pouvoir être rejeté périodiquement tous les six mois sans en être humilié. Il en

[1] Voyez la notice sur John Tobn, dans la 3ᵉ livraison des *Théâtres étrangers.*

plaisante lui-même assez gaîment; mais il semblerait que, quand il entreprend l'analyse de l'ouvrage d'un contemporain, il y a une secrète amertume dans ses critiques, et je suis tenté de croire que, si je lui fais parfois adopter les objections que le goût français me dicte contre le théâtre de sa nation, tel qu'il est à présent, je dois en partie ce triomphe de nos doctrines littéraires au dépit qu'il n'a pu entièrement étouffer. Je m'explique par le même motif certaines protestations qui lui échappent contre le goût du jour, aux dépens de son orgueil national, mais du moins dans l'intérêt de la vérité. Oubliant les idées de son âge, Henry se range volontiers dans la classe des louangeurs du temps passé, et, repoussé de son siècle par la cabale des *green-room*[1], il se fait avec plaisir l'historien du théâtre sous Shakspeare et ses contemporains. « — Le siècle éminemment dramatique d'Élisabeth, dit-il souvent, n'était pas, il est vrai, *l'âge d'or* pour les auteurs. On ne vendait pas sa pièce un millier de guinées au directeur d'une troupe. Le poète s'esti-

[1] Comités de lecture.

mait heureux de recevoir cinq livres sterling ; le comédien le plus populaire se croyait libéralement entretenu avec trente shellings la semaine. Dans l'élégant théâtre de Blackfriars, les pipes des fumeurs du parterre remplissaient la salle d'un nuage qui ne permettait souvent de voir le spectacle qu'à travers un rideau vaporeux. Au lieu de cet orchestre bruyant, rendu nécessaire par le démon de la mélomanie qui s'est tout à coup emparé des habitués de nos théâtres, trois violons suffisaient pour annoncer l'entrée du roi Lear ou celle d'Othello. Les décorations ne venaient pas au secours des phrases vides de sens des rivaux de Shakspeare ; et Beaumont, dans une de ses comédies [1], fut obligé de tourner en ridicule l'indécente conduite de ces spectateurs qui, pour leurs douze sous, venaient s'asseoir sur la scène, embarrassaient les acteurs dans les gestes de leur pantomime, et attaquaient souvent l'auditoire par de barbares provocations.

« Mais si nous suivons le poète à son souper de sept heures dans cette fameuse au-

[1] *The Burning pestle.*

berge de *la Syrène*, où Shakspeare présidait, et où B. Jonson, Fletcher, Beaumont, etc. apportaient l'écot de leur esprit et de leur gaîté, nous nous y trouvons dans un véritable paradis de poètes. Les hommes de lettres de cette époque n'étaient pas réunis par les pédantes institutions des académies. Ils formaient d'eux-mêmes, avec les acteurs, une république littéraire, dans laquelle les petits intérêts de l'amour-propre de chacun étaient sacrifiés au bien général. Une active coopération existait entre ces fils de la Muse. Beaumont et Fletcher, l'Oreste et le Pylade des auteurs dramatiques, n'étaient pas seuls associés; Shakspeare tendait une main amie à Ben Jonson et à tous ceux dont la jeunesse lui demandait des conseils, sans même réclamer la part qu'il avait à leurs succès, et ne repoussant jamais les secondes tentatives de ceux qui s'étaient trompés une première fois.

« — Dans les siècles suivans, le théâtre avait souvent été une ressource honorable pour le génie sans fortune; non seulement les comités de lecture et les acteurs courtisaient les grands talens du jour, mais ils allaient au-devant de l'inconnu. Otway, si malheureux partout, ne trouva grâce qu'auprès de la Muse tragique; et Savage, sans amis, sans asile, proscrit par sa famille, fut protégé au théâtre. Farquhar eut un patron dans Wilkes, et Garrick encouragea l'humble Kelly. Aujourd'hui Kean déshonore son beau talent par ses capricieux dédains. S'il condescend à protéger un auteur, c'est pour lui demander un rôle destiné à le faire briller exclusivement ; s'il consent à jouer dans une pièce reçue, c'est à condition que tous les rôles seront sacrifiés au sien : voilà sans doute une des causes qui éloigne du théâtre tous les grands noms de la littérature actuelle. »

Henry connaît personnellement presque tous les acteurs, et, en habitué du théâtre, il ne les nomme jamais à un étranger sans ajouter à leur nom une périphrase, ou pour le moins une épithète qui aide beaucoup à les apprécier. Je n'aurai besoin quelquefois que de développer sa définition première quand elle s'accordera avec mes propres impressions ; car je me réserve naturellement le droit de juger par moi-même. Mais il est temps, me direz-vous, de nous introduire dans l'enceinte de Drury-Lane et de Covent-Garden ; cependant vous m'excuserez de différer encore. Avant de vous apprendre quel est le goût du public anglais en 1823, il me semble nécessaire de vous esquisser un précis de l'histoire de l'art depuis Shakspeare : quand nous assisterons ensuite à la représentation d'une pièce ancienne, vous connaîtrez déjà l'auteur et l'époque pour laquelle il a écrit ; et je ne m'occuperai plus que de l'effet qu'elle produit sur le public moderne. Il vous sera plus facile aussi de classer les pièces tout-à-fait nouvelles. Mais, pour ne pas juger trop superficiellement le théâtre anglais, vous sentirez qu'il faut étudier le goût du peuple et des auteurs dans les pièces mêmes. Il y a en Angleterre, comme en France, des habitudes littéraires qui datent de loin, et des préjugés d'éducation et de tradition qui influeront long-temps sur les critiques comme sur les auteurs.

LETTRE XXVIII.

A M. DUVIQUET.

> *It is wonderful how universally this unnatural style has become prevalent both in France and England, and how much the influence of custom has prevented even the most fastidious critics from being disgusted with it.*
> MILLAR.
>
> Il est étonnant de voir ce style peu naturel si universellement adopté et en France et en Angleterre. L'influence de l'habitude a empêché les critiques les plus blasés d'en être enfin dégoûtés.

Les Français et les Anglais défendant les uns et les autres une assez mauvaise cause, il leur sera long-temps difficile de s'entendre en fait de littérature dramatique. Au lieu de discuter, comme il arrive quand tout le monde a tort, on a recours de part et d'autre aux invectives. Nous sommes habitués, en France, à traiter les *tragiques* anglais de barbares :

eh bien, en Angleterre, on ne parle qu'avec le sourire du mépris de la tragédie française. On ne cesse d'y accuser Corneille, Racine et Voltaire de dénaturer la langue des passions et de falsifier la pensée : tout au plus si, ayant égard à la pénible observation des règles d'Aristote, on convient que les pauvres tragédies françaises sont du moins des ouvrages raisonnables formant un tout harmonieux, avec quelque poésie dans les détails quand la nature n'y est pas immolée aux convenances. Mais l'Angleterre se vante surtout d'avoir un théâtre national, et prétend que nous n'avons jamais su être qu'imitateurs, et imitateurs maladroits. Voici comment je changerai la question : Les Anglais ont-ils de bonnes tragédies d'après leur propre système? je ne le crois pas. En admettant que notre théâtre soit moins national que le leur, je trouve du moins que nous avons satisfait aux règles que nous nous sommes imposées, et qui sont devenues nationales chez nous. Reste à savoir si nos règles sont les meilleures.

Il est certain que l'art dramatique se ressent toujours des temps où il a été créé. Il faut que les auteurs obéissent d'abord aux idées générales du public qui les juge; ce n'est que peu à peu qu'ils peuvent les modifier ou les changer par la puissance de leur génie. Depuis Orphée, ce sont les poètes qui ont civilisé les nations; mais quand Corneille et Racine parurent, les Français avaient déjà répudié en grande partie les traditions et les préjugés de leurs ancêtres. Ils se dépouillaient des formes un peu rudes des guerres civiles de la Ligue et de la Fronde, pour imiter ou admirer l'élégance et l'urbanité des grands seigneurs devenus courtisans. Les savans classiques s'étaient emparés de toute la littérature. Louis XIV éteignit peu à peu les derniers sentimens d'indépendance qui survivaient à la grande lutte des idées religieuses du seizième siècle, et le goût classique s'asservit en même temps toute l'originalité des idées. Le peuple fut privé même du droit d'être représenté dans les grandes fictions de la scène; son langage en fut proscrit, et de jour en jour la naïveté piquante et l'énergie des expressions populaires furent remplacées par les périphrases monotones du vers alexandrin. Parmi toutes les langues de l'Europe, le français fut dès lors la langue la plus *aristocratique*, la langue des cours et de la diplomatie.

Les lois de la littérature dramatique de l'Angleterre furent établies à l'époque d'une civilisation moins avancée. Le triomphe de la réforme, c'est-à-dire de la démocratie en religion, avait laissé à la masse du peuple des idées d'indépendance. L'auditoire du poète dramatique osait se croire libre et s'avouer peuple, et il exigeait qu'on s'adressât directement à ses sens grossiers. Shakspeare et ses contemporains ne travaillèrent que pour le peuple ; mais vainement les Anglais prétendent-ils qu'ils surent s'affranchir de toute influence classique. Ils appartenaient à un siècle pédant, où les femmes mêmes cultivaient la langue latine ; ils violèrent les règles des anciens, mais ils hérissèrent leurs plus belles pages de citations barbares, et parlèrent souvent un jargon presque inintelligible, composé d'un grotesque mélange d'allusions mythologiques et de sales équivoques. Dans un siècle plus ignorant, ils auraient été à la fois originaux et naturels ; dans un siècle plus civilisé, ils auraient préféré, comme nos auteurs, une imitation plus ou moins judicieuse des modèles antiques. Le plus grand malheur de notre littérature, c'est que Corneille et Racine ne se soient pas contentés d'emprunter les formes du drame des Grecs pour traiter d'abord notre histoire, avant de naturaliser chez nous les héros qui avaient déjà reçu l'apothéose des vers d'Euripide et de Sophocle. Le choix de *sujets français* eût influé sur le style de la scène ; Racine aurait forcé notre poésie de nommer un peu plus souvent les choses par leurs noms ; nous aurions un peu moins de périphrases sonores ou fleuries, et un peu plus de vérité dans le langage et les mœurs. Le langage des héros de Racine est si *divin*, leurs mœurs sont si élégantes, que nos plus grands rois, introduits sur la scène, n'ont que l'alternative de parler et d'agir selon ces types *étrangers*, ce qui est peu naturel, ou de descendre au rang des bourgeois exclus de notre tragédie. En débutant par des pièces nationales, Racine eût fait moins de concessions à ces mœurs et à ce *style d'étiquette*, si beau quand sa muse l'emploie, si monotone chez ses successeurs. Un style plus vrai, plus *français*, eût facilité une plus grande variété de sujets. Ceux qui connaissent la versification anglaise me comprendront quand je dirai combien le *vers blanc* se prête facilement à tous les tons; notre alexandrin est trop épique. Le vers blanc est à nos vers alexandrins ce que le vers iambique des tragiques latins est à l'hexamètre de Virgile.

On appellera long-temps encore la réforme de notre langue *dramatique*. A combien de vicissitudes de mœurs et d'opinions notre système a résisté! Vainement la révolution confondit tous les rangs; vainement l'empire, après avoir tout nivelé d'abord, recomposa sa hiérarchie sociale de nouveaux élémens; vainement le gouvernement représentatif a légitimé toutes les ambitions; et, en rétablissant les titres, n'a ni détruit l'égalité devant la loi, ni exilé la bourgeoisie de la cour et des salons : le théâtre et les beaux-arts en France ont toujours conservé leur aristocratie de personnes, et notre langue poétique son aristocratie de mots; aussi les grands seigneurs de notre histoire n'ont le privilége d'avoir des statues, de figurer sur la toile du peintre ¹, ou de paraître dans nos poëmes et nos pièces de théâtre, qu'à condition qu'ils adopteront un costume grec ou romain, et qu'ils ne parleront pas le langage de leur temps. Nous leur choisissons même un cortége de gens du bel air, et nous dictons à leurs serviteurs un style académique. Que de contradictions ! Nous admirons la simplicité du sublime Homère, et la grossièreté de ses rois, quand nos traducteurs n'ont pu parvenir à l'éluder. Son Thersite contrefait, son Eumée gardien de pourceaux, son Irus mendiant en haillons, sont des gens de bonne compagnie ; le bâton d'Hercule s'appelle une massue, et peut assommer poétiquement les félons de son temps ; mais que Henry IV se garde bien de paraître avec son pourpoint usé dans les combats, qu'il oublie et son juron de ventre-saint-gris et la *poule au pot* des paysans de son royaume, qu'il ne fréquente que dans les petites pièces le bon meûnier

¹ Le tableau de Philippe v⁎est-il une exception que tous les critiques aient respectée ?

Michau, de peur de déroger aux yeux des héros tragiques, et que Poltrot n'assassine plus Guise avec un prosaïque pistolet; c'est une arme prohibée par la police d'Aristote. — On va s'écrier encore que cette *police* ne nous a pas empêché d'avoir un répertoire de chefs-d'œuvre classiques. Sans doute! je sais par cœur, et j'admire ces chefs-d'œuvre comme vous; mais est-ce un crime de regretter les chefs-d'œuvre dont Aristote nous a privés? est-ce un crime de se plaindre que notre histoire ne soit pas *classique*, et que nos héros ne le soient qu'en dépit de toute vérité?....

En Angleterre le catholicisme avait commencé le théâtre en offrant au peuple, sous le nom de mystères, quelques chapitres de la Bible ou de l'Évangile en action. La Réforme ne négligea pas cette tribune, et s'y plaça pour argumenter contre le catholicisme vaincu. La première tragédie régulière fut écrite en 1551; mais le premier auteur dramatique qui annonce Shakspeare fut Marlow, l'auteur du *Faust* primitif, poète d'une imagination extravagante, et sublime aussi parfois. Mais Shakspeare, en quelque sorte, a détruit tout le passé dans l'histoire de la tragédie anglaise, et l'on doit avouer qu'il gâta l'avenir; car son école n'a pas produit un poète qui ait su se préserver de ses défauts en imitant ses beautés. Tout a été dit pour et contre Shakspeare; et l'on peut ajouter que les critiques français ont raison dans leurs jugemens sévères sur ce grand génie, comme les Anglais dans leur admiration pour lui. Voltaire n'a exagéré aucune de ses absurdités, et il aurait eu deux fois raison s'il avait mesuré ses termes. Il est facile de prouver, au nom du bon sens, que Shakspeare n'a pas fait une seule bonne tragédie; mais il faut convenir que l'art lui doit les plus belles scènes du théâtre, si on les considère isolément. Ce saltimbanque, ce singe, ce sauvage ivre, est le premier des philosophes et des poètes. — Était-il lettré, ne l'était-il pas? Peu importe. — « Reprochez à ce génie extraordinaire d'être un ignorant, il en conviendra, et cependant il vous créera lui seul un savant, » a-t-on dit ingénieusement. Tour à tour spirituel, tendre, naturel, pathétique, élevé, profond, c'est le génie le plus vaste, le plus universel et le plus original de toutes les littératures. Aucun poète n'a mieux pénétré le cœur humain ; aucun n'a, comme lui, forcé les personnages des traditions de l'histoire à comparaître tout vivans sur la scène, et y parler le langage vrai des passions ; aucun n'a été plus terrible ou plus séduisant dans le surnaturel. Il me tarde de vous retracer l'effet produit sur moi par celles de ses tragédies qui sont restées au théâtre ; car c'est peut-être là qu'il est permis de juger jusqu'à quel point il est parvenu au but que se propose tout auteur dramatique : l'illusion. C'est là que l'on sent ce qu'il y a de vrai dans les règles d'Aristote. Du reste, il faut rendre justice aux littérateurs éclairés de l'Angleterre, ils ont été les premiers à se moquer de l'admiration toute germanique et systématique de M. Schlegel, qui voudrait nous persuader que toutes les pièces de Shakspeare sont construites sur des principes simples et philosophiques, sans en excepter le *Conte d'hiver*, où, dans l'intervalle d'un acte à l'autre, Perdita, que nous avons presque vu naître, devient tout à coup bonne à marier.

Quoique Shakspeare ne s'inquiétât sans doute pas beaucoup de la gloire de fonder une école, il semblerait qu'une espèce d'opposition s'élevait contre lui, quand on remarque, parmi ses contemporains, Daniel plus élégant qu'énergique, un comte de Stirling et d'autres chercher à faire réussir des tragédies régulières. Le véritable représentant de la littérature classique, sous Élisabeth et Jacques 1er, fut Ben Jonson, qui traduisit maladroitement les Latins dans ses tragédies, et fut auteur très original dans ses compositions comiques. Ce poète harmonieux, plein de grâce dans les petits drames lyriques appelés masques, commandés pour les divertissemens de la cour, s'y livrait aux caprices d'une imagination fantastique ; mais sévère jusqu'à l'austérité dans la comédie régulière, il préparait l'illusion avec plus d'art qu'aucun de ses rivaux ; c'était un peintre moral plus jaloux encore d'être vrai que d'être comique. Malheureusement pour nous, selon quelques critiques [1], il a moins décrit des caractères que des passions et des affec-

[1] Campbell.

tions particulières personnifiées, ou des manières d'être bizarre de son temps, que nous ne comprenons que difficilement dans le nôtre. Cette objection aurait même son application dans ses trois chefs-d'œuvre : *le Renard ou Volpone*, *l'Alchimiste*, et *Épicène ou la Femme muette*. Quelle profondeur dans la conception et le développement du caractère de ce Volpone, qui a trouvé une sorte de sensualité dans son égoïsme avare et rusé! Les parasites du théâtre latin le cèdent tous à Mosca, le complice officieux de toutes les mpostures de son maître. Et dans l'Alchimiste, comme tous les personnages groupés autour des deux charlatans sont bien distincts et bien annoncés! Quelle scène que celle où Surly prouve à sir Épicure Mammon l'existence de la pierre philosophale par la description pompeuse des trésors et des voluptés qu'il doit en retirer, et dont il semble jouir déjà en imagination! L'idée de la Femme muette n'est pas moins originale : l'humeur singulière du taciturne Morose, que le moindre bruit impatiente, est on ne peut plus plaisamment contrastée avec la loyauté de

Truewit. Ce pauvre homme, qui fait barricader ses portes avec des matelas, qui paie une pension aux crieurs de rue pour les éloigner de sa fenêtre, enfin qui s'est marié, parce qu'il a eu peine à arracher un *oui* et un *non* à sa fiancée hypocrite, n'a pas plus tôt reçu la bénédiction nuptiale, prononcée par son ordre à voix basse, que sa maison est ébranlée par le bruyant bavardage de sa moitié, et bientôt par un concert de trompettes.

Suivant un autre système que celui de Jonson, divers auteurs de la même époque, qui laissèrent un nom, ont mis comme Shakspeare plus de poésie et d'imagination que de vérité de mœurs dans leurs comédies. Leurs sujets étaient choisis dans les romans à la mode, et ils y puisaient non seulement leurs plans, mais les incidens de leurs grandes scènes. Leurs fables sont, en général, d'une étrange extravagance; leur audace étonne et amuse; mais elle dépasse trop souvent les bornes. Le vague de leurs conceptions nuit même à l'énergie habituelle de leur style, qui est admirable par fragmens, mais d'une malheureuse inégalité. Leurs meilleures productions nous sembleraient de véritables débauches d'esprit et d'imagination ; leur dialogue est aussi d'une indécente liberté. Leur morale même n'est pas toujours celle des honnêtes gens. En les considérant sous le point de vue le plus favorable, c'est-à-dire, en les lisant dans les éditions châtiées, on pourrait dire cependant de ces auteurs comiques que leur exagération est souvent contenue dans les bornes du naturel, et que chez eux les idées les plus nobles, les métaphores les plus hardies, sont mises à la portée de l'auditeur le plus vulgaire par l'énergique simplicité de l'expression. Malgré la tendance de leur génie vers le style ampoulé, leur déclamation est tempérée par un mélange de pensées et de termes dont la familiarité effaroucherait nos oreilles françaises. Par un singulier contraste, le poète tragique ne craignait pas de dégrader la majesté royale en nous montrant Lear, monarque trahi et sans puissance, père au désespoir, couvert de haillons. Ses douleurs n'en sont pas moins épiques, malgré l'expression ridicule, mais naturelle de sa folie. Ailleurs, un roi dans sa gloire n'en est pas moins un homme comme le dernier de ses sujets. Dans la comédie de Shakspeare il semble au contraire que les événemens de la vie commune sont relevés à dessein par leur alliance avec la poésie et le romanesque. Le mélancolique Jacques, le phénix des rêveurs, qui cherche partout des alimens à sa misanthropie sans aigreur, parle en vers un langage fleuri.

Dans cette nombreuse famille de poètes dramatiques qui brillèrent jusqu'à la révolution républicaine, Massinger est le moins inégal et celui qui maintient le plus constamment la dignité de ses héros; Beaumont et Fletcher ont une surabondance d'imagination, et les excès du bien et du mal se rencontrent alternativement dans leur théâtre. Aussi Campbell le compare-t-il à une ville où l'étranger admire des palais magnifiques et d'une irrégularité pittoresque, de nobles monumens et de rians jardins, mais dont plusieurs quartiers ne sont formés que des sales réduits de la misère et du vice. D'une scène digne des mauvais lieux, nous passons à une autre qui nous rappelle la brillante existence des cours et des châteaux habités par des dames ravissantes de grâces et d'élégance, et par de nobles et généreux chevaliers. On leur doit aussi la grande figure de Caractacus, qui inspire le même respect que nous éprouvons pour la sombre magnificence d'une ancienne forteresse. — Le cynique Marston fut plutôt un satirique qu'un auteur dramatique. Ford ne sut peindre que l'amour. Middleton, plus poète que lui et meilleur observateur, fatigue par son style trop hérissé de figures et de *concetti*. Decker n'a laissé que quelques portraits. Webster, pathétique parfois, a exagéré toutes les horreurs connues. Shirley, qui termine la liste de ces auteurs subalternes, Shirley, génie plus élégant et spirituel qu'énergique et élevé, avait compris la bonne comédie, comme le prouvent son *Joueur* et sa *Lady of pleasure*[1], pièces remplies de sel attique, et où il excite la surprise et une franche gaîté.

A la mort de Charles 1er, et pendant la dictature de Cromwell, les poètes dramatiques furent proscrits avec la dynastie dé-

---

[1] Femme de plaisir.

chue, ou réduits au silence par un fanatisme ignorant. La littérature était comme étouffée par la polémique religieuse ou politique.

Les Anglais, avons-nous déjà dit, se plaignent que la restauration des Stuarts leur apporta en littérature, comme dans les beaux-arts, le goût français, plus funeste, selon eux, à leur théâtre que les persécutions du rigorisme puritain. La tragédie anglaise ne fut plus, il est vrai, qu'une tragédie d'imitation; mais, certes, on ne reconnaît pas le goût pur de Racine dans les déclamations de Dryden et de ses rivaux, qui se perdirent dans les romans de Scudéri et de La Calprenède, où ils cherchèrent leurs modèles.

Il n'y a rien de français dans ce mélange de licence et de poésie, de génie et de dépravation morale, qui caractérise ces muses vénales, flattant les grands pour un morceau de pain refusé même quelquefois par leur caprice, ou rendu bien amer par leur insolent dédain. Le romanesque passa de la comédie dans la tragédie. Les héros ne furent plus que des amans fanfarons, dissertant avec des antithèses travaillées sur les droits respectifs de la passion et du devoir. Les héroïnes, sur un ton non moins déclamatoire, répliquent dans des discours où le pour et le contre sont discutés avec le même nombre obligé de vers rimés. Des tragédies de Dryden et de Lee, malgré leur poésie nerveuse et leur versification sonore, aucune n'a été conservée au théâtre. La *Venise sauvée* d'Otway, rendue un peu moins licencieuse par de nombreux retranchemens, y paraît parfois encore, grâce à l'effet que produisent le contraste des caractères, un dialogue animé, et le rôle souvent sublime de Pierre, le véritable héros de la pièce.

A Otway succédèrent Southerne, Rowe, Lillo et Moore. Southerne fut, dans plusieurs scènes, simple et touchant. Rowe est accusé d'être trop timide, parce qu'il est correct et raisonnable. Sa *Jane Shore* est cependant une production pleine de vie et de pathétique.

Heureusement pour le théâtre anglais que l'imitation des théâtres français fut plus favorable à la comédie. Dryden a traité avec quelque succès le sujet d'Amphytrion ; mais, dans les autres comédies, il fut aussi nul et plus immoral que Wycherley, Shadwell, Etherege et les autres auteurs courtisans sous les derniers Stuart. Les mauvaises mœurs ne furent pas bannies de la comédie sous la maison d'Orange; mais Congrève, Farqhuar et Cibber se distinguèrent du moins par un vrai talent. Congrève est celui qui a le plus de réputation parmi nous; mais certes Vanburgh et même Farqhuar lui sont bien supérieurs. Chez Congrève l'intrigue et les caractères sont également artificiels et invraisemblables. C'est l'esprit qui les soutient; le dialogue en étincelle; le maître et le valet semblent même moins occupés de leur situation que du soin de briller autant l'un que l'autre. On dirait qu'ils sont avertis que c'est un rôle qu'ils jouent. Congrève a oublié que l'esprit n'est qu'un ornement dont il ne faut pas abuser. Si l'esprit anime quelques unes de ses scènes où il en a été plus sobre, elles dégénèrent le plus souvent en reparties continuelles.

Vanburgh n'a pas moins d'esprit que Congrève. Mais il a plus de naturel. *La Femme poussée à bout* et *le Complot* sont des tableaux qui font peu d'honneur aux mœurs de son siècle, mais ils sont vrais. Il y a dans le dialogue une vigueur, une aisance et une gaîté souvent dignes de notre Molière. *Le Complot* rappelle encore mieux la manière de Le Sage dans *Turcaret*[1]. Farquhar, moins profond que Vanburgh, a écrit avec plus de négligence. Heureux dans le choix de ses sujets, il amuse par la variété des incidens et des caractères. On prétend qu'il s'est peint lui-même dans ses héros. Hommes à bonnes fortunes, comme ceux de Congrève et de Vanburgh, ils ne respectent guère le septième Commandement, et tout mari qui n'est pas armé d'une saillie spirituelle pour les repousser, est condamné par eux à n'être qu'un sot. Les mœurs ont bien changé en Angleterre, selon les maris anglais, ou du moins la peur d'un procès de *crim. con.* force les galans à ne pas afficher si ouvertement leurs principes.

Pope a été injuste envers Cibber, dont *l'Époux négligent* est supérieur à tout ce qu'a fait Farquhar. La plupart de ses comé-

[1] Je m'aperçois que le même sujet a été traité par Dancourt.

dies sont agréables, et la morale y est assez généralement respectée.

Cependant Addison faisait, en faveur de la tragédie classique, une tentative dont le succès a été sans résultat. Son ami Steele donnait le premier modèle de la comédie sentimentale dans ses *Conscious lovers*, et préparait les voies à Kelly, pendant que Lillo et Moore, cherchant leurs héros et leurs sujets dans les prisons et les maisons de jeu, fondaient la tragédie bourgeoise.

La génération suivante ne s'éloigna pas moins de l'imitation du siècle d'Élisabeth que de celui de la reine Anne. Nous voyons, dans *le Vicaire* de Goldsmith, que Shakspeare ne satisfaisait plus le goût des critiques; et les ouvrages de Murphy, de Colman le père, de Garrick, de S. Foot, de Hoadley, de Morris, de Cumberland, etc., prouvent encore mieux qu'on chercha une route nouvelle. Garrick, cependant, comprit Shakspeare, et sut s'identifier avec ses créations originales, par la magie de son jeu; mais Garrick lui-même donna l'exemple de les mutiler, et il se garda bien de les imiter dans ses propres compositions.

La muse tragique, cultivée par Brooks, Murphy, Whitehead, Brown, Walpole, Young, Thomson et S. Johnson même, ne produisit rien d'original. Mais la comédie, devenue moins brillante de poésie et d'esprit, suivit du moins une route naturelle et vraie, en s'attachant à peindre les caractères originaux de la vie ordinaire, et les mœurs du jour. *Dashwood* et *Belgrove*, *lady Jane* et *lady Belle* de Murphy sont des portraits fidèles et achevés. *La Femme jalouse* de Colman, son *Mariage secret*, fait de moitié avec Garrick, offrent des caractères d'une originalité piquante; celui de lord Ogleby, entre autres, modèle peut-être du *Ci-devant Jeune Homme* de Potier. Les caractères de Goldsmith ont plus de gaîté encore. Foot se rapproche beaucoup de la farce; mais c'est aussi l'auteur moderne qui se rapproche le plus d'Aristophane.

Les pièces intéressantes de Cumberland tiennent à la fois de la comédie de mœurs et du drame sentimental. C'est un peu notre La Chaussée, avec plus de talent pour tracer un caractère. Mistress Inchbald, plus connue par un joli roman, est, dans le même genre, bien au-dessous de l'auteur de *l'Américain* et de *la Roue de fortune*. Reynolds et Morton se sont jetés dans le mauvais ton du mélodrame. Enfin le goût fut tout à coup perverti par les imitations de Kotzebue, qui eurent seules le pouvoir de ramener la foule aux théâtres. *Misanthropie et Repentir* [1] fit verser autant de larmes à Londres qu'à Paris : Kotzebue fut le faux dieu auquel sacrifiaient tous les auteurs, John Tobin excepté, qui resta inflexible dans son opposition au jargon de la *sensiblerie* allemande; mais John Tobin, qui eût rajeuni la comédie romantique s'il eût vécu, resta obscur pendant tout le temps de sa trop courte existence, et l'illustre Shéridan naturalisa lui-même *Pizarre* sur la scène. Il est vrai que Shéridan protesta indirectement contre l'importation étrangère en enrichissant le théâtre national d'une des meilleures comédies anglaises, *l'École de la Médisance*.

Shéridan, auteur dramatique, est quelquefois appelé un nouveau Congrève par ses compatriotes. Nous le mettrons plus haut en

---

[1] *The Stranger.*

France, en le comparant à notre Beaumarchais, si vif, si heureux dans les reparties inattendues de son dialogue. Shéridan a sur Congrève l'avantage d'avoir mis en scène des personnages qui ne font pas de l'esprit pour le plaisir d'en faire. En général Congrève surprend seulement par ses saillies ; Shéridan, plus naturel dans son originalité, amuse, intéresse, et inspire par là une gaîté plus franche. Mais Shéridan appartient à l'époque actuelle, que je veux juger au théâtre même.

S'il était possible de tirer une sorte de conclusion de cette espèce de résumé, je dirais que la littérature dramatique anglaise est décidément bien inférieure à la nôtre. Je ne saurais être de l'avis de ces critiques britanniques qui prétendent que dans les tragédies de Corneille, de Racine et de Voltaire, l'art et le jugement ont étouffé le génie. L'art fut une inspiration naturelle dans Racine : je répète qu'il est parfait selon son système, mais malheureusement il a donné à la Melpomène française une démarche trop solennelle et trop mesurée, une dignité trop uniforme, un langage trop argumentatif et trop pompeux. Les héros de Racine sont de belles statues grecques toujours drapées avec noblesse, et dignes des temples majestueux d'Athènes. Ses successeurs ont eu le tort de modeler leurs personnages sur ces demi-dieux d'un siècle tout poétique. — Oui, sans doute, notre tragédie pourrait être plus nationale et plus populaire; mais, telle qu'elle est, les critiques de M. Schlegel ne nous feront jamais croire qu'il n'y ait pas d'amples compensations dans la poésie riche et variée de nos tragiques. Ils ont su aussi créer des caractères vrais, et peindre les passions. Les fautes les plus grossières de Shakspeare seraient facilement corrigées par un écolier. Je ne les compte pas; il a connu la nature humaine mieux que personne. Il y a en lui Eschyle et Aristophane, le Dante et Rabelais réunis. Mais encore faut-il convenir qu'il n'a pas écrit une seule tragédie digne de ce nom.

C'est particulièrement dans la comédie que notre supériorité est incontestable sur les Anglais : il ne faut point surtout chercher sur leur théâtre ce style gracieux et léger, cette gaîté familière, ces ironies délicates, ces observations fines, ce tact ingénieux que possèdent même nos auteurs du second ordre, dont les pièces sont des tableaux si agréables de notre société. Il y a très peu de tout cela dans les comédies anglaises même du règne de Charles II, faites par les courtisans spirituels de cette cour à demi française, les Etherege, les Killigrew, les Wicherley, les Buckingham, etc. Dans la haute comédie, où ces agrémens ne sont que secondaires, Molière seul vaut tous les comiques anglais, Molière moins varié, mais aussi profond et aussi vrai que Shakspeare, Molière que cependant M. Schlegel n'a pas compris. L'orgueil britannique, forcé de s'humilier devant ce grand nom, le réclame quelquefois comme un génie plus anglais que français : cependant la muse comique des Anglais est riche en créations originales. Leurs comédies romantiques excitent quelquefois assez heureusement la surprise, la curiosité, l'intérêt; mais on pourrait les comparer à des tableaux de fantaisie, car il y a encore plus d'idéal que de vérité dans les personnages et le langage, et par conséquent quelquefois trop de poésie. La comédie proprement dite, non telle que l'avait conçue Ben Jonson dans ses pièces régulières qui restèrent sans imitation, mais la comédie des auteurs du temps de la reine Anne, a pour caractère général une complication souvent ingénieuse de l'intrigue, et une verve comique dans le dialogue. Leurs successeurs, plus chastes, ont enfin traité l'amour comme un sentiment et non comme un désir des sens; ils ont quelquefois mis en jeu avec bonheur les *dolci durreze e placide repulse* de cette passion si dramatique par ses caprices et la variété de ses émotions. Mais il ne faut pas leur demander cette exquise galanterie qui n'est que dans les mœurs françaises. La gaîté anglaise a souvent aussi une teinte misanthropique, et tient plutôt du sarcasme que de la fine plaisanterie. Beaucoup de caractères du théâtre anglais sont des personnalités satiriques, et ont un air de caricature. Cette *humour* si vantée n'est le plus souvent qu'une gaîté grossière; c'est l'esprit chez une nation dont les mœurs sont sans élégance. L'*humour* excite le gros rire, l'esprit français excite plutôt le sourire. L'*humour* combine des idées extravagantes et des images burlesques, elle charge ses portraits et exagère l'absurde dont l'esprit ne révèle qu'un côté; l'esprit produit souvent son effet par un demi-mot; il excite moins de surprise, mais il cause un plaisir plus durable. L'esprit permet de conserver certaine dignité à l'abri de laquelle on lance ses traits; celui qui veut ridiculiser par l'*humour*, s'identifie lui-même avec le personnage sacrifié : c'est un bouffon qui se dégrade par le choix de ses rôles, avec lesquels on s'habitue à l'associer.

On trouve aussi dans le théâtre anglais les abstractions d'une manie toute individuelle, ou les formes bizarres d'une passion presque fantastique. Ces caractères originaux, qu'il ne faut pas confondre avec les caricatures, deviennent chaque jour moins nombreux dans la société moins variée de l'Angleterre. La civilisation en bannit ces affectations d'*humour*, qui ont fourni à Shakspeare, à Ben Jonson et à d'autres auteurs plus modernes, tant de personnages extravagans, mais réels.

[1] Il n'est guère de traité de rhétorique anglaise où

Il est temps de juger les pièces anglaises au théâtre. C'est là que nous retrouverons sans doute les auteurs plus modernes. Me rappelant à qui j'adressais cette lettre, j'ai fait, je crois, monsieur, assez de concessions à votre rigorisme classique; je n'en sens pas moins le besoin de réclamer votre indulgence pour un jeune auteur qui sachant, il est vrai, combien vous étiez habile à parer le trait d'un bon mot, a osé, en riant, vous surnommer *l'homme fossile* de la littérature.

on ne trouve une définition de l'*humour*. Le professeur Millar de Glascow, qui a consacré une longue dissertation à la gaîté anglaise, m'a semblé l'avoir mieux définie qu'aucun de ses devanciers. C'est au professeur Millar que j'emprunte l'épigraphe de cette lettre, en regrettant de n'avoir lu son chapitre sur la tragédie que lorsque mon *siége était fait*.

LETTRE XXIX.

A M. LE GÉNÉRAL BEAUVAIS.

..... He that plays the king shall be welcome;
His majesty shall have tribute of me : the adventurous knight
Shall use his foil and target, etc.
SHAKSPEARE.

Celui qui joue les rois sera le bienvenu. Sa majesté aura mon tribut d'admiration ; le chevalier aventureux se servira du fleuret et du bouclier, etc.

Nous allons ce soir à Drury-Lane ; mais je vous condamne à nous y suivre à travers les flots pressés de la foule, et une fois entré, à subir tous les ennuis de l'attente et des entr'actes.

Nous avions lu ce matin l'affiche dans un petit cadre de bois, suspendu à un gigot de mouton chez un boucher, et je m'étais muni d'une espèce de bulletin, que vendait pour deux *pence* un de ces hommes-enseignes qu'on trouve immobiles et muets dans la longue rue de Strand, armés d'une perche avec une planche carrée au bout, sur laquelle est leur annonce de marchands de feuilletons dramatiques. Ce bulletin indique le nom de chaque acteur et le personnage qu'il doit représenter. La distribution des rôles remplit une première page; une seconde est consacrée à une petite dissertation critique sur le spectacle de la veille. Je m'aperçois que ces articles ne valent ni ceux de Geoffroi, ni ceux de notre ami M. Duviquet. Je me propose de les lire cependant chaque fois que j'irai au théâtre : ils aideront ma mémoire, sinon mes jugemens. Nous apercevons dans Bridges-Street un édifice d'une architecture fort lourde, quoiqu'il date de 1811, et dont la façade est cachée à demi par un péristyle surmonté d'une statue de Shakspeare, si on peut donner le nom de péristyle à un abri grossier, destiné à protéger contre la pluie les personnes qui arrivent en voiture. Nous ne donnons qu'un coup d'œil à l'entrée principale qui conduit, à travers des colonnes doriques, à un vestibule en rotonde. Nous pénétrons par une ruelle dans un autre vestibule latéral, par lequel on descend au parterre. Nous sommes des premiers arrivés; mais c'est pour grossir la foule déjà nombreuse. Le nom de Kean sur l'affiche est ici un talisman comme celui de Talma dans la rue Richelieu. Cette foule se presse du côté d'une porte encore fermée. Henry, qui nous accompagne, sourit de nous voir, Alexandre et moi, chercher l'organisation régulière d'une *queue*. « Il ne faut pas s'y attendre, nous dit-il; il s'agit de se confier au flot qui se forme derrière nous, et qui va tout à l'heure nous entraîner vers cette porte dont on n'ouvrira qu'un battant. » *Fluet*, sinon *audacieux*, je sais par expérience que les saillies prononcées de mes coudes sont d'excellentes armes défensives dans la presse. D'ailleurs, assez impatient de mon naturel, je n'ai jamais subi avec beaucoup de reconnaissance les ennuis de deux heures d'attente à la porte d'un théâtre. Alexandre, qui se plaint quelquefois de trop d'embonpoint, n'est pas si disposé à conquérir son billet, et s'essuie déjà le front avec son mouchoir. Henry, qui a la tactique de ces sortes d'assaut, nous place lui-même, après avoir examiné la physionomie de nos voisins. Il allait nous expliquer tout bas les motifs de cette défiance, quand une voix s'écrie : « Mesdames et messieurs, prenez garde à vos poches (*ladies and gentlemen, take care of your pockets*). » — « Certes, dis-je, cet avis est charitable ; mais est-il bien poli ? Chacun doit se croire d'abord à côté d'un fripon, et craindre en même temps que ses gestes involontaires soient très mal interprétés. »

« — L'agent de police, me répondit Henry, est en conscience obligé de vous avertir ; car il connaît à peu près tous les escrocs, et il les voit quand il vous crie.....

« — S'il les voit, ne ferait-il pas mieux de les saisir ? »

Voilà bien les Français ! Un escroc a le droit de venir au spectacle, comme vous et moi ; mais, si vous trouvez sa main dans votre poche, vous avez le droit de le faire arrêter.

L'avertissement fut répété d'un son de voix très énergique, et soudain la porte s'ouvrit, ou plutôt s'entr'ouvrit. Un bruit confus, semblable au mugissement de la mer, se fit entendre. Bientôt des cris perçans s'y mêlèrent, exprimant les uns la joie, et les autres la douleur ou la menace. Nous fûmes enfin du nombre de ceux qui avaient franchi la porte en se culbutant, et nous laissâmes derrière nous les femmes, durement froissées, gémir et se plaindre, et les hommes se quereller et se choquer sans pitié. Une représentation *gratis* à Paris peut seule offrir ce spectacle.

Un premier billet (de métal), qui nous coûte 3 shellings 6 pence, nous sert de passe-port jusqu'au parterre sans être obligé de le changer contre des contremarques, et nous nous trouvons dans une vaste salle à peu près circulaire, ornée avec assez de goût, et éclairée par un lustre élégant, dont s'échappe avec la lumière une odeur assez désagréable de gaz hydrogène, n'en déplaise à ceux qui défendent le gaz comme la plus parfaite des *idées libérales*. Nous nous plaçons auprès de l'orchestre destiné exclusivement aux musiciens; et nous y sommes assis à côté de femmes de tout âge et de la classe bourgeoise, comme l'indique le costume simple, mais décent, de celles qui sont parvenues saines et sauves à travers les difficultés de l'entrée.

Dans les trois rangs de loges immédiatement au-dessus du parterre, me dit Henry, vous voyez une société assez mêlée, même aux premières; car elles sont souvent remplies par des *billets donnés*, et sauf quelques loges réservées sur le côté, les dames *équivoques* peuvent y prendre place, pourvu qu'elles n'aient pas de *bonnet*. Nous irons un jour donner un coup d'œil dans le foyer, où vous vous croirez sous certaines arcades de *votre Palais-Royal*, pour le plus grand honneur de la morale anglaise. Je ne doute pas que les inconvéniens critiques d'un tel voisinage ne contribuent beaucoup à éloigner la bonne compagnie de nos théâtres : il est peu de loges louées, et dans les autres, à peine le premier acte d'une pièce est fini, que chacun ou chacune a le droit d'y réclamer une place.

« — Permettez-moi de vous faire une remarque, dis-je à Henry; il me semble que vos dames, bien prévenues sans doute, négligent cependant d'adopter un costume modeste qui pourrait aider à les faire distinguer de celles qui ne viennent ici que pour s'offrir en spectacle. Voilà, par exemple, à gauche une famille

honnête qui occupe une loge. Cette dame respectable encore plus par sa vertu que par
son âge, je le suppose, donne un singulier
exemple à ses filles, en découvrant les trois
quarts de ses épaules flétries. Deux loges plus
loin, deux autres ladys, éblouissantes de dia-
mans, laissent aussi en évidence des appas
très capables de donner tout à l'heure des
distractions au roi Richard; de l'autre côté... »

Je prenais involontairement plaisir à multiplier mes observations sur ces timides
beautés de la salle; mais Henry m'interrompit pour me protester que ces spectatrices,
dont il connaissait quelques unes, étaient
dignes de tout mon respect, et qu'il n'en
était pas une que je ne fisse rougir d'effroi
et de pudeur, si je prononçais devant elles le
mot de *thigh* au lieu de *leg*. [1]

Ces loges sont appelées *dress boxes*, ajouta-
t-il; les dames y viennent de temps immémorial en costume de bal. (Les loges au-
dessus sont occupées par des dames de la
classe moyenne, qui portent des robes plus

---

[1] Cuisse pour jambe. On demande où l'on offre à
table une jambe de poulet, mais jamais la *cuisse*.

discrètes.) Leur but, en venant ici, est de voir et d'entendre plutôt que d'être vues et entendues. Aux premières loges, il est de bon ton de se montrer et de chuchoter ; mais vous vous apercevez déjà, aux hurlemens et aux sifflemens de la bête à plusieurs têtes, que John Bull est dans les galeries. C'est de là haut que vous viendront, pendant le cours du spectacle, d'impatientantes interruptions qui vous feront regretter la décence des théâtres de Paris. John Bull ne se tait que lorsque ses yeux sont occupés par le ballet, si les fumées de la bière et du porter ne lui obscurcissent pas entièrement la vue.

« — Quand je considère la vaste circonférence de cette salle, dis-je à Henry, j'ai peur que vos acteurs ne soient de grands criards. »

« — Non, non, dit Henry, ils ne le sont que par momens ; il y a quelque chose de régulier et de monotone dans le ton habituel de leur déclamation qui exclut les grandes clameurs ; ils ne parlent d'ailleurs que pour le parterre, sachant bien que les loges des premières dédaignent de les écouter, et que les galéries ne viennent chercher que le dernier acte de la tragédie qui se termine ordinairement par un combat, ou la seconde pièce, laquelle n'est guère qu'un cadre de décors. »

Je fus obligé ici de répondre à un individu qui, usant de son privilége d'homme libre, avait pu préférer le parterre aux galeries, quoiqu'il fût ivre à déraisonner. Il adressa ensuite ses apostrophes à un musicien qui détourna les yeux avec sang froid. Il inclina alors sa tête appesantie sur une pauvre dame, qui le repoussa en disant : « *shame! shocking!* fi donc ! » Sa tête retomba sur ses genoux, et il s'endormit heureusement d'un somme très profond dès le premier coup d'archet de l'ouverture, comme si l'orchestre de Drury-Lane avait les vertus soporifiques de celui des Français.

L'histoire de ces galeries et l'épisode de cet homme m'expliquaient déjà pourquoi les tragédies classiques sont plus rares sur la scène anglaise que sur la nôtre. L'ouverture me donna le temps de me recueillir, et le rideau se leva enfin pour nous laisser voir

Richard III, qui fut salué d'une triple salve d'applaudissemens.[1]

Je ne sais trop quel effet produirait sur notre scène un roi boiteux et bossu, discourant sur sa propre difformité. Tel est le duc de Glocester, représenté par Shakspeare et par Kean, fidèles l'un et l'autre à la vérité historique.[2]

> The dogs bark at me when I halt by them.
> Les chiens aboient quand je boite près d'eux.

Ce vers du monologue est prononcé avec un mouvement de jambe explicatif.

Je n'essaierai pas de raconter ici toute la pièce, qui est une de celles que Shakspeare appelait ses chroniques. Mutilée plutôt qu'arrangée par de nombreux retranchemens, elle est encore une des plus irrégulières du théâtre. J'ai regretté le personnage de Margue-

---

[1] Quelle différence entre ce tumulte difficile à apaiser, et la solennité d'un spectacle de Paris, où le dernier *clerc qui, pour ses quinze sous, a le droit de siffler Attila*, reste assis gravement sur sa banquette, comme s'il assistait à une séance académique !

[2] Talma n'avait pas à cette époque joué Richard sur la scène française.

rite, qui, dans la tragédie originale, apparaît comme le prophétique précurseur de la vengeance céleste, et proteste, au nom du poète, contre tous les forfaits dont il trace le sombre tableau. Mais le rôle de Richard est demeuré intact. Ce caractère est si varié, pourrait-on dire, qu'il comprend toutes les formes susceptibles de faire briller un acteur original. Il y a dans ce personnage le roi politique, le roi guerrier, le héros, l'hypocrite, le bouffon, le criminel endurci, le criminel repentant; et Kean s'est approprié ce rôle en homme de génie. Son talent est inégal, sublime et quelquefois extravagant. Il est près de la *trivialité*, alors même qu'il frappe l'imagination par sa noblesse; et tels sont les traits caractéristiques des compositions les plus grandes de Shakspeare. Mais ici les inégalités de Kean semblent des effets de l'art. Il a deviné toutes les intentions de Shakspeare; il rend ses pensées les plus familières et ses pensées les plus poétiques avec le même bonheur.

Je vous indiquerai quelques unes des scènes où le jeu de Kean m'a fait le plus d'impression.

On voit s'avancer sur le théâtre la pompe funèbre de Henry vi, qu'accompagne en habits de deuil lady Anne, veuve d'Édouard son fils, tué il y a trois mois par le duc de Glocester. Richard, le meurtrier, survient, ordonne au cortége de s'arrêter, s'adresse à lady Anne elle-même, brave ses invectives, et, feignant l'amour le plus dévoué, parvient à obtenir d'elle un sourire favorable en présence des restes mortels du père de son époux assassiné.

Malgré l'histoire, malgré Shakspeare et Kean, j'avoue que j'ai eu de la peine à familiariser mes yeux avec une scène si inconvenante; mais peu à peu l'hypocrite dissimulation de Richard m'a fait presque oublier, comme à lady Anne, l'aspect du cercueil. J'ai compris la séduction, tant la voix un peu rude de Kean s'est adoucie, tant son regard avait de puissance, et son geste de grâce, lorsqu'aux genoux de la princesse il ose lui offrir son épée pour qu'elle lui perce le cœur, et qu'il la désarme par une adroite flatterie. C'était la fascination du serpent.

Richard médite la mort des deux jeunes

princes qui sont encore entre le trône et lui. Le prince de Galles, dans un dialogue un peu long peut-être, décèle une intelligence précoce. J'ai frémi de l'accent ironique avec lequel Kean prononce à part cet adage populaire :

Wise too young, they say, do ne'er live long.

« Les enfans qui ont tant d'esprit, dit-on, ne vivent jamais long-temps. »

Il y a un arrêt de mort dans son regard oblique.

C'est une scène digne de notre Tartufe que celle où Richard feint la plus grande répugnance à accepter la couronne, et se montre au lord maire, entre deux saints évêques, comme plus occupé de son salut que des vains honneurs de la royauté.

Buckingham, jusqu'alors docile instrument de la tyrannie, a hésité devant la proposition d'un dernier crime que son maître exigeait de lui. Il ira grossir le nombre des victimes. Quand il vient réclamer le prix de ses services, Richard affecte de ne pas l'entendre, et repousse enfin son importunité par une réponse équivoque, mais qu'explique assez le ton sinistre avec lequel il ajoute : *Je ne suis pas en train de donner.*

Cependant la tyrannie a fait naître la révolte. Richard ne se dissimule aucune des difficultés qu'il s'est créées. Il connaît trop bien toute l'étendue du péril pour ne pas trembler un moment. Mais son génie se sent capable d'une noble lutte. Il y a de l'héroïsme dans les derniers efforts de son courage. Il n'espère plus rien de la dissimulation, et il se montre dans l'effrayante vérité de son caractère. Kean exprime souvent par un seul mot le soupçon, la haine, le mépris, la rage qui l'agitent tour à tour ou en même temps. Et quand il s'écrie, *je sens mille cœurs qui se soulèvent dans mon sein,* ce roi contrefait vous apparaît doué de la force d'une armée entière.

Enfin la crise de ses destinées approche; la nuit et le sommeil le livrent aux visions menaçantes des remords. On est témoin de ce songe que l'auteur de Sylla vient de transporter sur notre scène. Quand Richard se réveille en sursaut, ses discours entrecoupés font passer dans l'imagination des spectateurs l'horreur dont il est saisi. Une puissance invisible l'a dompté, mais il sait encore donner l'air du calme à son abattement ; et, quand on lui apporte ce billet moqueur, par lequel l'ennemi insulte d'avance à sa défaite, il le laisse tomber de ses mains avec une indifférence dédaigneuse qui atteste toute sa supériorité morale.

La bataille exécutée sur le théâtre est le chant d'une poëme épique mis en action. Entouré de la pompe terrible des combats, Richard a retrouvé toute son énergie :

« — Un cheval, un cheval, mon royaume pour un cheval.... Je croirais qu'il y a six Richmond dans l'armée ennemie. J'en ai déjà immolé cinq ! — »

Les deux rivaux se rencontrent et croisent leurs épées. La victoire reste long-temps indécise entre eux, tant ils déployent de courage et d'adresse ; car c'est un assaut d'armes véritable, ou si parfaitement simulé, que même le parterre français oublierait ses habitudes théâtrales, pour applaudir ce noble jeu. Le duc de Richmond est un acteur nommé Cooper, d'une taille imposante, plein de grâce et de noblesse sous le casque, maniant aussi le fleuret avec un grand talent. Mais l'étonnante souplesse de Kean et son agilité le feraient sans doute triompher, si les lois irrévocables du drame ne lui imposaient la condition de mourir sous les coups de Richmond. Il succombe avec dignité au milieu des applaudissemens. J'avais un peu oublié la tragédie, et je me serais facilement figuré que j'assistais au trépas d'un chevalier félon, dans un champ clos du moyen âge.

Je n'ai guère parlé que de Kean dans Richard III; c'est qu'il est à lui seul toute la pièce, autant par l'importance presque exclusive de son rôle, que par la nullité des autres acteurs qui font vraiment autour de lui l'effet de ces courtisans sans caractère, que la tyrannie doit aimer dans ses palais. Nous aurons à Covent-Garden trois acteurs tragiques rivalisant entre eux. Kean est seul à Drury-Lane. Les actrices surtout y sont presque aussi nulles que celles de la rue Richelieu, et m'ont rappelé la déclamation larmoyante de la *spirituelle* Bourgoin. Aucune d'elles ne pousse d'horribles cris comme Mlle Duchesnois, dans les malheureux efforts de ses poumons; mais aucune ne sait exhaler comme elle de ces accens pathétiques qui, dans quelques scènes, nous réconcilient avec son talent. Leur débit monotone ressemble au retour périodique de ces refrains de ballades composés de trois ou quatre notes qui reviennent éternellement fatiguer l'oreille. Leur prosodie donne aux vers si variés de Shakspeare la triste cadence de nos alexandrins.

Quel immense avantage est laissé sur un semblable théâtre, à un acteur chargé de faire valoir un caractère tel que celui de Richard III, et capable d'en rendre toute la puissance! Il faut le dire, Kean y déploie une énergie soutenue, une profondeur et une vérité extraordinaires dans sa physionomie, son accent et ses gestes. Il a de ces mots qui déchirent comme le fer du poignard; de ces coups d'œil qui font frémir comme ceux d'un mauvais génie. Toutes ses attitudes sont celles qu'un grand peintre attribuerait à la situation du personnage, et cependant elles ne sont point une étude, mais l'expression naturelle de la passion.

Pour faire la part de la critique, il est convenable de voir Kean au moins une autre fois.

La petite pièce, après Richard III, a été ce qu'on appelle ici une *folie musicale* (*musical extravaganza*), *Don Juan à Londres*. On le trouve d'abord descendu aux enfers sous les traits de madame Vestris, actrice fort à la mode. Le *Don Juan* de Molière n'est plus ici qu'un joli petit mauvais sujet qui met le trouble dans le paisible ménage du roi Pluton. Le prince du Tartare le chasse de chez lui, et Don Juan fait mentir ce vers de Racine :

<blockquote>Et l'avare Achéron ne lâche point sa proie,</blockquote>

en enlevant par charité trois femmes de Londres, dont les maris se consolent gaîment par de copieuses libations avec Leporello, le Sganarelle du canevas italien. La seule scène comique, et qui n'est pas neuve, de ce hors-d'œuvre dramatique, c'est quand nos ivrognes (excellentes caricatures) sont surpris par leurs moitiés ressuscitées. Interrompus au milieu d'un bachique refrain, ils se laissent conduire tranquillement par l'oreille dans leurs échoppes.

« — Il est à regretter, me dit Henry, que Harley, l'acteur qui fait Leporello, se prodigue dans toutes les farces. Celle-ci est de M. Moncriff, dont les productions seraient sifflées sur vos théâtres des boulevards, mais qui a le privilége d'alimenter les nôtres.

« *Don Giovanni* est son chef-d'œuvre, et je défie qu'on trouve un seul exemple de sentiment, d'esprit ou de gaîté dans le dialogue. Il n'y a ni plan, ni action, ni caractère dans ce burlesque pot-pourri; et vous avez vu entre deux scènes une actrice venir débiter une chanson populaire, sans qu'il ait été besoin de lui attribuer un rôle, ou de donner un motif à son chant.

Henry avait parfaitement raison : *Don Giovanni à Londres* n'a pas le sens commun, et il est fâcheux que la pauvreté de son rôle réduise Harley à n'être qu'un pantin grimacier. Ce comédien a un masque très comique, une aisance franche et une rapide mobilité de gestes qui en feraient un excellent Scapin sur nos théâtres. Il fait parfaitement ressortir dans son chant ces refrains insignifians (qui reviennent sans cesse dans les couplets anglais), en précipitant sa prononciation d'une manière très singulière. Mais on s'aperçoit qu'il pourrait amuser un parterre plus éclairé, par une gaîté plus naturelle.

LETTRE XXX.

A MAHOMET, DE CHYPRE,

INTENDANT DES SPECTACLES DE SA HAUTESSE.

> *What players are they?*
> ROSENCRANZ.
> *Even those you were wont to take such delight in—The tragedians of the City.*
> SHAKSPEARE.
>
> Quels sont ces acteurs? Ceux-là même qui vous faisaient tant de plaisir, les tragédiens de la Cité.

MALGRÉ les satires souvent justes de Scarron, de Le Sage, de Smollet, etc., j'ai toujours aimé les comédiens. Je me rappelle même ce temps où, plus jeune, et heureux de beaucoup d'illusions dont je regrette parfois quelques unes, je ne voyais les fils joyeux de Thespis qu'entourés de tous les enchantemens du théâtre, et toujours identifiés avec les héros qui leur doivent chaque soir la courte existence de quelques heures. J'avouerai que j'ai donné sans cesse de bonnes et de mauvaises raisons contre le préjugé proscripteur qui les force souvent d'adopter les vices qu'on leur reproche. Je croyais du moins ne pas trouver dans ces *îles libres* ce caprice peu libéral de l'opinion du monde. J'avais plusieurs fois souri de loin à l'idée de faire un pèlerinage aux tombeaux d'Oldfield, de Garrick, déposés parmi ceux des rois par ces insulaires que je me figurais être un peuple de philosophes, mais qui peut-être en philosophie pratique ne sont encore, comme les autres, qu'un peuple de *charlatans*. Tous nos préjugés contre mes amis les comédiens existent en Angleterre comme parmi nous; et l'Angleterre en a menti à l'Europe, quand elle s'est vantée d'avoir élevé un monument funèbre à son Roscius. La souscription de quelques particuliers ne fut jamais un hommage national. Les sarcophages de Garrick et d'Oldfield ne sont encore qu'une faible expiation des préjugés sous lesquels les comédiens anglais, comme les nôtres, sont forcés de s'humilier.

Combien d'institutions d'une origine honteuse sont respectées, tandis que la confrérie des ministres de Thalie a de tout temps subi les mêmes outrages, quoiqu'associée primitivement aux cérémonies de notre religion ! En France, l'Église en fait des parias, qu'elle repousse de ses temples, de ses cimetières et de son paradis à venir. En Angleterre, ils sont en quelque sorte hors la loi, et exposés à être punis comme des vagabonds.

> *These are monarchs none respect,*
> *Heroes yet an humbled crew,*
> *Nobles whom the crowd correct,*
> *Wealthy men whom duns pursue;*
> *Beauties shrinking from the view*
> *Of the day's detecting eye;*
> *Lovers who, with much ado,*
> *Long forsaken damsels woo,*
> *And heave the ill feign'd sigh.*
>
> Épigraphe de Crabbe.

« Ce sont des monarques que personne ne respecte; des héros, souvent bafoués; des nobles que la populace humilie; des riches que les créanciers poursuivent; des beautés qui évitent la clarté indiscrète du jour; des amans qui courtisent avec ferveur, et en dissimulant un pénible soupir, des demoiselles depuis long-temps abandonnées. »

Il y a des exceptions cependant pour ceux

qui sont *les serviteurs du roi*. C'est le titre que prennent les acteurs de Drury-Lane et de Covent-Garden. Il y a aussi pour les actrices anglaises, plus souvent que pour celles de France, la chance du mariage avec un lord, ce qui équivaut pour elles à une espèce de baptême civil qui efface la tache originelle. Ce sacrement aurait-il plus de vertu en Angleterre que parmi nous? Quand une femme équivoque se marie ici, on dit de son époux qu'il en a fait une honnête femme. J'avais déjà remarqué cette expression dans *le Vicaire* de Goldsmith. L'aristocratie du talent investit aussi les acteurs anglais de tous ses priviléges, et Garrick marchait l'égal des grands seigneurs de son temps. Henry m'a introduit hier dans une taverne, près de Covent-Garden, où viennent dîner assez régulièrement plusieurs comédiens de ses amis; je me suis beaucoup amusé à deviner, par la démarche et le ton de chacun, le genre de son emploi, et peu à peu je me suis mêlé à leur conversation. Quelques uns ont fait le voyage de Paris, et m'ont paru fort tolérans dans leur critique sur nos théâtres. Nous

avions tous fait notre repas solitairement ou
par deux; mais, après le dessert, on s'est
peu à peu rapproché autour d'une table circulaire plus large, chacun avec son carafon
de vin, pour échanger des santés jusqu'après
huit heures. J'ai trouvé dans les comédiens
anglais de fort aimables compagnons, de
bonne humeur avec tout le genre humain,
sauf avec leurs directeurs, contre lesquels il
n'y a qu'un chorus de plaintes : c'est à Londres
comme à Paris. Je répète donc vive les fils
de Thespis, vive leur conversation riche
d'anecdotes, leur manière philosophique et
gaie de considérer le monde, leur gracieuse
complaisance pour chanter le petit refrain,
ou déclamer la tirade demandée.

L'habitude de la scène donne aux acteurs
ce tact précieux qui les fait aller au-devant
de l'ennui, quand leurs récits menacent de
devenir un peu longs. Le héros tragique
lui-même n'est pas un insipide harangueur.
Au lieu de déclamer, il préfère tout dire
d'une saillie, ou expliquer son idée par une
piquante anecdote. Les mémoires des acteurs sont des livres délicieux. Leur histoire

offre presque toujours l'alliance étrangère des détails prosaïques de la vie réelle et de cette vie artificielle ou romanesque dont ils puisent les inspirations généreuses dans les poètes. Leurs inconséquences et leurs fautes sont souvent le résultat de cette contradiction. Je ne saurai donc convenir que la répétition mécanique des mêmes phrases les blasent sur les nobles sentimens qu'ils expriment. J'aime à en croire Shakspeare, qui, acteur lui-même, fait dire à ce pauvre Polonius, tué pour un rat par Hamlet :

Look whether he has not turned his colour, and has tears in his eyes.

« Voyez cet acteur, comme il a pâli naturellement, et comme les larmes lui sont venues aux yeux ! »

Ayant proposé moi-même un toast en l'honneur du grand Shakspeare, je me mis en droit de demander raison aux serviteurs du roi de l'infidélité avec laquelle ils répètent la poésie de ce grand homme. Nos tragédiens, ajoutai-je, s'exposeraient au ressentiment du parterre, s'ils se permettaient de mettre un mot pour un autre dans un vers de Corneille ou de Racine.

M...., un d'eux, m'avoua franchement qu'il croyait que le parterre français connaissait mieux Racine et Corneille que le parterre anglais Shakspeare. Le peuple anglais aurait donc voué à Shakspeare le culte d'une superstition ignorante! Il l'adorerait sur la parole des hommes de lettres! La morale qu'on affecte dans la société actuelle a fait proscrire Shakspeare des bibliothèques de bonne maison, comme un auteur trop licencieux. On a fait cependant un *Shakspeare des familles*, c'est-à-dire, mutilé par un ami de la décence. Quant à celles de ses pièces que Garrick osa remettre au théâtre, non seulement il les abrégea, mais encore il en défigura le style. Ce n'est donc que Garrick que ses successeurs défigurent à leur tour. Il faut cependant qu'ils se gardent de lire Shakspeare non châtié; car, comme il n'y a de consacré dans la mémoire des Anglais que les phrases, ridicules ou non, conservées dans le *prompt book* [1], il serait à craindre qu'un vers restitué parût profane et n'excitât un scandale.

Un soir Garrick, trop fidèle par distraction

[1] Livre du souffleur.

à l'ancien texte de Shakspeare, dans une représentation de Macbeth, fit dresser plusieurs fois les oreilles à son auditoire surpris, qui crut que dans la chaleur de son jeu il improvisait un nouveau dialogue. Quand le messager vint lui annoncer l'approche de l'armée anglaise, il s'oublia jusqu'à lui adresser ces mots :

The devil damn thee, black, etc.

« — Que le diable t'emporte, âme noire et visage à la crême ; où as-tu pris cet air d'oison ? »

Aussi, quand il rentra dans la coulisse, son camarade Kean l'arrêta, et lui dit d'un air moqueur : « — Mon cher Garrick, où diable as-tu pris tout ce fatras dont tu t'es amusé ce soir à régaler les badauds des galeries ? Tu es heureux d'être Garrick : tout autre que toi eût été sifflé cent fois. »

Il y avait parmi nous un vétéran dramatique, à qui son âge donnait les droits de parler plus souvent, et sur lequel Henry avait d'abord attiré mon attention, en me le désignant comme un élève de Garrick. Il avait même dû jadis une certaine renommée à sa ressemblance physique avec le Roscius anglais ; mais, trahi par l'injuste comparaison à laquelle cette ressemblance l'exposa, il avait été forcé de fuir les juges trop difficiles de Londres, pour mener la vie errante de comédien de province, qu'il nous retraçait comme une suite de cruelles épreuves : aussi revenait-il avec plus de complaisance aux beaux jours de son début, pour s'associer à ce qu'il appelait « les brillans satellites de l'astre du théâtre. » — « Nos comédiens nationaux, disait-il, se plaignent que le beau monde déserte leurs salles pour les chanteurs italiens. De notre temps nous savions triompher de tous les caprices de la mode, parce que nous faisions nous-mêmes l'éducation de notre siècle. Les bons mots de la *chambre verte*[1] étaient cités dans les sociétés des lords, et Garrick, Quin, Foote et Palmer iront à la postérité, non seulement comme grands acteurs, mais encore comme les beaux esprits de leur temps. J'ai vécu aussi avec Powell, Mossop, Macklin, Clive, Pritchard, Woffeng-

[1] Le comité.

ton, et j'ai vu même le grand Barry. Je l'ai vu retrouver dans Othello le feu de sa jeunesse ; mais bientôt il fut même trop vieux pour jouer le vieux roi Lear. Dans Romeo, dans Marc-Antoine, et dans tous les grands rôles d'amoureux tragiques, Barry n'a jamais été égalé. Sa voix était si douce et si belle qu'on l'appelait Barry bouche d'or, ou le cygne mélodieux.

« L'élégance et la noblesse de sa taille lui donnaient un grand avantage sur Garrick, dont il se déclarait ouvertement le rival. Pendant douze représentations successives ils jouèrent Romeo sur leurs théâtres respectifs. Dans les scènes d'amour et surtout celle du balcon, les critiques donnèrent la préférence à Barry. Garrick l'emportait, selon eux, dans le premier acte, dans la scène avec le moine et dans celle qui termine la pièce. Garrick défia plus tard Barry dans Othello, mais sans succès, quoique plusieurs bons juges convinssent qu'il savait faire jaillir de ce rôle des beautés nouvelles inconnues jusqu'alors. Sa petite taille lui était peu favorable, et elle attira même contre lui un bon mot funeste de Quin.

Quelques gravures d'Hogarth, excellentes traditions de mœurs et de costumes, nous ont transmis une mode singulière des ladys de ce temps-là. Les dames de qualité avaient presque toutes à leur service un négrillon vêtu d'une manière fantastique. Ce petit page africain portait la bible à l'église, ou figurait en Ganymède à la table à thé. Nous déjeunions un matin avec Quin chez lady M***. — Comment avez-vous trouvé hier soir l'Othello de Garrick ? nous demanda-t-elle. — Le petit homme, répondit Quin, le joue assez bien ; mais je crois le voir lui-même dans la personne de votre petit Pompée qui vient de m'apporter une tasse. Garrick eut tellement peur d'être appelé le petit Pompée, qu'il abandonna Othello pour jouer Iago, rôle dans lequel il excita une admiration universelle. Après tout, Garrick avait la supériorité dans la plupart des rôles ; et je me rappelle un quatrain sur le roi Lear, qui tranche la question :

> *The town has found two differents ways*
> *To praise the different Lears :*
> *To Barry they give loud huzzas,*
> *To Garrick only tears.*

« La ville a trouvé deux manières de louer
« les deux Lear : à Barry on donne des accla-
« mations, à Garrick des larmes. »

Je me rappelai avoir lu dans quelque Vie
de Garrick que ce grand homme était à la
fois jaloux et irascible jusqu'à la petitesse.
J'en fis tout haut l'observation. Le disciple
convint de ce défaut du maître, et ajouta
l'anecdote suivante : « — Garrick vieillis-
sait sans rien perdre de sa réputation, mais
il en devenait de plus en plus jaloux, et re-
doutait la moindre interruption qui aurait pu
le déconcerter. De temps immémorial, les
musiciens désertaient l'orchestre après avoir
joué l'ouverture de chaque acte, et allaient
faire tranquillement leur partie de dames ou
d'échecs dans leur chambre de répétition,
jusqu'à ce que la cloche du souffleur les aver-
tît de revenir prendre leur poste. Ce ne fut
que la dernière année de sa carrière théâtrale que Garrick prétendit que ces allées et
venues lui causaient des distractions, et les
musiciens furent condamnés à rester immobiles sur leurs bancs, pendant toute la durée
de l'acte. Celui que cette mesure contrariait

davantage était un nommé Cervetto, qui depuis quarante ans était un des Amphions du théâtre. Il avait tant vu et revu Garrick, que la levée du rideau avait à peine fait tomber son fidèle archet de sa main, qu'il s'endormit d'un sommeil profond. On jouait *Macbeth.* Vous avez peut-être vu votre Talma, lorsqu'il s'écrie dans cette tragédie :

Arrête donc ce sang qui coule jusqu'à moi.

« Et, dès le vers précédent, son imagination a tellement frappé la vôtre, qu'en effet vous croyez voir comme lui couler ce sang accusateur.

« Je vous prie de croire que Garrick ne produisait pas une illusion moins effrayante, lorsqu'il se demandait :

Is this a dagger that I see before me?

« Est-ce un poignard que je vois là devant moi ? »

« Ce soir-là, comme toujours, tous les cœurs palpitaient d'émotion, et les galeries même observaient un religieux silence, lorsque le bruit d'un bâillement prolongé se fait entendre, et Macbeth, dans ses terreurs, est salué par l'explosion d'un rire général qu'excite cette interruption inattendue.

« Quand la toile fut baissée, Garrick laissa éclater toute sa fureur dans les coulisses, et se fit amener le coupable tremblant en sa présence. Cervetto veut balbutier une excuse. Garrick continue à l'accabler de ses reproches : « Quoi donc! est-il posssible? Est-ce vous qui depuis si long-temps faites partie du théâtre? est-ce vous qui avez pu exciter ce rire général? Vous m'avez perdu, vous avez détruit quarante ans de gloire! Qui vous a suborné contre moi, qui vous a payé, quels sont les lâches complices de cette conspiration? Votre sommeil n'était que simulé; ou pourquoi dormiez-vous? Mon jeu vous aurait-il déplu? serait-ce l'ennui qui vous aurait fait bâiller?

« Enfin Cervetto parvint à placer quelques mots d'apologie : — Non, s'écrie-t-il, — non! mon sommeil était naturel; mais, bien loin d'être produit par l'ennui, je ne sais comment il se fait qu'au théâtre je ne dors que d'admiration. Vous m'aviez accablé, anéanti par l'énergique vérité de votre talent. »

On sent bien que cette anecdote n'a de prix

que par la pantomine du narrateur. Le vieux comédien imitait tour à tour la tragique colère de Garrick et la grotesque justification de Cervetto, qui lui mérita le pardon de Macbeth.

Il nous entretint de quelques autres traits de la vie de Garrick, et termina par un juste tribut de louanges à la mémoire de son maître. « Quel acteur sera jamais *universel* comme Garrick? dit-il. On a pu lui trouver des rivaux dans quelques rôles, mais lequel d'entre eux jouerait comme lui, dans la même soirée, Archer et Lusignan, Bayes et Benedick, un paysan bouffon et Sélim, sir John Brute et le Tuteur, Roméo et lord Chalkstone, Hamlet et Sharp, le roi Lear et Fribble, le roi Richard et un Écolier? Que de variété dans ce génie, que de merveilleux contrastes et que de perfection dans chacun des personnages qu'il représentait!

We ne'er shall look upon his like again.

« Nous ne retrouverons jamais son semblable. »

Je croyais entendre un vieil amateur du Théâtre-Français, oubliant Talma, Lafont même, et faisant l'apothéose de Lekain.

LETTRE XXXI.

A MADAME GUIZOT.

> La grandeur tragique de Macbeth est dans sa destinée plus que dans son caractère.
>
> F. GUIZOT, *Notice sur Macbeth*.

MACBETH est une des pièces de Shakspeare qui laissent le plus d'impression dans l'âme du spectateur, à cause de l'alliance des situations tragiques et du surnaturel. Dès la première scène le poète s'empare de notre imagination par l'aspect sauvage des lieux où il nous transporte, par l'étrange apparition des sorcières, et par l'irrésistible curiosité qu'excitent leurs mystérieuses prédictions. Mais j'ai compris comment un critique moderne a pu prétendre que la plupart des drames de Shakspeare perdaient beaucoup à la représentation.

Je ne sais quelle fortune feraient parmi nous les Euménides du théâtre grec, si elles se montraient tout à coup à nos yeux au moment où Talma-Oreste nous fait partager toute la terreur qui l'agite à leur approche; mais ces sorcières fantastiques, dont ma pensée croyait avoir deviné les formes telles que Shakspeare lui-même les eût évoquées, n'ont plus été que de grotesques acteurs. Quoique MM. Harley, Knight et Gattie aient une certaine réputation dans ces rôles, ils ont détruit toute mon illusion; j'ai ri comme un enfant qui s'aperçoit que sa nourrice l'a effrayé par un conte. Le récit de Talma, tant vanté par madame de Staël, n'exciterait peut-être plus en moi maintenant qu'un souvenir de parodie.

Kean joue Macbeth en grand maître, et fait parfaitement sentir la nuance qui existe entre son ambition timide et indécise et l'ambition fière et triomphante de Richard III. Richard agit par un instinct de perfidie et de cruauté; il n'a d'autres conseillers que la violence de son caractère et son instinct sanguinaire. Sa conscience est d'accord avec lui; et quand il a atteint son but par le crime, le crime, qui n'était jusqu'alors pour lui qu'un moyen, devient un passe-temps. Macbeth fut vertueux; chaque méchante action lui coûte un remords; il n'est poussé au mal que par l'instigation de sa femme, et comme par une mystérieuse fatalité. Les prédictions merveilleuses des sorcières ont agi sur lui comme un charme. Son courage, naguère si généreux, n'est plus que l'aveugle énergie d'un véritable délire. Lady Macbeth, au contraire, par son opiniâtre ambition et sa mâle persévérance, exerce sur son époux tout l'ascendant d'un grand caractère. On la redoute comme un être supérieur, qui donne un air d'héroïsme à sa criminelle soif du pouvoir. Mais elle est femme, et excite encore un certain intérêt par l'amour qu'elle conserve à ses enfans et à son époux, et par cette pitié que réveille en elle la ressemblance de la figure vénérable de Duncan avec celle de son père.

Mistress West, qui ressemble à une des Madeleines du Guide, n'est malheureusement belle que comme femme dans ce rôle. Elle paraît surtout faible aux Anglais, qui ont vu l'illustre mistress Siddons. Selon l'enthousiaste Hazzlit, il est impossible de concevoir rien au-dessus de cette actrice dans lady Macbeth [1]. La majesté de sa démarche, la puissance de son regard, ses accens passionnés en faisaient la Muse personnifiée de la tragédie. Lord Byron ne lui accorde pas de moindres éloges [2]. Dans la scène profonde et si effrayante du somnambulisme, elle venait les yeux ouverts, mais privés du sens de la vue : c'était une femme égarée, qui n'avait plus le sentiment de son existence ; ses lèvres s'agitaient involontairement ; tous ses gestes étaient mécaniques ; elle glissait sur le théâtre comme une apparition.

Kean, malgré tout son génie, ne suffit pas seul à cette tragédie. La vigueur et la vérité de son jeu ressortiraient davantage à côté d'une lady Macbeth d'un talent égal au sien. Il y a, dans sa manière d'exprimer ce rôle, moins d'ensemble que dans son Richard III; mais il se surpasse lui-même quand il sort de la chambre de Duncan après avoir accompli l'œuvre sanglante du meurtre. Shakspeare n'a

[1] Characters of Shakspeare plays.
[2] Préface du *Doge de Venise*.

pas mis dans la bouche de Macbeth une de ces déclamations du remords qu'on ne retrouve peut-être que trop souvent dans la rhétorique des tragédies. Macbeth est accablé sous le poids de son forfait; ses genoux tremblent, et le supportent à peine; ses lèvres ne s'agitent qu'avec un mouvement convulsif, et articulent à demi les sons étouffés de sa voix.

LADY MACBETH.

Pourquoi revenez-vous avec ces poignards? Ils devaient rester dans la chambre du roi! Allez les reporter, et barbouillez de sang ses serviteurs endormis.[1]

MACBETH.

Je n'irai plus : la pensée seule de ce que je viens de faire m'épouvante. Moi les revoir! Je n'ose![2]

LADY MACBETH.[3]

Ame pusillanime, donnez-moi ces poignards! Ceux qui dorment, comme ceux qui sont morts, ressemblent à des tableaux; les enfans seuls ont peur d'un démon en peinture, etc.

[1] Why d'ye bring, etc.
[2] I'll go no more, etc.
[3] Infirm of purpose, etc.

Lady Macbeth sort, et Macbeth l'attend, l'œil fixe et égaré, les mains pendantes, épuisé par ses angoisses, immobile de stupeur.

On frappe à la porte : il tressaille, et porte sur ses mains ensanglantées le regard de l'effroi. Il désespère d'effacer le sang qui va le dénoncer, et cependant, seul, il n'aurait pas la force de fuir : c'est lady Macbeth qui l'entraîne.

Depuis ce moment Macbeth semble ne plus vivre que dans un songe, et au milieu des pompes de sa grandeur usurpée, son imagination malade a besoin de nouvelles superstitions; mais les *fatales sœurs* se plaisent à consommer sa ruine par de sinistres prophéties, qui ne font qu'irriter son impatience et son délire.

Je craignais que Kean ne descendît à quelques unes de ces trivialités qui, naturelles dans Richard III, eussent compromis la dignité dont un usurpateur moins audacieux, tel que Macbeth, a besoin de se couvrir. La familiarité serait un contresens dans un roi *de fait*, qui, ayant la conscience de sa faiblesse, et sentant son trône chanceler sous lui, se rattache à toute espèce de soutiens réels ou imaginaires. On voit que Kean a fait de sérieuses études sur Shakspeare. Il a d'abord analysé en métaphysicien le caractère avec lequel il s'identifie d'inspiration.

C'est encore le beau Cooper qui fait le rival heureux de Macbeth. Il le joue à peu près comme le Richemond de Richard III, et brille surtout par l'*escrime*. Cependant, aidé par la profonde et admirable idée de Shakspeare, il a produit beaucoup d'effet dans cette scène, où, apprenant coup sur coup qu'il est privé par le tyran de son épouse, de ses enfans, et de tous ses serviteurs, il répond à Ross, qui veut le consoler par l'espoir de la vengeance certaine qu'il va tirer de Macbeth : « — Il n'a pas d'enfans ! »

Je n'essaierai pas d'analyser la pièce qui a terminé la soirée. *Monsieur Tonson* est une de ces platitudes fondées sur d'absurdes quiproquo, dans lesquelles l'auteur se livre luimême au ridicule en voulant amuser le public stupide et grossier des galeries par une prétendue caricature française. Ce pauvre

M. Tonson est un *émigré* qui s'est fait, je crois, perruquier, pour entretenir John Bull dans la croyance que l'Angleterre est chargée par la Providence de produire les fortes têtes européennes, et la France de les approvisionner de perruques. Un fat *de bonne compagnie* se donne la fête de faire mourir d'impatience et de peur notre bon vieillard. J'ai été fâché de l'air de misère qu'on a prêté à ce grotesque personnage, plus à plaindre que ridicule. J'en ai ri moins volontiers de quelques coqs-à-l'âne de l'acteur Gattie, de ses mines, et souvent aussi de la bonne foi avec laquelle il se laisse mystifier. Les acteurs de Drury-Lane sont faibles dans la bonne comédie; mais ils ont de l'originalité dans la grosse farce (*broad humour*).

LETTRE XXXII.

A M. DESFONTAINES.

*Behold! the prince, the slave, the monk, the jew,
change but the garment.*
CRABBE.

Voyez en lui le prince, l'esclave, le moine, le juif! — ne changez que son costume.

J'AI vu Kean dans *Othello*; mais j'attendrai, pour vous en parler, d'avoir vu ce soir l'*Othello* de Covent-Garden. Je vous entretiendrai aujourd'hui de quelques anecdotes que j'ai recueillies sur l'acteur de Drury-Lane.

Edmond Kean est né le 4 novembre 1787, d'un tailleur de Londres. Il avait pour oncle Moïse Kean, mime et ventriloque de quelque réputation. Ses parens, trop pauvres pour nourrir leur enfant, le placèrent à Drury-Lane aussitôt qu'il put marcher, pour le faire figurer dans les pantomimes. Il y commença son éducation sous un célèbre maître de ballet. Celui-ci soumit ses jeunes membres à tant de contorsions, qu'ils en acquirent une flexibilité extraordinaire, qui eût donné aux Anglais un polichinel rival de notre Mazurier, si cette éducation barbare n'eût compromis bientôt la santé de l'enfant dont les os se disloquaient au point de le rendre difforme. On en eut pitié; de l'avis des médecins on se hâta d'employer toutes les ressources de l'orthopédie [1], et ses jambes furent emprisonnées dans des bandages métalliques. Il avait jusque là représenté Cupidon dans le Cymon de Garrick. Le directeur s'en servit dans un emploi plus d'accord avec son physique, en lui confiant un rôle de diablotin pour lequel il n'avait besoin que de cacher son visage, doué de la plus heureuse expression. L'enfant subit cette métamorphose et les plaisanteries que son physique ingrat lui attiraient, avec plus de philosophie et de gaîté qu'on aurait dû s'y attendre. Il comprit de bonne heure qu'il ne devait compter que sur

[1] L'art de redresser les corps mal conformés.

lui-même, et les fruits de son éducation négligée furent du moins une intrépidité de caractère et une grande indépendance d'esprit. Il n'avait encore que cinq ans lorsqu'il fut renvoyé du théâtre par suite d'une espiéglerie qui excita l'indignation inexorable de John Kemble. Ce grand tragédien, alors directeur, s'était avisé fort mal à propos d'ajouter toute une scène d'exorcisme à la tragédie de *Macbeth*, et il résolut d'en essayer l'effet avec le secours d'une pompe inaccoutumée. Il recruta une nombreuse bande d'enfans destinés à représenter une armée de diablotins de toutes couleurs, et à danser en rond autour de la chaudière dans laquelle les fatales sœurs préparent le charme qui doit perdre l'usurpateur régicide. Le jeune Kean, habitué à ces jeux fantastiques de la scène, figura naturellement dans ce chœur infernal; mais au moment où Macbeth entrait dans la caverne, Kean tombe sur l'enfant placé à son côté, celui-ci sur un autre, et tous, comme frappés d'une commotion électrique, se prosternent subitement. Kemble, déconcerté par cet accident risible, et jaloux à l'excès du décorum sur son théâtre, licencia toute la troupe, et donna surtout le congé de celui qui était la cause première de cet outrage aux lois du sublime. Kean avait cru sa dignité blessée par les réprimandes un peu sévères du directeur, et il ne fut pas fâché de retrouver sa liberté chez sa mère ; mais il fut envoyé à une école dont les règles, quoique très faciles, lui furent cependant insupportables, et il crut trouver une existence plus heureuse sur un vaisseau qui partait pour Madère. Le voilà mousse, et bientôt dégoûté, comme on le devine, de ce nouvel état et de la subordination qu'il exige. Mais la fuite était impossible cette fois-ci, et il ne lui restait plus que l'espoir de se faire renvoyer. Une faute contre le service lui eût peu coûté ; mais il fallait alors passer par les chances d'un châtiment arbitraire, ce qui ne laissait pas de lui paraître dangereux et peu sûr. Feindre une maladie est l'idée qui se présente la première à son âge ; mais, malgré un rhume assez violent que lui avait causé le changement d'air, son estomac avait peur de la diète. De toutes les maladies entre lesquelles il hésita, il n'y avait que la surdité qui lui

parût facile à concilier avec les besoins de son
appétit. Il contrefit donc tout à coup le sourd
et si bien que le capitaine le fit débarquer à
l'hôpital, où il trompa, pendant deux mois,
le médecin, qui déclara que l'air natal pourrait seul lui rendre l'ouïe. Il repartit sur le
même vaisseau, et eut à soutenir une dernière
épreuve qui attesta l'héroïque fermeté de son
caractère. Dès le premier soir, d'épais nuages
s'amoncelèrent au-dessus de la mer, une
épouvantable tempête régna toute la nuit.
La mort paraissait inévitable à tout l'équipage. Autour du jeune Kean, chacun s'agite
et tente une lutte désespérée contre le naufrage. Au milieu du mugissement des vagues
et des cris de la terreur, l'enfant reste sourd,
impassible, et fidèle au rôle qu'il s'est imposé [1].

Arrivé à Londres sans argent, il va trouver son oncle le ventriloque, qui, passionné
pour le théâtre, veut que son neveu se destine
à la tragédie. Mais Kean ne se croit de voca-

[1] C'est presque le cas de citer le
.... *Si fractus illabatur orbis.*
Impavidum ferient ruinæ.

tion que pour la pantomime, et les tours de force des danseurs de corde lui semblent le *nec plus ultrà* du génie. Ce ne fut cependant qu'après la mort de son protecteur qu'il s'engagea dans une troupe de funambules. Il débuta aux exercices de la foire de Saint-Barthélemi, sous la forme d'un singe, et surpassa tous les singes connus par la flexibilité vraiment magique de ses membres. Aucune gambade ne lui coûtait, et, à la grande admiration des curieux, il semblait changer de forme, en véritable Protée, jusqu'à prendre celle d'un serpent, comme la verge d'Aaron.

La vie errante flattait trop l'humeur indépendante de Kean pour qu'il pût persévérer long-temps dans les mêmes goûts; peut-être aussi en acquérant des années, il comprit qu'une plus noble ambition lui était permise, et il ne dédaigna plus d'être l'interprète des poètes dramatiques, sans négliger toutefois sa gloire de saltimbanque. Il devint acteur ambulant, et subit toutes les vicissitudes du métier.

Des critiques de mauvaise humeur lui firent souvent la guerre. Irrité par une opposition injuste, trop fier pour se soumettre au mauvais goût de la province, il osa une fois se révolter contre les sifflets, le soir d'une représentation de *Richard*, et imposer silence aux galeries, en leur adressant, d'un ton significatif, ce vers de la pièce :

..... *Unmannered dogs, stand ye where I command.*
Chiens grossiers, taisez-vous quand Richard vous l'ordonne.

John Bull ne respecte pas toujours les rois, soit sur le trône, soit sur le théâtre. Les clameurs ne cessèrent que dans l'attente d'une justification; mais Kean brava la populace, en lui déclarant que la seule preuve d'intelligence qu'elle avait donnée était l'application qu'elle venait de se faire du vers qui causait sa fureur. Cette affaire, qui se termina par l'expulsion de l'acteur, le rapprocha de Londres. Ce fut à Dorchester qu'il fut remarqué en 1813, par le régisseur de Drury-Lane, courant la province pour y recruter des sujets capables de rappeler la foule à ce théâtre. Il lui fit signer un engagement, et Kean débuta en janvier 1814 par le rôle du juif Shylock [1].

[1] Merchant of Venice.

Son début fit du bruit ; mais il fut reconnu par le directeur d'un théâtre secondaire qui était entré en négociation avec lui précédemment, et qui le réclama pour jouer les bouffons sur ses tréteaux. La tragédie et la farce se le disputèrent pendant quelque temps, avec des formes moins aimables que celles qu'on remarque dans le tableau allégorique de Reynolds, où Garrick hésite entre les sourires de Melpomène et ceux de Thalie[1] : la tragédie l'emporta. Drury-Lane ne connut toute la valeur de son acquisition que la première fois que Kean représenta le duc de Glocester. L'enthousiasme qu'il excita lui valut un nouvel engagement de vingt livres sterling par semaine au lieu de deux, et ce n'était pas trop pour un acteur qui procurait au moins quinze fois par mois sept cents guinées de recette. Les invitations les plus flatteuses furent envoyées de toutes parts à l'ex-Arlequin de la foire, qui préfère, dit-on, la liberté des sociétés du troisième ordre, et qu'on accuse d'aimer surtout les réunions bachiques. Les pré-

[1] Ce tableau est imité de celui d'*Hercule entre la Vertu et le Plaisir.*

sens des banquiers et de l'aristocratie lui prouvaient qu'il n'avait pas seulement les suffrages des galeries : une coupe d'or lui fut votée par de nombreux souscripteurs, au nombre desquels figurait lord Byron.

L'illustre Sheridan, offensé par le comité de Drury-Lane, avait juré de ne plus mettre les pieds dans ce théâtre, dont il avait été lui-même directeur. Le bruit de la renommée de Kean excita cependant sa curiosité; mais, opiniâtre dans sa rancune, il ne put se résoudre à voir ni Richard, ni Othello, ni Shylock, et il se dédommagea en voyant Kean hors la scène. Il le fit inviter à dîner par un ami commun, et passa six heures à étudier ses regards, ses gestes et sa voix, si attentivement qu'il oublia même de se verser un seul verre de vin.

Kean est peut-être le seul homme qui puisse se vanter d'avoir rendu Sheridan infidèle à sa bouteille. Lorsque l'acteur fut obligé d'aller à son poste, Sheridan avait été si intéressé par ce qu'il avait deviné de son talent, qu'il ne lui fut plus possible de résister à la tentation, et il alla mêler ses applaudissemens à ceux de l'assemblée réunie ce soir-là pour voir *la Nouvelle Manière de payer ses dettes*.[1]

J'ai vu aussi Kean dans cette comédie romantique, remarquable par le rôle profond de sir Giles Overeach.

Sir Giles est un homme qu'une active cupidité a entouré de tant de richesses, que ne voyant plus rien au-delà, il reporte ses regards sur lui-même; il admire son génie, et fait un dieu de son égoïsme. C'est soi-même encore qu'il aime dans sa fille, qu'il pare de ses bijoux, et qu'il veut marier à un lord pour lui donner un rang et des titres. Ce rang, ces titres, il les méprise dans les autres comme des choses vides de sens; mais, par une contradiction qui est dans notre nature, il lui semble que dans sa maison ils deviendront de véritables honneurs. Sir Giles est un homme méchant et vicieux, que le poète s'est plu à douer d'une âme énergique et capable des passions les plus exaltées. Pour atteindre le but de sa nouvelle ambition, sir Giles déploie ce caractère, ce courage et cette persévérance

[1] A New way to pay old debts de Massinger.

industrieuse qui sont au nombre des attributs du génie.

Kean exprime avec originalité l'égoïsme, l'orgueil et la farouche inhumanité de ce personnage dramatique. C'est un héros un peu bourgeois, avec lequel on sent qu'il s'identifie plus volontiers qu'avec les héros couronnés. Cependant, par un art inaperçu, il nous prépare peu à peu à l'effet tragique du dernier acte, lorsque sir Giles joué, pris dans ses propres piéges, trompé dans tous ses plans, brise avec violence les derniers liens qui l'attachaient encore à la société, et fait éclater la rage d'une bête féroce. Je n'ai rien vu de plus terrible que ce délire de la passion, que ce désespoir de la vengeance déçue, et cette haine furieuse qui se consume elle-même. Sheridan n'eut pas lieu de se repentir d'avoir oublié pour un tel spectacle les griefs d'un comité.

LETTRE XXXIII.

A M. PROVOST,
PROFESSEUR DE DÉCLAMATION.

I saw Othello's visage in his mind
                                    SHAKSPEARE.
J'ai vu le visage d'Othello dans son âme.

Le nouveau théâtre de Covent-Garden[1] ne date que de 1809, et fait honneur à l'architecte, M. Smirke, qui semble avoir voulu ériger un temple commun à la Melpomène grecque et à la Muse romantique. Cet édifice, vanté par quelques Anglais comme un chef-d'œuvre d'architecture, n'est évidemment qu'une copie du temple de Minerve, le plus beau modèle de l'ordre dorique, au milieu des ruines imposantes de l'Acropolis. La façade principale se compose d'un portique

[1] Ainsi nommé à cause de sa situation sur l'emplacement d'un ancien couvent.

élégant, et chaque mur latéral offre une niche contenant, l'une la statue de la Comédie, et l'autre celle de la Tragédie, heureusement exécutées par Flaxman. On y remarque encore deux bas-reliefs, dont l'un représente Aristophane, Ménandre, Thalie, Polymnie, Euterpe, Clio, Terpsichore, avec leurs attributs classiques, suivis par les Saisons qui entourent Pégase. Eschyle, le père de la tragédie, Minerve, Bacchus et Melpomène ne sont pas oubliés; et Oreste, poursuivi par deux furies, y réclame la protection d'Apollon, qui s'avance sur son char attelé de quatre coursiers. Sur l'autre bas-relief Shakspeare, créateur de la tragédie romantique, vient d'évoquer les personnages de la tempête, le monstre Caliban courbé sous son fardeau; Ferdinand, la main sur la poignée de son épée; Miranda, qui supplie Prospero et Ariel avec son luth magique; puis succède une scène de Macbeth; et plus loin on reconnaît Milton contemplant Uranie, et entouré des personnages allégoriques du *masque* de Comus.

L'intérieur du théâtre, plus vaste que Drury-Lane, peut contenir plus de trois mille personnes, et les détails en sont gracieux et riches.

Kean seul est chargé de toute la fortune de Drury-Lane. Seul il le dispute à trois rivaux et à une troupe qui, supérieure à la sienne, compose presque toujours un ensemble satisfaisant.

John Kemble a laissé à Covent-Garden l'héritage de ses traditions. Cet acteur, perdu trop tôt pour le théâtre, y était regardé comme parfait dans plusieurs rôles ; mais, selon les partisans de Kean, la perfection de Kemble était la perfection de l'art ; et la perfection de Kean est celle de la nature. Il est cependant plusieurs rôles dans lesquels on convient que Kean paraît bien inférieur à Kemble. La noblesse et la dignité de Kemble manquent à Kean dans *Hamlet* et dans *Coriolan*. « Mistress Siddons et J. Kemble, dit lord Byron, étaient l'idéal de la tragédie.... Nous ne verrons plus ni Coriolan ni Macbeth. On pourrait dire du jeu de Kemble ce que le cardinal de Retz disait du marquis de Montrose, qu'il était le seul homme qui lui rappelât les héros de Plutarque. »[1]

[1] Préface de *Marino Falieri*.

Le théâtre anglais doit à J. Kemble ce que le nôtre doit à Talma ; le perfectionnement des costumes antiques. Ces deux tragédiens s'aiment et s'estiment mutuellement. Il est évident que notre Roscius a étudié la déclamation anglaise ; mais il n'a fait encore de révolutions que dans le goût d'une partie du public, puisqu'il est le seul de son école, et qu'on doute qu'il soit sage de l'imiter. Il y a toujours dans les innovations du génie une hardiesse qui étonne. Notre goût est tellement habitué à n'admirer que ce qui est académique, qu'il se défie de toutes les jouissances nouvelles. En Angleterre même, où il y a des habitudes théâtrales comme en France, on hésita quelque temps à approuver Kean, parce qu'il n'était pas le copiste de Kemble. Il a exercé enfin une grande influence sur le jeu de ses propres rivaux de Covent-Garden. Le goût exquis de Macready a bientôt initié cet acteur dans le secret des hardiesses de Kean. Déjà il l'égale dans plusieurs rôles, et il embrasse un répertoire plus vaste que le sien. Encore quelques années d'études, et Macready aura toute la passion de Kean, modérée par la sage dignité de Kemble. Sans être précisément bien fait, Macready a sur Kean l'avantage d'une taille imposante. La voix de Kean est défectueuse et dure, celle de Macready a une étendue, une richesse et une variété de tons sans égales. A ces avantages naturels il réunit la sensibilité la plus profonde, le goût du critique éclairé, l'enthousiasme de son art. J'ai bien regretté que son prompt départ pour l'Italie m'ait privé du plaisir de le voir dans la maison de M. Hulmandel, où l'amitié de Charles Nodier m'a procuré une hospitalité si aimable.

Le second acteur tragique de Covent-Garden est Young, que les Français venus à Londres sont souvent tentés de préférer à tous les autres. C'est dire qu'il possède un peu de toutes les qualités de ses rivaux, et qu'il s'en sert avec goût et noblesse. Sa voix est sonore; son jeu franc a de la pompe et de la grâce en même temps. Sa déclamation est plus éloquente que passionnée; il excelle à peindre l'orgueil, la haine, le dédain, bien mieux que la tendresse et les sentimens plus doux ou plus nobles. Profond dans l'hypocrisie et la dissimulation, il est moins naturel quand il veut exprimer la générosité, la grandenr et l'enthousiasme des héros de l'histoire ou des romans. Ce sont les rôles réservés à Charles Kemble, le frère de John Kemble et de mistress Siddons. C'est lui qui représente avec bonheur l'idéal de ces personnages poétiques. M. Charles Kemble ne donne dans aucune exagération. Il n'est pas *assez outré*, disent les Keanistes! (ce mot peint le genre de Kean). Grâces à ces trois acteurs, le *Jules-César* de Shakspeare fait illusion comme sur un théâtre romain. La chronique de Plutarque y est fidèlement rendue. On retrouve Macready, Young et Charles Kemble dans la comédie, et souvent c'est avec toute leur supériorité.

Covent-Garden est moins riche en actrices; on est heureux quand ces dames ne nuisent point à l'ensemble d'une représentation. Les spectateurs semblent avoir renoncé d'eux-mêmes à en exiger du talent. On ne fait plus cas d'une actrice, on ne veut plus que des chanteuses. La haute aristocratie va applaudir la musique italienne à l'Opéra; la petite propriété est mélomane par mode dans les deux théâtres nationaux. A mistress Siddons avait succédé miss O'Neil, qu'un riche mariage a enlevée, à l'âge de vingt-trois ans, à la scène tragique anglaise, dont elle était déjà le diamant, comme Mars est celui de notre comédie.

Jamais actrice n'avait été douée comme miss O'Neil de la *puissance du sourire et des larmes;* jamais l'amour n'avait eu un interprète plus séduisant; jamais femme n'avait prêté à sa douleur des accens plus pathétiques. Juliette, Cymbeline, Isabelle, Caliste, Monime avaient reçu d'elle de nouvelles grâces. Aujourd'hui la belle mistress West, la jolie miss Foote, la piquante miss Tree ont besoin de toute la poésie de ces rôles pour être quelque chose.

Dans le rôle de Desdemone, miss Foote compte uniquement sur ses charmes naturels, tandis que le poète a voulu que ce modèle d'innocence et de douceur intéressât surtout par sa simplicité, sa modestie et son dévouement pour l'époux dont l'amour est tout pour elle.

Mais Macready dans Othello, Young dans Iago, sont dignes de Shakspeare.

Young s'est tellement pénétré du machiavélisme infernal de Iago, de son instinct de scélératesse, de sa froide ironie, de sa profonde hypocrisie, de sa joie perfide quand il s'aperçoit du succès de ses artifices, que je me suis surpris par momens à détourner la tête, comme si, dans un accès de superstition, j'avais redouté l'influence du *mauvais œil*[1]. Un artiste allemand a publié des gravures au trait, destinées à accompagner le *Faust* de Goethe. La figure de Méphistophélès y est nécessairement reproduite plusieurs fois. On dirait que Young a calqué sa physionomie et les attitudes de son Iago sur celles de cet astucieux messager de Satan. Je regardais ce matin encore ces gravures chez MM. Conalghi, et dans chacune j'ai reconnu Young.

Mais c'est l'admirable exécution du rôle d'Othello par Macready dont je voudrais pouvoir vous donner une idée. Il me serait difficile d'analyser avec ordre toutes les émotions que cette tragédie m'a fait éprouver. Je crains vraiment d'abjurer enfin toute ma religion

[1] Voyez sur cette superstition turque les notes du *Giaour*.

poétique. Je commence du moins à avouer que la loi des unités n'est qu'une condition bien secondaire du véritable drame. Ce n'est qu'en lisant une tragédie, hélas! bien médiocre d'un auteur moderne, que je puis être un peu ramené aux préjugés de notre éducation littéraire. Le génie seul, sans doute, a le droit de s'affranchir des règles.

La tragédie d'Othello n'a aucun intérêt politique. Elle est toute fondée sur deux passions, l'amour et la vengeance; c'est au cœur qu'elle s'adresse directement; ce sont les sentimens les plus habituels de notre âme qu'elle met en action. Othello, ce Maure si généreux, si tendre, si confiant, mais d'un sang ardent et inflammable, comme tous les enfans du soleil, passe, par une transition soudaine, au délire de la rage et du désespoir. — Suivons la marche des scènes qui donnent à l'acteur l'occasion de déployer son beau génie. L'entrée d'Othello, quand il survient pour prévenir un combat entre ses amis et ceux de Brabantio, est calme et annonce bien la noble modestie du guerrier; son discours devant le sénat est celui d'un héros qui sait être grand sans cesser d'être simple. Après l'explication de la rixe entre Cassio et Roderigo, où tout prouve au général que Cassio est le coupable, avec quelle dignité il le remercie de ses services! « Je t'aime, Cassio, mais tu ne seras plus mon officier. » Le troisième acte est peut-être le chef-d'œuvre de Shakspeare. Ce *barbare* a su y combiner tous les effets de l'art, et le dialogue dans lequel Iago commence à mettre ses artifices en pratique est d'une profondeur sans égale. Ce n'est que par des demi-mots et des insinuations détournées que ce mauvais génie ébranle la généreuse confiance du Maure, jusqu'à ce que sa jalousie éclate enfin comme l'explosion d'un feu quelque temps étouffé. Quand le trait empoisonné perce le cœur d'Othello, Shakspeare n'a mis dans sa bouche qu'une courte exclamation : *ah!* — Macready et Kean ont su faire comprendre par ce simple monosyllabe le coup mortel qui les frappe. C'est un cri terrible dans Kean; moins furieux et plus contraint dans Macready, mais qui exprime également la surprise et la conviction, la haine et la vengeance. Il y a eu tant de douleur dans ce mélange de sentimens qu'Othello en reste accablé un instant. En vain Iago y ajoute la définition de la jalousie pour aigrir encore la blessure qu'il vient de faire ; il en avait dit assez. Iago n'est pas écouté. La seconde exclamation d'Othello, *o misery! ô* malheur! est une réflexion déchirante. Iago est obligé de revenir à la charge et de prononcer avec une intention perfide le mot fatal de *jalousie*. Ce mot seul offense la grande âme du Maure ; il cherche à se dissimuler à soi-même le soupçon qui le tourmente ; mais c'est le vautour de Prométhée qui lui déchire le cœur.

— « Vos esprits sont troublés, lui dit le traître Iago.

« Pas du tout, pas du tout! (*not a jot, not a jot*), » se hâte-t-il de répondre. Kean répète ces mots avec un rire forcé qui a quelque chose d'effrayant, mais peut-être aussi de trop vulgaire. Macready les prononce avec l'hésitation d'un homme qui sent qu'il a besoin de croire d'abord ce qu'il voudrait persuader aux autres. L'amour survit encore tout entier dans son cœur ; et quand Desdemone reparaît, Othello se laisse aller au bonheur de la croire innocente. Mais Iago n'abandonne pas sa proie ; il distille de nouveaux poisons dans le sein du Maure, et excite en lui une rage que le sang seul pourra apaiser. Vous vous rappelez Talma s'écriant :

> . . . . Dans leur rage cruelle
> Nos lions du désert, dans leurs antres brûlans
> Déchirent quelquefois les voyageurs tremblans....
> Il vaudrait mieux pour lui que leur faim dévorante
> Dispersât les lambeaux de sa chair palpitante,
> Que de tomber vivant dans mes terribles mains. [1]
>
> *Othello*, acte III, scène I.

Les vers de Shakspeare qui répondent à ceux-là n'en ont pas l'emphase ; mais dans la bouche de Kean, dans celle de Macready, ils produisent la même terreur qui doit assaillir le malheureux entendant rugir les tigres dans le désert.

> . . . . *Oh that the slave had forty thousand lives !*
> *One is too poor, too weak for my revenge.*

« Oh ! que le lâche n'a-t-il mille vies ! une seule ne suffit pas à ma vengeance. »

---

[1] Un regard, un geste, un mot tragique vaudrait toute cette tirade mauresque ; il est juste de dire que Ducis n'a pas traduit ici Shakspeare.

Les yeux d'Othello lancent la flamme, il grince des dents. On dirait, au geste de ses mains, qu'il les plonge déjà dans le sang de son ennemi. Depuis ce moment, on assiste par anticipation à la catastrophe; un retour de tendresse pour Desdemone a suspendu la vengeance du Maure; et après sa mort, quand il croit avoir exécuté un acte de justice, il sent toute la grandeur de sa perte, et le tourment d'un vague remords devient bientôt aussi terrible pour lui que sa fureur. C'est ici que Kean et Macready ont trouvé un effet surprenant dans une de ces hardiesses que je ne puis me résoudre à traiter de triviale. Quand Othello est instruit de toutes les trames d'Iago, il s'écrie : *fool! fool!* mot qu'il faudrait traduire par *dupe*, si *dupe* était français en tragédie. Ce mot avait paru vulgaire jusqu'à ce jour aux acteurs anglais qui avaient l'habitude de le relever par la pantomime de la rage et du désespoir. Kean le premier apprit à le répéter rapidement, sans presque l'articuler, et en souriant à demi de sa fatale crédulité.

La pompe soutenue du style de nos tragédies a dû imposer à nos acteurs les plus naturels, des règles plus sévères de déclamation. Certains critiques trouvent que Talma a tort de *dire* la tragédie au lieu de la *déclamer*. Shakspeare et Plutarque ont peint les héros en robe de chambre et en pantoufles [1]; les Anglais les représentent d'après le même principe. Sur leur scène, les rois sont encore des hommes. Il faut avouer que sur la nôtre ils sont encore étouffés quelquefois sous le poids de l'auguste perruque des courtisans de Louis xiv, et de leurs vêtemens en drap d'or. [2]

Je serai très laconique sur le divertissement mélodramatique dont nous avons été témoins après *Othello*. A Covent-Garden comme à Drury-Lane, on fait la part des galeries. *Chery* et *Fair Star* « Chéry et Belle-Étoile » est une espèce de grande *féerie* em-

---

[1] Je ne sais plus à qui j'emprunte cette expression; mais je crois que c'est à Sherlock.

[2] Je parle ici au figuré; mais je crois caractériser clairement les habitudes de dignité que la tradition a transmises à nos acteurs, malgré l'heureuse révolution du costume tragique.

pruntée aux Contes de madame d'Aulnoy, imprimés ici avec autant de luxe que *les Mille et une Nuits*. Chéry et Belle-Étoile sont deux enfans *malheureux*, *innocens* et *persécutés*, qui triomphent enfin de toutes sortes d'enchantemens par leur courage et leur vertu. Pour le mérite littéraire, la pièce peut être comparée à *la Lampe merveilleuse* [1]. Quant aux décorations et aux changemens à vue, j'ai cru parfois que le magicien Ciceri les dirigeait. Une galère entre à pleines voiles dans le port de Chypre. Nous sommes transportés dans le jardin des fées, dans le bosquet des illusions, dans une forêt de feu qui entoure un bassin d'eaux *dansantes*, puis sur le sommet du Caucase ; et enfin nous assistons au triomphe de la Vertu, dans un palais digne de Versailles. On s'intéresse surtout au bonheur de Belle-Étoile, actrice charmante, qui serait encore ravissante de grâce dans le chœur de Nymphes auquel président Bigottini et Noblet.

Ce spectacle-féerie m'a donné une idée de

[1] Le bagage dramatique de M. Étienne est assez riche pour qu'on puisse, sans l'offenser, médire d'un opéra dont il fait lui-même peu de cas.

ce que peuvent être ces *entertainemens* ou grandes scènes historiques, telles que le couronnement de George IV, qui amusent, pendant cent représentations, le peuple de Londres. Le mariage de Napoléon a fourni, je crois, le sujet d'un de ces *entretiens* historico-dramatiques.

LETTRE XXXIV.

A M. Ch. GOSSELIN.

*Graceful to tread the stage, to be in turn
The prince we honour, and the knave.*

CRABBE.

La tragédie est mieux jouée à Londres qu'à Paris, où elle m'endort, du moins pour ma part, assez généralement. J'éprouve à Paris un plaisir littéraire, et à Londres un plaisir dramatique; — cela tient autant à la différence de la déclamation qu'à celle du style des deux tragédies; mais nos acteurs comiques ont meilleur ton que les acteurs anglais. Ce n'est pas que le théâtre de la rue Richelieu n'ait besoin de sévères critiques, même dans la comédie, et je doute qu'il puisse réunir dans toutes les pièces quatre acteurs comme ceux qui figuraient l'autre jour à Covent-Garden,

dans *l'École de la Médisance*. Farren dans
sir Peter Teazle, Young dans Joseph Surface,
Charles Kemble dans Charles, Liston dans
sir Benjamin Backbite, Fawcet dans sir Oliver, sont presque parfaits, chacun dans leur
genre. Mistress Davison, dans lady Teazle,
m'a paru supérieure à toutes les actrices que
j'avais vues jusqu'ici à Londres.

(La fameuse mistress Jordan, que les Anglais mettaient à côté de Mlle Mars, n'existe
plus, et miss Kelly n'est engagée ni à Covent-Garden ni à Drury-Lane.)

Farren, encore fort jeune, est un comédien consommé. Il excite un rire franc, et
donne un air de vérité aux caricatures les
plus grotesques. Mais, dans la haute comédie, il ne s'écarte jamais de la nature, et
développe les caractères avec une rare intelligence. Son jeu de physionomie a quelque
chose de bizarre. Ses traits conservent pendant toute une scène l'immobilité d'une figure
de carton, et puis expriment tout à coup le
sentiment qui vient l'agiter, avec une mobilité extraordinaire. Admirable dans Lovegold (l'*Harpagon* de Molière, naturalisé An-

glais par Fielding), et dans le lord Ogleby (type du *ci-devant Jeune-Homme*), il est le seul qui ait rendu avec succès une des créations les plus remarquables de sir Walter Scott, le juif Isaac d'York : Farren a su se pénétrer de l'humilité rampante du vieux juif, des habitudes que lui ont fait contracter l'âge et sa méfiance jusqu'à ce que la terreur et l'excès de l'infortune le poussent au désespoir. On reconnaît le père de Rebecca quand il laisse éclater toute sa tendresse paternelle, avec une énergie proportionnée à la force du caractère qui lui a fait dissimuler si long-temps ses passions. Lorsqu'il apprend qu'aucune rançon ne saurait racheter sa fille, ce vieillard suppliant et prosterné aux genoux de Front-de-Bœuf, se relève avec une audace et une fierté qui le transforment presque en héros.

Dans sir Peter Teazle, Farren ne cesse d'amuser par son naturel, sa gaîté et sa verve originale.

Le rôle de Joseph Surface est joué avec profondeur par Young : Macready le remplit aussi avec succès. Ces deux acteurs, sous le costume moderne, ont l'air et les manières du parfait gentleman (de l'*Homme comme il faut*). Young laisse percer quelquefois une légère nuance d'affectation. Macready a une expression plus franche et plus gracieuse; il se possède toujours, sans rien perdre de son aisance naturelle. Je l'ai vu hier encore dans le comte Almaviva, et je suis fâché de dire qu'il porte un peu mieux le costume de grand seigneur, et qu'il a meilleur ton que M. D...s, dont le talent est si souvent gâté par d'ignobles gestes d'épaules, un hoquet sourd, et des grimaces à effrayer les enfans.

Le ton de la bonne société distingue aussi Charles Kemble dans l'Étourdi de *l'Ecole de Sheridan*, comme, en général, dans tous les rôles de comédie ; mais Charles Kemble est surtout bien placé dans les personnages un peu romanesques.

Liston ne figure ici que comme personnage bien secondaire ; mais son rôle a suffi pour me réconcilier avec cet acteur, que j'avais trouvé bien au-dessous de sa réputation en le voyant pour la première fois dans *Figaro* de *la Folle Journée*, dont on a fait un opéra du genre de ceux de M. Castil-Blaze. Mais cet acteur, dont le masque est aussi plaisant que celui de Potier, pourrait faire assaut de bouffonneries avec Potier, Brunet, Perlet, Odry et tous les grands hommes de nos petits théâtres.

Aussi Liston est l'enfant gâté du parterre et des galeries (*a favourite*). Il a le privilége de faire rire sur parole quand il semble perdre la voix comme Potier. Henry prétend que, lorsque Liston se destina au théâtre, il était persuadé que sa vocation l'appelait à la tragédie ; mais il excita une gaîté si folle dans un rôle pathétique, qu'il se résigna à ne plus jouer que des parades. Dernièrement, à son bénéfice, il a fait un début assez malheureux dans la haute comédie. [1] . . . .
. . . .

[1] Je supprime ici quelques citations de la pièce de Shéridan, parce que je m'aperçois qu'imitée d'abord par Chéron, traduite dans les *Théâtres étrangers*, et récemment encore transportée avec quelques mutilations sur un de nos théâtres secondaires, *l'École du scandale* est la comédie anglaise la mieux connue parmi nous. Je supprime également une comparaison qui me semblait piquante, mais qu'on aura déjà faite entre la scène des médisances de mistress Candour, et la scène

Nous sommes à la fin de l'année théâtrale, époque des bénéfices et des transformations dramatiques. L'acteur choisit ordinairement pour sa soirée un rôle nouveau, et, le plus souvent, nullement adapté à ses moyens. De même je me rappelle avoir vu à Paris mademoiselle Duchesnois faire assez gauchement une petite villageoise, et sa rivale de l'Odéon se rendre ridicule dans la comtesse Almaviva. Il est vrai qu'il s'agissait pour mademoiselle George d'une recette de trente mille francs ; on déroge pour moins dans notre siècle.

Cette année-ci, M. Kean a ressuscité un ancien drame de Massinger, *l'Acteur romain*, dont il n'a joué qu'un acte ; et dans la petite pièce, *the Waterman* (le Batelier), il est descendu au rôle bouffon de Tom Tug.

analogue du *Misanthrope*. Molière nous a peint avec son admirable talent cette malice presque aimable par son élégance et son ton parfait qui charme les Philintes de nos salons. Cette scène ne saurait être bien appréciée hors de Paris. En province, le commérage de mistress Candour ferait plus d'effet : l'une et l'autre scène sont vraies. Celle de Molière est plus *fine*, celle de Shéridan est plus *forte*.

Le produit de la représentation était destiné par Kean au soulagement des pauvres irlandais. Les Anglais se vantent d'une générosité toujours prête à secourir le malheur. J'ai donc été surpris de ne pas voir la salle pleine. Hélas! il y a un peu de charlatanisme et d'ostentation dans la générosité des Anglais, comme dans presque toutes leurs vertus. Annoncez une souscription à une guinée par tête, et faites insérer dans les journaux les noms des premiers souscripteurs, la liste en sera bientôt complète; mais le bienfait anonyme d'un billet de spectacle n'est nullement du goût de la vanité britannique. Le bénéfice de Kean lui vaut communément au moins cinq cents guinées. Cette fois il n'a pu procurer que la moitié de cette somme aux victimes de l'oppression ministérielle en Irlande.

La dernière représentation de chaque *saison* est toujours une solennité. Le directeur fait ordinairement un compliment d'adieu au public. Quel a été le désappointement des spectateurs de Drury-Lane, cette année, lorsqu'ils ont vu baisser la toile sans que M. Elliston parût! *L'adresse! l'adresse!* s'est-on écrié de toutes parts, *l'adresse!* et cette exclamation était accompagnée d'un tumulte plus effrayant que la voix d'une tempête. M. Cooper s'est présenté enfin, et a fait précéder de profondes révérences les paroles suivantes :

« *Ladies and gentlemen*, mesdames et messieurs « — (les Anglais, dans leurs harangues, sont vraiment plus Français que nous, car nous disons messieurs et mesdames) ; « *ladies and gentlemen,* je ne suis pas chargé par la direction de vous faire une adresse ; j'ai le regret de vous apprendre que M. Elliston est retenu chez lui par une indisposition sérieuse. Tout ce que je puis faire, mesdames et messieurs, c'est en mon nom et au nom de mes camarades de vous adresser nos remercîmens et de vous dire un respectueux adieu. »

Les applaudissemens se sont alors confondus avec le murmure. M. Elliston n'a pas paru de toute l'année comme acteur, et j'ai le regret de ne pouvoir parler de son talent, dont lord Byron fait quelque part un éloge complet.

Covent-Garden n'a pas été privé de l'adresse annuelle. M. Fawcet, acteur fort agréable, a rappelé à ses auditeurs que la direction n'a rien négligé pour leur plaire, et que les vacances seront employées à justifier la préférence que son théâtre a obtenue sur Drury-Lane; c'est-à-dire que les acteurs vont les uns courir les provinces, et les autres jouer, pendant le reste de l'été, à Hay-Market ou à l'English Opera-House.

LETTRE XXXV.

A M. P. BLAIN.

> SMITH.
> .... *Fellows that scorn to imitate nature, but are given altogether to elevate and surprise.*
> JOHNSON.
> *Elevate and surprise : prithee make me understand the meaning of that.*
> (*The Rehearsal.*)
>
> .... Gens qui dédaignent d'imiter la nature, et ne se piquent que d'élever et surprendre.
> — Élever et surprendre ; je vous prie de m'expliquer le sens de ces mots.
> — C'est difficile, etc.
> (*La Répétition*, par le duc de Buckingham.)

Quoique je n'aie encore rien dit de Dowton, de Terry, d'Emery, de Munden, de Knight, de miss Kelly, je crois avoir nommé assez d'acteurs de mérite pour avancer que les théâtres de Londres possèdent un excellent matériel de comédie.

Quelle excuse ont donc les littérateurs distingués de l'ère nouvelle pour ne pas consacrer leur génie aux compositions théâtrales? Certes, l'époque est riche en génie dramatique. Il est plus d'un ouvrage auquel il semble ne manquer que la forme pour être digne des chefs-d'œuvre de Shakspeare et de Ben Jonson. Une rare alliance de tout ce qui constitue l'auteur dramatique n'existe-t-elle pas dans sir Walter Scott? Quelle connaissance profonde du cœur humain et du monde! quelle sagacité pour pénétrer toutes les opérations secrètes de la pensée! quelle science pour les costumes! comme il excelle à s'identifier tour à tour avec les caractères les plus opposés! que d'inventions dans les incidens! que de situations touchantes et comiques! que de vérité, de naturel, de force et de gaîté dans le dialogue! Eh bien, sir Walter Scott a pris lui-même la peine de réfuter ceux qui comptent sur lui comme promettant un Molière à la Grande-Bretagne.[1]

Depuis Sheridan et Cumberland aucun poète dramatique n'a obtenu en Angleterre un succès légitime.

[1] Halidon-Hill.

Mistress Inchbald, auteur du joli roman de *Simple Histoire*, n'a laissé que des drames à l'eau rose, dont le seul mérite est de prêcher une morale douce et une généreuse philanthropie, mais dépourvus en général de verve comique et d'originalité. Mistress Cowley lui est encore inférieure, malgré le succès de son *Stratagème d'une Belle*. Burgoyne est resté plus fameux par ses revers comme général, que par le succès de *l'Héritière*, dont l'idée appartient à Diderot. On trouve peu de pièces anglaises écrites avec autant d'élégance, et il y a de l'esprit dans le dialogue, mais c'est le seul éloge qu'on puisse lui donner. Le Prince-Hoare, Holcroft, Morris, Cobb, O'Keeffe, ne peuvent figurer que dans la liste des auteurs médiocres. Ce dernier n'est même qu'un faiseur de parades. Je crains bien que Frédéric Reynolds n'ait sa place marquée dans cette classe d'auteurs, quoique sa première pièce, *le Poète dramatique*, ait été une satire contre leur mauvais ton et leur mauvais goût. Mistress Inchbald, dans ses critiques aigres-douces, insinue qu'il s'est peint lui-même dans le poète *Vapid* [1], qui court après des situations comiques et réveille partout le ridicule. L'acteur Lewis avait su donner une certaine originalité à cet insipide personnage; la pièce est morte avec Lewis. Les pièces de Thomas Morton ne sauraient vivre plus longtemps. Je demanderai grâce toutefois pour les deux premiers actes du *Speed the plough* [2], comédie qui malheureusement dégénère en mélodrame dans les trois derniers; mais ici du moins l'*humour* de Morton est originale, elle excite un rire franc. Il a su dessiner un tableau des mœurs nationales et inventer des caractères comiques. Ashfield et sa femme nous introduisent dans l'intérieur d'un fermier anglais. Sir Abel Handy et son fils sont d'excellentes personnifications de cette manie d'améliorations, qui peut avoir ses abus comme toutes les bonnes choses. L'ingénieux Doyen de Saint-Patrick aurait admis ces deux originaux dans son *Académie de Laputa*. Mais, dans ses autres drames, Morton,

[1] Ce serait chez nous M. la Fadeur.
[2] *La Lutte des Charrues*, titre assez difficile à traduire.

comme Reynolds et Holcroft, substitue au dialogue de la comédie un patois ou jargon burlesque; l'éternelle répétition d'une expression vulgaire qui excite le rire une première fois, voilà pour eux tout l'esprit du personnage principal. Après Lewis, c'est Emery qui a pris les chefs-d'œuvre de Morton et de Reynolds sous sa protection; mais ce comédien profond crée de nouveau ses rôles, leur donne une physionomie qui lui est propre, et leur imprime le cachet de son originalité.

Je voudrais bien traiter avec moins de sévérité George Colman, par égard pour le nom qu'il porte. *La Femme jalouse* et *le Mariage secret* sont des comédies du premier ordre. Ce n'est pas à d'ignobles bouffonneries que Colman le père dut ses succès; il n'avait pas la prétention d'éblouir par un style hérissé de brillantes antithèses; il ne cherchait pas à surprendre par l'extravagance des caractères et des incidens, même dans ses petites pièces; il intéressait et amusait par le naturel, la grâce et une aimable satire. George Colman se montre rarement un élève de cette noble école; il s'est cru appelé à être un homme de génie. Il a voulu embrasser tous les genres à la fois, et n'a fait que les confondre tous. Il y a dans ses pièces de la tragédie, de la comédie, du drame, de la farce et du chant, car il s'est servi, dans ses pièces les plus sérieuses, du secret de Figaro : « Ce qui ne vaut pas la peine d'être dit, on le chante, » proverbe qu'expriment ces deux vers anglais :

*If you can't get along
You may throw in a song.*

Mais il n'a fait ni une vraie tragédie, ni une comédie, ni un drame. Quelques situations vraiment tragiques, des fragmens d'un dialogue plaisant, quelques sentimens nobles et exprimés avec vigueur et poésie font regretter que son talent n'ait pas pris une plus heureuse direction. On voit qu'il a étudié les auteurs du siècle d'Élisabeth ; mais il a gâté tout ce qu'il leur emprunte par l'alliage d'une autre imitation dangereuse, celle des drames allemands. On retrouve cette contagion du sentimentalisme mystique bizarrement mêlée à une grossière bouffonnerie dans les sujets qu'il a empruntés aux romanciers les plus originaux, tels que Cervantes, Sterne et Godwin. Un épisode de *Don Quichotte* [1] ne lui a inspiré que la scène d'un délire frénétique contrastant avec les lieux communs d'un Irlandais qui débite ses absurdes quolibets au milieu de la Sierra Morena. Il n'a pas été plus adroit pour sa pièce tirée de Caleb Williams, dont il n'a pu composer qu'un mélodrame médiocre. [2]

Je vois dans les journaux que la police de Paris, toujours maladroite dans ses petites persécutions, vient de donner quelque importance au *John Bull*. Ce drame de Colman avait plu beaucoup au feu roi; ce qui prouve que George III n'avait pas un goût très sûr en littérature dramatique. *John Bull* n'est dépourvu ni d'intérêt ni de gaîté quand Colman nous fait grâce du jargon de Reynolds et de Morton; mais *John Bull* ne vaut pas *l'Habitant de la Guadeloupe*, drame du même genre. Colman avilit un éligible, et met le

---

[1] *The Mountaineers.* Kean est plus effrayant que tragique dans cette pièce.

[2] *Iron chest.* Le même sujet que le *Falkland* de M. Laya.

langage d'une noble indépendance dans la bouche d'un chaudronnier, qui est une personnification du peuple anglais foulé par une aristocratie tyrannique. Voilà le secret du succès. La scène où le père outragé s'empare du fauteuil du juge prévaricateur est vraiment belle; j'aime à croire que ce n'est pas celle qui aurait fait peur au chef de notre sainte Hermandad. C'est ici le lieu de remarquer les progrès des idées démocratiques de 1789 sur les mœurs anglaises. Dans une situation semblable, le père de la *Paméla* de Richardson se permet à peine quelques plaintes timides contre le Squire B.... Dans *John Bull* la juste indignation du pauvre opprimé contre le riche a remplacé les larmes touchantes du bon fermier Andrews. Richardson et Colman ont été l'un et l'autre fidèles à l'expression de leur temps.[1]

[1] Il est curieux d'observer dans le rapprochement de ces deux *scènes de mœurs* anglaises l'influence des *idées libérales* sur le peuple et sur les écrivains ministériels tels que Colman junior. Quel exemple encore que celui du roi applaudissant à une leçon si sévère donnée à *sa noblesse!* c'est presque la royauté faisant patte de

Le Siége de Calais, selon quelques critiques, est le chef-d'œuvre de Colman ; il a copié plutôt une nouvelle française du même velours à la révolution. Mais de pareils traits suffisent-ils sérieusement pour autoriser les Anglais à nous prodiguer les expressions de leur mépris en proclamant les Français des courtisans héréditaires, toujours à genoux devant le pouvoir même injuste, ou ne connaissant de la liberté que les saturnales des esclaves ? Je pourrais opposer au *John Bull* libéral de singulières adulations adressées de nos jours au roi George IV ; mais je préfère remonter un peu plus haut dans l'histoire pour y citer un trait de dévouement ultrà royaliste, qui prouve où en étaient les doctrines monarchiques cinquante ans avant Richardson.

Un des plus vertueux ministres de Charles II fut sans contredit lord Clarendon, le Thucydide des guerres civiles de l'époque, franc dans sa politique et loyal envers le parti opposé.

Il raconte lui-même que lorsqu'il découvrit que sa fille aînée, objet de ses affections les plus tendres, était enceinte du frère du roi, héritier présomptif du trône, « — il se livra à une colère très immodérée contre son « indignité, et déclara qu'aussitôt qu'il serait rentré chez « lui, il la mettrait à la porte comme une prostituée (*as* « *a strumpet*) pour ne jamais la revoir ; » sentimens et termes très naturels de la part de cet homme austère et si scrupuleux sur son honneur que, seul de tous

titre que la tragédie nationale de Dubelloy. Il faut savoir gré à l'auteur d'avoir compris combien l'héroïque dévouement d'Eustache

les ministres du roi, il refusa constamment de visiter aucune de ses maîtresses. Mais à peine Clarendon apprit-il que le duc d'York et sa fille étaient mariés secrètement, et qu'il s'agissait de déclarer le mariage, le Tory l'emporta sur le père et sur l'homme; cette circonstance, qui aurait dû le consoler, rendit l'offense dix fois plus grave à ses yeux, elle l'exaspéra et aigrit encore sa douleur.

« Il tomba dans une nouvelle fureur » (c'est toujours lui qui parle), « et dit que si cela était ainsi, son avis
« était prêt sur ce qu'il y avait à faire; il aimait mieux
« que sa fille fût la concubine (*the whore*) du duc que
« sa femme. Dans le premier cas, personne ne pouvait
« le blâmer de renvoyer sa fille, parce qu'il n'était pas
« obligé de garder chez lui une prostituée (*a whore*)
« pour le plus grand prince du monde, et il se sou-
« mettrait à son propre déshonneur comme à la volonté
« de Dieu; mais s'il y avait le moindre motif de suppo-
« ser qu'ils étaient légalement mariés, il était prêt à pro-
« noncer un jugement positif auquel il espérait que con-
« courraient leurs seigneuries (Osmond et Southampton,
« ses amis), pour que le roi fît enfermer immédiatement
« la femme (*the woman*) à la Tour dans un cachot, en la
« privant de toute communication extérieure; qu'en-
« suite un acte du parlement la condamnerait sans re-

de Saint-Pierre était au-dessus de la gloire d'Édouard; mais Colman n'a pas manqué de faire rire ses compatriotes aux dépens de ces pauvres citoyens assiégés. Ce tableau d'une population dont la disette seule dompte le courage, était susceptible de grands effets tragiques dans le système irrégulier du théâtre anglais. Un homme de génie aurait osé dérober le pinceau du Dante; Colman a agrandi

« tard à avoir la tête tranchée; ce à quoi non seulement
« il donnerait son consentement, mais encore serait-il
« le premier homme à le proposer. — Et quiconque le
« connaissait, cet homme (ajoute le noble auteur par-
« lant de lui-même), croira qu'il l'eût fait de tout son
« cœur. »

Clarendon revint à la charge, répéta sérieusement au roi et à son conseil qu'il avait dit toute sa pensée, et qu'il préférait l'infamie et la mort de sa fille à la dégradation de la majesté royale par un tel mariage. Plus tard il insista encore pour la faire condamner par un *bill d'attainder* (par une loi spéciale).

Le grand-turc en exigerait-il davantage du dernier de ses sujets? Ce fait a été cité récemment (*Ed. Rev.*) par Brougham, qui convient qu'aujourd'hui, comme alors, il y a eu et il y a autant de servilité en Angleterre qu'en France. Pour moi, j'avoue que le trait de Clarendon passe la mesure de tout mon *torysme*.

la tour d'Ugolin, mais pour y faire grimacer et babiller des polichinelles. Voici deux échantillons du dialogue piquant de cette macédoine dramatique.

Le chevalier Ribaumont et La Gloire, soldat, fils d'Eustache de Saint-Pierre, viennent ravitailler la ville, et le soldat veut prouver à son officier qu'ils ont tort d'aller partager l'infortune des Calaisiens.

RIBAUMONT.

« Songe, La Gloire, à la triste situation de
« nos compatriotes mourant de faim.

LA GLOIRE.

« Vraiment, monseigneur, cela touche les
« entrailles de ma compassion. Cependant
« considérez votre risque, votre rang; le
« brave comte de Ribaumont, la fleur de la
« chevalerie, la crème de l'armée française,
« le commandant de son régiment, devenu
« le cuisinier de la corporation de Calais! dé-
« coupant[1] sa route à la gloire, au travers des
« chapons plumés, des moutons écorchés,

[1] *Carving.* Il y a ici affectation de termes gastronomiques pour mieux faire ressortir la faim des pauvres assiégés !

« des viandes de veau, des légumes! et peut-
« être, seigneur, au moment où vous allez
« servir le dîner à la ville, survient un gros
« Anglais qui vous perce de sa broche.

RIBAUMONT.

« Tu es libre de te retirer.

LA GLOIRE.

« Écoutez, seigneur! je fus placé dans votre
« famille que je n'avais que six ans, et vous
« veniez de naître : j'étais un vrai petit chien,
« comme on dirait, et compte de chien, j'étais
« avec vous trois jours avant d'avoir les yeux
« ouverts. Je vous ai suivi depuis, sautillant et
« trottant après votre seigneurie; et, si vous
« me croyez assez chien bâtard pour tourner la
« queue à mon maître dans le péril, vous en
« agiriez mieux en me pendant à l'arbre le plus
« voisin, qu'en me perçant le cœur avec vos
« soupçons.... Sacrebleu! être traité ainsi par
« vous quand déjà, pendant trois campagnes,
« je me suis fait échiner et rosser par les
« Anglais. »

SCÈNE II.

DEUX CITOYENS.

PREMIER CITOYEN.

« Bonjour, monsieur Grenouille.

DEUXIÈME CITOYEN.

« Ah, ah! mon voisin, voici une belle
« matinée. Le soleil fait danser notre sang
« comme une fille sémillante, au son d'un
« tambourin.

PREMIER CITOYEN.

« Oui; mais c'est une danse sans rafraîchis-
« semens. Nous sommes dans une misérable
« passe, voisin.

DEUXIÈME CITOYEN.

« Ma foi, misérable en effet; mais le soleil!

PREMIER CITOYEN.

« Comment se portent votre femme et votre
« famille, voisin Grenouille?

DEUXIÈME CITOYEN.

« Ah, ma pauvre femme, ma pauvre femme!
« Peu de chose à manger maintenant, mon
« voisin, et quelquefois rien du tout : heureu-
« sement pour moi il fait beau. De grandes
« bouches dans ma maison et peu de chose
« pour les remplir; mais je suis Français. Le
« soleil brille, je suis gai. Nous sommes moi,
« ma pauvre chère femme, la moitié d'un
« pain, sept enfans, trois sardines, un chat et
« une terrine de lait. J'ai faim; mais il fait
« beau temps. Je danse, ma famille meurt de

« faim; je chante, toujours gai, le soleil luit;
« ta la la, ta la la. »

Je ne sais trop si c'est là de l'esprit national, mais, à coup sûr, ce n'est pas l'esprit de la bonne comédie.

M. G. Colman est devenu le censeur dramatique de Londres, sous les auspices du lord chambellan. La susceptibilité de sa censure fournirait de singuliers rapprochemens avec celle de Paris. Le refus d'une pièce intitulée *Alasco*, par M. Shee, vient d'occasionner un vrai scandale. J'aurai peut-être l'occasion d'en parler.

En résumé, l'art dramatique est la partie faible de la littérature anglaise contemporaine. La comédie est à peu près nulle. Les rédacteurs de l'*Ed. Rev.*, dans leur dernier article, au sujet du *Tableau de la Littérature française moderne*, par Chénier, se sont bien gardés de s'arrêter trop long-temps sur les noms de George Colman, d'Holcroft, etc.

Étant tout disposé à leur donner gain de cause ailleurs, j'aime du moins à opposer ici à Cumberland, à Murphy, à Sheridan même, les auteurs français qui depuis 89 ont enrichi le répertoire de notre scène comique. Malgré les arrêts *mysticoburlesques* des critiques allemands, les Français seuls ont le secret de la bonne comédie. Je conçois que notre système tragique a besoin d'une révolution, comme celui de toutes les nations européennes; mais notre comédie pourrait continuer à servir de modèle sans subir dans ses formes aucune modification. Plusieurs pièces, comme *le Conteur,* de M. Picard, prouvent que nos auteurs savent sacrifier l'unité à la loi plus nécessaire de l'intérêt. Le mauvais goût a tenté chez nous de dangereuses invasions; mais la tradition de Molière et de Regnard a été conservée par Andrieux, Fabre d'Églantine, Colin d'Harleville, Picard, Duval, Étienne. De jeunes rivaux promettent d'entretenir le feu sacré; je n'en nomme aucun, parce que heureusement ils ont devant eux une longue carrière de gloire dans laquelle leur rang est encore incertain.

Il me reste à citer parmi les comédies de l'époque, une pièce qui répond victorieusement au reproche que les critiques anglais font à nos auteurs, de manquer de hardiesse et d'originalité. Le *Pinto* de M. Lemercier est la pièce extraordinaire du siècle; elle vaut un roman de sir Walter Scott.

LETTRE XXXVI.

A M. Réné PERIN.

> J. — *But pray, Monsieur Bayes, among all your other rules, have you no one rule for invention?*
> (*The Rehearsal.*)
>
> Mais je vous prie, monsieur Bayes, parmi toutes vos autres règles, n'avez-vous pas une règle pour l'invention ?
> (*La Répétition*).

Avant de vous faire connaître quelques tragédies qui font espérer à l'Angleterre que l'art dramatique n'est pas encore tout-à-fait perdu pour elle, je veux vous dire quelque chose des théâtres secondaires et des théâtres d'été. Lors de la clôture définitive de Covent-Garden et de Drury-Lane, on organise deux troupes, dont la première s'établit au théâtre d'Hay-Market pour y jouer le mélodrame, les farces, et la comédie quand elle le peut. Cette année-ci, elle peut suffire à tous ces genres. Grâce à la réunion de Charles Kemble, de Liston, de Terry, qui rivalise quelquefois avec Farren, d'Oxberry, acteur original, de mistress Chaterley, bonne soubrette, etc., Hay-Market est une véritable succursale des deux grands théâtres. On y trouve même, ce qui est le plus important pour les habitués, une chanteuse assez agréable, madame Vestris, que nous avons déjà entendue à Drury-Lane. Elle ne saurait consoler, il est vrai, les *dilettanti* britanniques de l'absence de miss Stephens, le rossignol de Covent-Garden, qui prête le charme de l'italien aux cacophonies de la chanson anglaise. La voix de miss Stephens était faite pour la langue de Métastase et pour les airs de Mozart et de Rossini. Sa rivale est une mistress Salmon, qui chante seulement dans les concerts. J'ose les louer, quoique j'aie entendu deux sirènes, Mainvielle-Fodor et Pasta.

Madame Vestris n'a été remarquée que depuis qu'elle a paru sous le costume d'homme; elle a une prédilection particulière pour les rôles de mauvais sujets. Elle faisait à Drury-Lane un don Juan passablement libertin; à

Hay-Market elle a choisi pour son début le Macheath de l'opéra du *Gueux*. Peu de pièces ont fait autant de bruit que cette singulière composition de J. Gay, un des esprits les plus élégans du siècle de la reine Anne. S'il faut en croire Swift, pour qui tout ce qui était satire et sarcasme était bon, c'est un drame encore plus moral que spirituel. Des censeurs plus délicats ont prétendu que c'était une leçon de friponneries et un encouragement au vice. Des prédicateurs dénoncèrent même dans la chaire la tendance pernicieuse de cette pastorale de prison dont un voleur est le héros. John Gay sans doute ne pensait d'abord qu'à parodier l'opéra italien, qui commençait à se populariser à Londres; mais, poète un peu de mauvaise humeur, après avoir passé une grande partie de sa vie à solliciter une place, il se laissa aller à la malice de parodier aussi le pauvre genre humain. Des filous, des prostituées sont les interprètes de ses épigrammes; mais le cynisme de leurs sentimens est tempéré par un air de franchise naturelle, et dans les ariettes par une versification élégante. Le caractère du capitaine Macheath a bien une teinte romanesque; mais ce héros vulgaire est encore trop peu poétique pour être bien représenté par une femme, qui s'expose à dégoûter si elle veut être vraie, ou à dénaturer tout-à-fait le rôle en voulant l'adoucir. Madame Vestris, en choisissant ce dernier parti, a fait de Macheath un insipide galant; mais elle chante, et le public d'applaudir.[1]

George Colman a transporté sur ce théâtre son dernier mélodrame, *la Loi de Java*. C'est un amant bien tendre qu'un tyran jaloux condamne à aller recueillir le poison de l'Upas. Cette commission équivaut à une sentence de mort; mais un vieillard vient fort à propos donner de si bonnes instructions au héros Paraïba que celui-ci retourne sain et sauf. L'amante, qui va être percée de flèches, est préservée de cette fin tragique par une loi devant laquelle le roi de Java est obligé de s'humilier comme ferait un roi constitutionnel. Cette pièce à grand spectacle m'a beaucoup moins amusé, je l'avoue, que la comédie si gaie de

[1] Un acteur nommé Pearman joue très heureusement le capitaine Macheath.

Goldsmith, *She stoops to conquer*[1] parfaitement jouée par Terry dans le vieux M. Hardcastle, par Charles Kemble, qui rend avec vérité la *fausse honte* anglaise du jeune Marlow, par mistress Chaterley, dont la tournure un peu provinciale devient ici une grâce naturelle, et par Liston enfin, un peu âgé peut-être pour faire complétement illusion dans le rôle de Tony, mais capable par ses *lazzi* et ses bouffonneries d'exciter ce rire inextinguible, auquel, selon Homère, les graves dieux de l'Olympe ne purent jadis résister.

Les pièces originales ne composent que la moindre partie du répertoire de Hay-Market; mais le bon public anglais ne se doute pas que les auteurs chargés d'amuser ses loisirs, lui font couvrir d'applaudissemens les produits d'une contrebande littéraire. Les jolis croquis de mœurs de M. Scribe et compagnie, ces folies poissardes que les successeurs de Vadé improvisent entre deux déjeuners, ces scènes plus gracieuses et quelquefois aussi gaies du Vaudeville, voilà les sources du

---

[1] *Elle s'abaisse pour vaincre, ou les Méprises d'une nuit*, traduite pour le *Théâtre étranger*.

génie fécond des poètes dramatiques à Hay-Market, souvent aussi à Covent-Garden et à Drury-Lane.

Mais aucun nom français ne paraît ni sur l'affiche, ni sur le chef-d'œuvre imprimé. Les plagiaires ne traitent pas avec plus de façons les talens auxquels nos premiers théâtres doivent quelques unes de leurs pièces les plus agréables. La charmante comédie de M. Andrieux (*les Étourdis*) a été considérée comme étant de bonne prise. Un M. Kenneth vient de s'emparer d'*Un jour à Versailles*, dont il a fait *Un jour à Richmond*, et un M. Jones a fort maladroitement copié *le Voyage à Dieppe*.

J'ai reconnu un plus grand nombre encore de ces importations déguisées sous un nouveau titre à l'Opéra anglais (*English-Opera-House*). Mais (j'en demande pardon à mes compatriotes) si j'ai plus fréquenté ce théâtre d'été que celui d'Hay-Market, ce n'est pas par esprit national. L'Opéra anglais possède miss Clara Fisher, Emery et miss Kelly.

LETTRE XXXVII.

A M. G. JAL.

In shape not bigger than an agate-stone
On the fore finger of an alderman.
SHAKSPEARE. Description de la reine Mab.
Pas plus grand que la figure d'agate sur la bague d'un alderman.

Little though I be.
FIELDING. Tom Thumb (Petit Poucet).
Tout petit que je suis.

Ce que les Anglais appellent opéra n'est que le mélodrame mêlé de chants. Tous les romans de Walter Scott ont subi cette forme. Le travail des *arrangeurs* n'est pas difficile; ils choisissent les scènes principales du roman, les font succéder les unes aux autres, souvent sans les lier entre elles, et y introduisent des couplets sur des airs pillés à toutes les musiques, et dont les paroles font souvent contresens avec la situation et les sentimens du personnage. La voix d'une chanteuse, le jeu d'un ou deux acteurs, les décors, la pompe du spectacle dans lequel figurent même des chevaux, comme dans *Montrose*, voilà ce qui supplée au talent du compilateur. Sur le théâtre de l'*English-Opera* l'espace manque à ces mélodrames; aussi, plus souvent, se borne-t-on à y représenter des vaudevilles en un acte, ou délayés en deux ou trois, et décorés du titre d'opéras comiques. En général, la musique de tous ces opéras et mélodrames n'appartient pas plus aux compositeurs que les paroles aux auteurs. Il ne faut pas conclure cependant que l'Angleterre se croie inférieure à la France pour les compositions musicales : on confère dans les universités anglaises des grades de docteurs en musique. Handel est ici réclamé comme un enfant du sol; et dans le siècle dernier parurent Arne, Jackson et Purcel, qui, par quelques airs touchans et simples, rappelant quelquefois *le Devin du Village*, ont acquis l'honneur d'être cités comme des *hommes de génie*. Les opéras de Dibdin ont aussi une certaine réputation, une physionomie nationale. Stevenson et Shield ne sont pas dépourvus de talent; mais c'est surtout la musique d'un nommé Bishop qui est aujourd'hui à la mode. Quelques unes de ses productions ne sont dépourvues ni de grâce ni d'élégance; mais il ne faut lui demander ni de l'originalité ni du génie.

L'*English-Opera* ne brille point cette année par la musique et le chant. C'est un phénomène de douze ans qui a le privilége d'y attirer la foule. Londres a aussi une *Léontine Fay*. J'avoue qu'en général je ne suis pas très curieux de ces petits prodiges. Un sentiment pénible se mêle à la surprise qu'ils me causent, quand je vois ces enfans renoncer à la liberté capricieuse de leur âge pour s'efforcer d'atteindre à la hauteur d'un personnage au-dessus de leur intelligence comme de leur taille. Ils sont à mes yeux les martyrs de leur précocité.

Avant Clara Fisher, la merveille du jour, le petit Betty avait familiarisé l'Angleterre avec ces tours de force de l'enfance. Covent-Garden et Drury-Lane se l'étaient disputé. Ce dernier théâtre, plus hyperbolique dans ses affiches, donna le surnom de *jeune Roscius* à ce petit bonhomme qui jouait

Richard III, Hamlet, Macbeth, Oreste et tous les héros de la tragédie. Quoique miss Clara eût, *à l'âge de trois ans, égalé Kean dans Richard* III, on a heureusement donné une direction plus heureuse à son talent d'imitation. Cette actrice en miniature récite, chante et danse avec charme. Elle séduit surtout par la finesse de son regard et par sa gaîté. Quand elle remplit des rôles qui ne sont pas pour sa taille, elle prévient le moment où l'expression naturelle va lui manquer, et se joue de la difficulté par une bouffonnerie spirituelle. Mais dans les rôles faits pour elle, elle a ce naturel et cette grâce enfantine que l'art n'imite jamais qu'imparfaitement. Elle excelle quand c'est un petit garçon qu'elle représente; elle a sur la scène toute l'étourderie, la malice, l'insouciance et la gaîté de son âge. Ce n'est plus une actrice, c'est le plus aimable des enfans; elle ne surprend plus, elle amuse.

Miss Clara Fisher n'a que onze ans.

Je ne puis mieux louer l'acteur Emery qu'en le comparant à Michot. C'est la même verve et la même sensibilité; je ne connais que Michot et Emery qui sachent rendre naturellement un mélange de rudesse et de bonté, de passion et de simplicité, traits caractéristiques de ces hommes qu'on appelle singuliers, parce qu'ils ont conservé, au milieu de la civilisation, l'énergie et la force de l'homme de la nature. Emery m'a surtout rappelé Michot dans *Madame de Sévigné;* car Emery est parfait dans les rôles de villageois. Il a, sous ce costume, trois physionomies différentes, suivant les pièces. Il y a quelque chose de *sérieux* dans sa manière de représenter le fermier Alfield [1], personnage qui excite bien le sourire par sa familiarité et son manque d'usage, mais qui conserve toute la dignité d'homme, et s'attire le respect par sa conduite et ses nobles sentimens.

S'il s'identifie avec un de ces caractères que la passion exalte ou égare, Emery sait être *tragique* sans perdre de vue les habitudes vulgaires de son rôle, et il excite les plus vives émotions de terreur ou de pitié; tels sont les rôles de Tyke [2] et de Giles [3]. Enfin

---

[1] *Speed the plough.*
[2] *School of Reform* de Merton.
[3] *The Miller's maid.*

Emery est exclusivement *comique* lorsque l'originalité du personnage tient plus à une manière d'être toute extérieure, qu'aux sentimens et au caractère. Même alors Emery a bien soin de ne pas tomber dans l'exagération de la caricature : il reste vrai en excitant le gros rire.

Cet acteur possède à la perfection un de ces dialectes de province dont l'accent est aussi grotesque sur la scène anglaise que l'*auvergnat*, le *gascon*, etc. sur la nôtre. C'est le dialecte du comté d'York, qu'il prononce d'une manière fort plaisante. Avant lui c'était l'accent du comté de Somerset qui égayait surtout les badauds de Londres, tout aussi moqueurs que ceux de Paris.[1]

[1] M. Emery est mort depuis que cette lettre a été écrite.

LETTRE XXXVIII.

A M. Ch. NODIER.

> Il faut avoir vu miss Kelly pour sentir toute la portée d'une admirable intelligence, secondée par une admirable organisation.
>
> Ch. N. *Promenade de Dieppe aux montagnes d'Écosse.*

Vous avez conservé de miss Kelly un souvenir si doux, vous m'avez rendu si curieux de la connaître, que je ne puis mieux m'adresser qu'à vous pour parler d'elle. Je n'ai pas votre lettre sous les yeux, et je vais peut-être vous contredire en quelques points ; mais vous m'avez accoutumé à la franchise, parce que vous tenez plus à l'amitié qu'à la déférence.....; et nous resterons amis *quand même*.

J'ai été, pendant quelque temps, tenté de croire que votre imagination avait inventé miss Kelly. Je la cherchais, je la demandais partout : elle n'était ni à Drury-Lane ni à Covent-Garden ; enfin je rencontrai quelqu'un qui, comme par un effort de mémoire, se l'étant rappelée, me la dépeignit comme une actrice de mélodrame, qui avait joui d'un instant de vogue dans *la Pie voleuse.* Ce n'était pas encore là miss Kelly. Je lisais un jour les œuvres de Charles Lamb, poète des affections douces et dont vous aimeriez l'imagination gracieuse, la délicatesse et la sensibilité jamais factice. Ses *Essais* sur Shakspeare et Hogarth méritent les mêmes éloges et font honneur à son goût. Il a composé aussi quelques sonnets qui, comme ceux de M. Bowles, sont de poétiques développemens d'un sentiment religieux ou d'une idée touchante. Dans le nombre, il en est un adressé à miss Kelly. Cette fois c'était bien elle.

« Vous n'êtes pas, ô Kelly, de ces âmes communes qui font fléchir leur orgueil et leur honneur pour plaire à la ville, ce monstre aux mille têtes, et qui lui vendent leurs sourires et leurs minauderies. L'aveugle Fortune vous a appelée au théâtre, mais vous y avez conservé la dignité de votre âme. Vous ne cherchez pas les applaudissemens ; ils vous sont donnés comme un tribut naturel. Vos larmes sont celles de la passion, elles sont pour nous un charme dont l'émotion de nos cœurs atteste la puissance, et votre sourire a une grâce dont on ne saurait définir l'ineffable séduction. Il nous ravit surtout quand il vient soudain prêter une expression nouvelle à votre regard déjà si doux dans sa mélancolie ! »

Miss Kelly n'est-elle appréciée que par les poètes ? Londres serait donc restée insensible au talent de Mlle Mars, si Mlle Mars pouvait exister sans être française ? Je faisais ces réflexions qui entretenaient, comme vous pensez bien, ma curiosité, lorsque je vis le nom de miss Kelly figurer sur l'affiche d'une représentation à bénéfice accordée par le roi à un ancien acteur du même nom, dans la salle du grand Opéra. Ce n'était plus mes premières armes, et je ne fus pas des derniers à me faire jour au milieu de la foule attirée par le désir de jouir du spectacle de l'opéra italien au prix des spectacles ordinaires.

L'épreuve était difficile pour miss Kelly ; elle jouait le rôle de Clara dans l'opéra spirituel de M. Duval, transformé ici en comédie intitulée *le Mariage* [1]. Ce mélange de coquetterie et d'ingénuité, ce léger persiflage d'une jolie femme, cette transition piquante du dépit boudeur à un caprice plus tendre, voilà, je crois, ce qu'il n'a été donné peut-être qu'à une Française d'exprimer sur la scène avec une grâce parfaite; et peut-être voilà ce qu'en France même Mlle Mars sait exprimer mieux qu'aucune actrice. Toutes les intentions du rôle sont certainement comprises par miss Kelly; mais il lui manque cette élégance, ce je ne sais quoi qui n'appartient qu'à une Parisienne. Je n'avais jamais si bien senti combien il y a de magie dans l'accent de Mlle Mars.

Heureusement miss Kelly, depuis la formation des théâtres d'été, fait partie de la troupe de l'*English-Opera*, et j'ai pu admirer de plus en plus la rare perfection et la variété de son talent. Peut-être plus familiarisé aujourd'hui avec les manières des dames anglaises, rendrais-je plus de justice à miss Kelly dans *Adolphe et Clara*, si je revoyais

---

[1] Matrimony. C'est *Adolphe et Clara*, avec de légers changemens.

cette pièce. Ce que j'aime surtout dans miss Kelly, c'est le naturel et la sensibilité : voilà le secret du souvenir affectueux qu'on garde d'elle. A l'imagination la plus vive, elle réunit ce tact exquis dont l'inspiration la guide sans cesse. Il n'y a dans son jeu rien de faux, parce qu'il n'y a rien d'étudié.

La simplicité de la nature est son idéal; c'est parce qu'elle éprouve elle-même tous les sentimens, toutes les passions qu'elle exprime, que sa physionomie a une mobilité si extraordinaire. Voilà comment elle prête un charme et une poésie inconnue jusqu'à elle aux rôles les plus ingrats en apparence; voilà comment elle élève le mélodrame à la dignité de la tragédie.

Son accent et sa pantomime sont si naturels, si vrais, que sa voix peut suppléer à ses gestes, et que ses gestes seuls en diraient autant que ses paroles. C'est ce qu'on éprouve dans la pièce intitulée *Deux Mots* [1], dans laquelle elle représente cette pauvre servante

[1] C'est une pièce du répertoire de Feydeau, dont le second titre est, je crois, *la Maison dans la forêt ou Deux Mots.*

condamnée à servir d'instrument muet aux assassins de l'auberge, ou à partager la mort du voyageur, si elle les trahit par une seule parole. Mais il faut surtout avoir vu miss Kelly représenter Edmond, *un jeune aveugle*. On prépare, dit-on, à Paris, une comédie [1] où Mlle Mars consentira, comme miss Kelly, à se priver du plus éloquent de ses sens, de ces yeux noirs dont un seul regard électrise [2].

[1] *The Blind Boy*. *Valérie* n'était encore qu'en répétition.

[2] Au moment où je relis cette épreuve, je reçois de Londres la note suivante, qui doit faire partie d'un article du *Magazine* sur mademoiselle Mars et madame Pasta : j'adoucis quelques expressions de ce jugement en lui laissant toutefois sa couleur tranchante et toute anglaise. Je l'attribuerais volontiers à M. Hazzlit ou à quelqu'un de son école.

« J'aimais beaucoup Mlle Mars, jusqu'à ce que j'eusse
« vu madame Pasta que j'aimai beaucoup mieux ; la
« raison en est que l'une est la perfection du *jeu fran-*
« *çais*, l'autre du *jeu naturel*. Madame Pasta est Ita-
« lienne, et elle pourrait être Anglaise. Mlle Mars ap-
« partient exclusivement à son pays ; la scène de ses
« triomphes est Paris. Elle joue naturellement aussi ;
« mais c'est une nature française. Je m'explique : elle n'a,
« il est vrai, aucun des défauts du théâtre français, ni
« son extravagance, ni ses grimaces, ni son affectation,

A mon retour à Paris, ce sera pour moi un objet curieux de comparaison. Edmond inspire, dès qu'il paraît, un tendre intérêt. En

« mais son mérite à cet égard est pour ainsi dire négatif,
« et elle semble s'imposer une contrainte artificielle. Il
« reste encore dans son jeu une certaine petitesse, une
« attention aux minuties ou à l'étiquette, et quelque
« chose de maniéré. Elle ne s'abandonne pas toute entière
« à sa sensibilité, et ne se fie pas aux impulsions instan-
« tanées de sa situation. Elle a plus d'élégance peut-être
« et de précision que Mme Pasta, mais moins de hardiesse
« et de grâce; en un mot, tout ce qu'elle fait est volon-
« taire, au lieu d'être spontané. Il semble qu'elle modifie
« son action sur les notes marginales de son rôle; quand
« elle ne parle pas, elle reste la plupart du temps immo-
« bile; dès qu'elle parle, elle étend d'abord une main,
« et puis l'autre, de telle sorte que vous pourriez croire
« qu'elle répète le même geste en deux temps chaque
« fois, ou qu'elle est comme un automate construit avec
« assez d'art pour exécuter divers mouvemens successifs.
« Quand elle entre en scène, elle s'avance en ligne droite
« de la coulisse au milieu du théâtre avec le léger petit
« pas des Françaises, et puis s'arrête tout à coup comme
« un soldat au mot de *halte*. Quand son tour vient de
« parler, elle articule ses mots avec une clarté et une ac-
« centuation parfaites; mais c'est la facilité d'un chanteur
« exécutant un passage difficile. Son aisance est celle de
« l'habitude et non de la nature. Tout ce qu'elle fait est
« bien dans l'intention, et elle a soin de ne jamais aller

reproduisant avec fidélité les habitudes de l'aveugle, miss Kelly prête une grâce ravissante à toutes ses alternatives d'indécision et

« trop loin; mais il semble qu'elle s'est dit d'avance: «Je
« *ferai* ceci, et je ne *dois* pas faire cela.» Son jeu est une
« étude admirable ou une répétition complète, mais pré-
« paratoire de son rôle. Elle n'a pas encore pris tout-à-
« fait l'air du personnage; il lui manque encore quelque
« chose, et ce quelque chose, vous le trouvez dans ma-
« dame Pasta. Si Mlle Mars a besoin de sourire, une ex-
« pression fugitive de plaisir effleure son visage, pétille
« dans ses yeux, creuse une fossette à son menton *,
« contracte ses lèvres et glisse sur tous ses traits. Quand
« madame Pasta sourit, un rayon de joie a échauffé son
« cœur, et de là se communique à sa physionomie; tout
« son visage participe à cette expression qui n'est pas
« bornée à quelques traits particuliers. Quand elle parle,
« c'est tout harmonie; quand elle marche, c'est sans
« songer si elle a de la grâce ou non; quand elle pleure,
« c'est un ruisseau de larmes, et non quelques pleurs qui
« brillent et disparaissent l'instant d'après. Les Français
« eux-mêmes admirent le jeu de madame Pasta (comment
« ne pas l'admirer!); mais ils sortent du théâtre en se
« disant combien ses simples mouvemens gagneraient

* A quel sourire pourrait-on appliquer plus à propos le joli vers d'Aulugelle :

Sigilla in mente impressa Amoris digitulo!

Mais le critique Anglais s'en est bien gardé.   A. P. »

d'assurance. Son âme a passé toute entière dans ses gestes; Edmond aime et il est aimé. Il est là pendant que des inconnus s'entre-

« par le secours de leur gesticulation extravagante, com-
« bien son expression noble et naturelle serait perfec-
« tionnée par quelques airs de leurs minauderies. Dans la
« *Nina* de madame Pasta, il y a une vague inquiétude, une
« grâce gauche (*awkward*), un manque de *bienséance*,
« comme dans un enfant ou une folle, et c'est ce qu'aucune
« actrice française ne risquerait d'imiter, de peur qu'on
« la soupçonnât d'être *sans esprit* et sans *maintien*. Une
« actrice française joue toujours devant la cour; elle est
« toujours en présence d'un auditoire critique. La pauvre
« madame Pasta ne pense pas plus à l'auditoire que Nina
« elle-même n'y penserait, si elle était observée sans le
« savoir. Elle se livre toute entière à l'impression de son
« rôle, n'est plus maîtresse d'elle-même, mais, entraînée
« par ses sensations quand elle exprime la stupeur ou
« une joie non factice, ne craint jamais de cesser d'être
« belle, enchante le public sans s'en douter, et se trans-
« forme jusqu'à être le personnage lui-même. Elle n'étu-
« die pas un *effet*, mais elle cherche à éprouver le senti-
« ment qui peut lui dicter ce qu'elle doit faire, et trouve
« toujours assez de grâce et de dignité, d'aisance ou de
« force. Tout est en harmonie dans son style et sa ma-
« nière ; c'est une folle occupée de son seul désespoir,
« et qui n'a pas d'autre intérêt, d'autre idée au monde :
« voilà la vraie nature, voilà l'art véritable ; tout le

tiennent avec le bon fermier qui a pris soin de son enfance. L'un d'eux remarque la beauté sa fille, et en félicite le vieillard. Edmond l'entend, et aussitôt se rapprochant d'Elvine, et lui saisissant le bras : « —Viens, lui dit-il, viens Elvine! » — On devine à l'accent avec lequel il prononce ces mots, l'instinct de jalousie qui vient soudain l'agiter d'une première inquiétude. Mais pour expliquer les émotions que miss Kelly inspire, il faut dire qu'elle les sent elle-même vivement; elle est, comme le spectateur, sous l'illusion de son rôle. C'est ainsi que la première fois qu'elle

« reste est factice, et l'art français n'est pas à l'abri du « reproche, etc. »

Le reste de l'article n'est plus qu'une ennuyeuse amplification métaphysique. Je conclus par mon opinion personnelle ; c'est que mademoiselle Mars peut être critiquée impunément. Je ne crois pas madame Pasta plus grande actrice qu'elle : mais si, comme madame Pasta et comme miss Kelly, mademoiselle Mars jouait des rôles tragiques, elle les jouerait, comme elles, au naturel, et y produirait des émotions aussi vraies et aussi profondes. Je ne sais pas si madame Pasta exprimerait comme elle l'ingénuité malicieuse et naïve à la fois, et la finesse du *marivaudage!*

joua dans *la Fille du Meunier*, le *désespoir* d'Emery l'agita tellement qu'elle tomba à ses pieds dans les convulsions d'une attaque de nerfs.

Je dois quelques unes des émotions les plus vives que j'ai éprouvées de ma vie, au jeu profond et pathétique de miss Kelly, dans cette pièce, et dans *le Jeune Aveugle,* que j'ai revu trois fois avec le même intérêt.

Je plains les habitans de Londres de leur indifférence pour miss Kelly; c'est peut-être un peu la faute des directeurs des deux grands théâtres, qui n'ont pas su s'approprier son beau talent. Mais je ne conçois pas plus que vous, mon cher Charles, le délire de ce jeune homme qui, désespéré des refus de miss Kelly, voulut l'assassiner au milieu d'une représentation. [1]

Adieu; nous reparlerons encore, vous et moi, de miss Kelly.

[1] Cet événement eut lieu le 17 février 1816, pendant la représentation d'une pièce d'*O'Keefe* (*les Antiques Modernes*). En visitant l'autre jour le nouveau Bedlam (maison de fous), j'y ai vu cet insensé nommé Barnet, que sa démence a sauvé des rigueurs de la loi.

LETTRE XXXIX.

A M. Aug. SOULIÉ.

.... *Hence, home, you idle creatures, get you home:*
Is this a holiday? ....
                              SHAKSPEARE.

Loin d'ici, créatures oisives; retirez-vous dans vos maisons : est-ce là une fête?

J'AI fréquenté trop peu encore les théâtres secondaires de Londres pour vouloir les décrire avec détail. Le *Royal-Circus*, le *Royal-Cobourg* sont aussi vastes que la Porte-Saint-Martin, et le culte de la muse du mélodrame y est célébré avec autant de pompe qu'à Paris. J'ai vu cependant à *Surrey Theatre* une étrange violation des lois du costume : dans une pièce empruntée à la Gaîté ou à l'Ambigu, et dont Bayard est le héros, ce chevalier paraît *en officier de hussards*. Ce théâtre possède cet été le *clown* Grimaldi fils, déjà digne de son père, dont la pantomime est si originale. Grimaldi a le *génie* des grimaces, me disait un Anglais, qui, comme ses compatriotes, abuse un peu du mot génie.

Le théâtre de Saddlers-Wells offre une singularité de construction qui permet d'y donner un spectacle analogue aux naumachies des Romains. Tout l'espace pratiqué sous la *scène* est rempli d'eau, et forme au besoin un vaste bassin qui sert à ces représentations navales.

Tous ces théâtres sont fréquentés par le peuple des quartiers où ils sont situés; mais, comme les autres théâtres, ils sont fermés le dimanche, jour que les ouvriers de Londres, comme ceux de Paris, ne consacrent cependant pas à la prière et aux exercices de la religion. Les guinguettes *extra muros* sont, dans la *morale* Angleterre, des établissemens tout aussi lucratifs que dans la France *athée*. Quand les écrivains insulaires ont la bonne foi de convenir que le peuple se comporte en France, dans les fêtes, avec plus de décence et de dignité, ils se hâtent d'ajouter que notre gaîté est une gaîté *par ordre*, et soumise à des lois de police comme nos comédies le sont à des lois dramatiques. J'avoue que jamais John Bull ne m'a paru moins aimable que dans les saturnales d'une foire. Le scandale a été tel cette année-ci, à celle de *Brookgreen*, que les magistrats se proposent de la supprimer l'année prochaine; il leur faudra peut-être employer la force armée pour y parvenir, car John Bull est très jaloux de ces occasions de débauche et de désordre, dont il semble profiter pour se dédommager de sa taciturnité habituelle. Je n'ai pas négligé d'aller à Brookgreen. Mais il faudrait emprunter le langage de Tabarin pour peindre ce camp de la licence où il semble que chaque ouvrier qui vous coudoye a la menace et l'outrage à la bouche. Je renonce à vous décrire ces cabarets bruyans, ces jongleurs braillards, ces enseignes représentant des phénomènes vivans, et ces tréteaux sur lesquels se heurtent des acteurs dont l'oripeau ne couvre qu'à demi les haillons. Un cortége de jeunes campagnards fixa cependant mon attention quelques instans. Vêtus d'un costume à la fois élégant et simple; décorés de nœuds de rubans; portant autour des genoux et de la cheville des clochettes au son argentin; agitant, les uns un mouchoir blanc, les autres une baguette, ils s'avançaient d'un pas régulier et formaient une danse gracieuse, en frappant en mesure leurs bâtons les uns contre les autres. Ils me rappelaient ces danses moresques dont parle Shakspeare, et que le poète d'Écosse invite aux fêtes de Stirling [1]. Mais bientôt ils disparurent chassés par les flots d'une foule d'hommes ivres, agités d'une joie plus tumultueuse; quelques uns étaient armés d'une espèce de cresselle, appelée *scratcher*, dont ils s'amusaient à frapper les paisibles promeneurs.

Ce n'était plus là les fils de la vieille Angleterre, ni les jeux si gais de leurs rendez-vous champêtres. Il est certain qu'aux alentours des grandes villes, tout ce qu'il y avait jadis de poésie dans les mœurs des classes inférieures s'est complétement évanoui. La soif du gain a détruit toutes les gradations de la société, et divisé la nation en deux grandes classes, les riches et les pauvres. Tout pouvoir d'association amicale entre eux semble détruit. L'esprit

[1] Voyez le sixième chant de la *Dame du Lac*.

d'égoïsme qui règne partout exclut la franchise, sans laquelle il n'est plus de vrais plaisirs.

Il est juste d'avouer que les classes supérieures, en sollicitant la suppression des réjouissances populaires, ne donnent pas seulement le motif de la crainte que doit inspirer aux amis de l'ordre la brutalité d'un peuple qui s'étourdit et ne se divertit pas. Les pharisiens de l'aristocratie britannique mettent encore ici en avant leur respect pour la morale publique. Ce sont malheureusement les mêmes hommes qui, je l'ai déjà dit, entretiennent les chanteuses et les danseuses du grand Opéra, et qui fournissent à la chronique scandaleuse des journaux les éternels procès de *crim. con.*

J'aurais donc pu emprunter quelques sombres couleurs à la palette du peintre satirique Crabbe, pour vous peindre les plaisirs du peuple anglais; mais je veux que votre imagination se repose sur un tableau plus gracieux, dont l'aimable banquier-poète Rogers fera tous les frais. Essayons de traduire en regrettant l'harmonie du vers :

Such golden deeds, etc.

« De si belles actions conduisent à des jours
« de l'*âge d'or*, des jours de bonheur domes-
« tiques, regardés comme insignifians par ce-
« lui qui joue son rôle sur un grand théâtre;
« jours remplis cependant de mille projets et
« de mille incidens qui excitent l'âme à goû-
« ter ce plaisir qui ne laisse aucune épine après
« lui, et que le cœur aime à se rappeler en si-
« lence avec d'ineffables émotions. Est-ce un
« jour de congé? — Le banquet frugal est
« servi sur l'herbe fraîche près de la source
« vive, à l'heure où l'alouette brave la cha-
« leur du jour en chantant ses airs négligés,
« pendant que, plus bas, le martin-pêcheur
« reste perché près du nénuphar aux corolles
« argentées. Est-ce une foire? — Les ba-
« raques et les tentes blanchissent la pelouse
« du village, Polichinelle et Scaramouche se
« montrent sur leurs théâtres; les enseignes
« se déroulent en rangs pressés, représentant
« sur leurs toiles les merveilles du monde;
« tout s'agite et se meut dans les vallons et sur
« les coteaux voisins; il y a de l'harmonie dans
« le moindre souffle d'air. Est-ce une noce?
« — On danse jusqu'à la nuit sur le pavé de

« la grange, où les jeunes filles ont le pied si
« léger.... On fait aussi une visite au chaume
« du pauvre vieillard. (Quel homme voudrait
« être riche, s'il lui fallait laisser à ce prix un
« seul de ses semblables manquer de pain?)
« Tous à l'envi s'empressent de soulager son
« indigence; des larmes coulent, mais pas
« une larme de chagrin, etc., etc. (*Human*
« *Life*.[1])

Depuis le 1er mai jusqu'au 1er septembre, les citoyens de Londres peuvent trois fois la semaine jouir d'une fête *décente* dans les jardins du Vauxhall, assez semblables à ceux de Tivoli, qui sont plus gais sans doute, mais moins magnifiques. Les illuminations surtout y sont exécutées avec un éclat asiatique. On aperçoit en entrant un superbe orchestre qui contient même un orgue sous lequel sont disposés en demi-cercle et les pupitres des musiciens et les chanteurs. En cas de pluie on se réfugie sous un pavillon dont la vaste enceinte est ornée d'une manière fantastique, mais encore très splendide. La féerie de la physique et de l'hydraulique prodigue ses enchantemens dans

[1] Voyez pour ce poëme la lettre sur M. Rogers, t. II.

ces jardins où tous les sens sont séduits à la fois.

J'y ai vu, à la fin de juin, la répétition de la fête du 18 (anniversaire de la bataille de Waterloo), dédiée au duc de Wellington, dont l'orgueil anglais exploite la gloire de toutes les manières. Le vainqueur des vainqueurs figure même de son vivant sur les enseignes de cabaret. C'est bien le cas de dire avec don Juan :

Nelson was once Britannia's god of war, etc.

« Nelson fut jadis le dieu de la guerre pour « la Grande-Bretagne ; mais tout est bien chan- « gé. Au grand déplaisir de la marine, l'armée « est devenue plus populaire. D'ailleurs le « prince est pour les troupes de terre, etc. »

(*Don Juan*, chant 1er).

LETTRE XL.

A M. A. THIERS.

Je ne saurais nier, aux preuves qu'on m'expose,
Que tu ne sois Sosie, et j'y donne ma voix :
Mais si tu l'es, dis-moi qui tu veux que je sois;
Car encor faut-il bien que je sois quelque chose.
Molière.

Il est deux théâtres dont il me sera peut-être difficile de donner une idée exacte, quoiqu'un seul acteur, une perruque et quelques déguisemens plus ou moins bizarres en composent tout le matériel. Le premier est celui d'un ventriloque français, nommé Alexandre, qui exerce son talent avec beaucoup d'esprit, et y ajoute l'illusion de ses propres métamorphoses. Ses grimaces et ses lazzis ravissent le public anglais ; mais je veux vous donner une preuve de mon impartialité, en lui préférant M. Mathews, qui, comme lui, suffit seul au

répertoire de son théâtre. Alexandre n'offre
que des caricatures; Mathews à quelques portraits de fantaisie ajoute des portraits historiques, et vous met en rapport avec des personnages célèbres. C'est un *tour de force* continuel de verve et de gaîté que d'amuser un public pendant trois heures au moins, comme le
fait M. Mathews. Ce Protée attire même chez
lui les dames du beau monde, dont Kean et
miss Kelly ne peuvent piquer la curiosité. Pendant plus de trois heures il les préserve du sommeil, de l'ennui et des *blue devils*[1]. Mathews
est donc proclamé un *genius*. Génie ou non,
Mathews, qui fut naguère un acteur ordinaire
à Covent-Garden et à Drury-Lane, où il ex-
cellait cependant dans Falstaff, n'est pas un *pa-
rodiste* vulgaire. Son divertissement de cette
année est intitulé *l'histoire de sa jeunesse*. C'est
lui-même qui raconte familièrement ses aventures, en commençant par celle de sa naissance, comme Tristram Shandy. Le *comédien*
ne paraît sous une forme empruntée que dans

[1] *Diables bleus.* On appelle en Angleterre *diables
bleus* ce que nos dames françaises appellent *vapeurs*,
définition moins fantasmagorique.

les dialogues; il change alors sa voix suivant les interlocuteurs; et quand il introduit un personnage connu ou un personnage comique, il se baisse une seconde sous la table devant laquelle il est assis, et reparaît avec la physionomie et le costume de son nouveau rôle. Entre autres contemporains illustres évoqués par Mathews, il met en scène le fameux Wilkes des Lettres de Junius, dont la tournure et les manières devaient avoir un caractère vraiment original. Mathews fait prononcer aussi un plaidoyer à l'avocat Curran. Celui-ci ayant entendu parler de son grand talent d'imitation, l'avait invité à dîner pour lui procurer l'occasion de l'étudier à fond. Après l'histoire de ses aventures, Mathews joue à lui seul une petite farce, dans laquelle reviennent *en propre personne* quelques uns des personnages avec lesquels son récit animé nous a fait faire connaissance.

On dit que dans la vie privée, Mathews produit un effet plus frappant encore, quand il consent à exercer son rare talent. Tel que le derviche des Contes arabes, c'est un autre corps que le sien qu'il anime : il sent, parle et agit comme l'individu ressuscité ou imité ferait lui-même. Tout atteste dans Mathews, non seulement une organisation physique des plus heureuses, mais encore un tact exquis d'observation.

Le bouffon vulgaire doit son succès au penchant malicieux qui nous fait rechercher la caricature des ridicules individuels. Mathews donne à ses imitations un intérêt dramatique et une véritable dignité. Il ne s'attache pas à reproduire seulement des singularités extérieures, mais il représente aussi les traits du caractère et les mouvemens de l'âme. S'il exagère dans ses portraits quelques traits saillans, c'est comme le peintre qui doit consulter les lois de la perspective; d'ailleurs il se permet rarement des personnalités. L'imitation de Mathews ressemble bien quelquefois à la satire, mais jamais à la parodie; tandis que Liston et Grimaldi ne sont souvent que grotesques.

Un comédien-auteur du dernier siècle, le célèbre Foot, dont le genre de talent se rapprochait de celui de Mathews, n'avait pas le même respect pour les bienséances : toutes les notabilités sociales, commis ministériels, lords, juges, orateurs, médecins, comédiens, étaient immolés aux jeux cruels de son esprit et de sa pantomime, dans les petites pièces dont il remplissait les principaux rôles. Il prétendait ne faire la guerre qu'à l'affectation, et corriger les sots en les forçant de se reconnaître dans ses caricatures; mais il eut quelquefois à se repentir d'avoir trop fidèlement saisi la ressemblance.

Un des objets de la poésie dramatique est d'instruire sans offenser; elle doit avertir adroitement les hommes de leurs erreurs et de leurs défauts; mais que l'auteur et le comédien se gardent d'avoir l'air d'accuser ou de donner des leçons directes : ces deux rôles sont toujours odieux parmi des égaux.

Foot est souvent appelé l'Aristophane anglais. Si Swift avait donné une forme dramatique à ses satires virulentes[1], ce titre eût plutôt appartenu à Swift qu'à Foot. Aristophane, si sévèrement jugé par Plutarque, est de-

---

[1] Le *John Bull* de Swift a surtout le caractère d'une satire d'Aristophane.

venu une des idoles de la critique anglaise.
Selon les aristarques d'Édimbourg[1], dans la
démocratie d'Athènes, Aristophane était le
satirique public dont la censure devenait plus
redoutable que celle de l'archonte. C'était
le journaliste chargé d'écrire les événemens
de l'année, de commenter les actes du pouvoir, d'exciter le patriotisme, d'instruire le
zèle et de dénoncer l'injustice. C'était le critique observant d'un œil jaloux les productions des auteurs contemporains, et chargé
d'éclairer les juges du mérite littéraire. Les
progrès de la civilisation et des lumières,
les formes du gouvernement représentatif,
excluent le poète moderne d'un rôle aussi
brillant. Ce n'est pas en France seulement
que des censeurs dramatiques, vrais Procustes
de la littérature, ont le pouvoir discrétionnaire de mutiler les auteurs : la juridiction
du lord chambellan, investi d'un pouvoir à
peu près semblable, tenait Foot en respect.

L'inimitié de Johnson lui a été non moins
funeste. Les mépris de ce moraliste chagrin

[1] *Ed. Rev.* 1820.

et bourru étaient une provocation continuelle comme jamais Aristophane n'en reçut sans doute de Socrate. Johnson fut cependant du petit nombre des contemporains de Foot que peut-être la peur de sévères représailles lui faisait épargner.

Malgré Johnson, Foot mérite d'être classé parmi les comiques anglais. S'il fut un bouffon comme homme privé, il y a quelque chose de mieux dans celles de ses pièces qu'un dialogue spirituel et des caractères naturels font encore goûter à la lecture. C'est surtout son style facile, élégant et sans recherche, qui peut être comparé à la pureté attique de son modèle; ses personnages sont moins grossiers et plus vrais que ceux de l'Athénien. Mais Foot était aussi peu scrupuleux qu'Aristophane, et ne voyait aucun mal à une mystification plaisante, quand même elle ressemblait un peu trop à une friponnerie. Il manque à Foot l'invention capricieuse, la variété, le sel et le mordant de son modèle. Il lui manque surtout ces jets brillans de poésie, ces appels imprévus aux meilleurs sentimens du peuple, qui rappellent, au milieu des scènes les plus vulgaires, la haute mission que l'Athénien s'était imposée sous le masque du bouffon.

Une des satires politiques les plus piquantes de Foot, c'est *le Maire de Garrat,* dont quelques critiques Anglais se sont fâchés sérieusement comme d'une *personnalité* contre la loi des élections. Le principal incident de la pièce a été fourni à Foot par une parodie que le peuple du village de Garrat exécute lui-même après les orgies électorales. Le candidat qui réunit toutes les voix de ces prétendus électeurs est ordinairement le mendiant le plus stupide et le plus hideux de la paroisse. Toutes les formes de la loi sont exactement observées. Les rivaux se disputent la tribune aux harangues, pour y mentir aussi effrontément que maint orateur de la chambre des communes; ils promettent au peuple de diminuer les prix du gingembre, du pain, de la bière; de n'accepter aucune place, de faire élever les vieilles femmes à l'épiscopat, etc., etc. On comprend tout le parti que l'Aristophane anglais pouvait tirer de ce petit tableau électoral. Il jouait lui-même le rôle du major Sturgeon, une des caricatures les plus originales de la scène britannique.

Foot faisait une guerre continuelle aux antiquaires et aux virtuoses; sa verve était inépuisable quand il les harcelait. Avec quelle indignation, dans la farce intitulée *le Goût* (*Taste*), le pseudo-baron Groningen répond à celui qui demande où est le nez d'un buste antique!

« — Le nez ? Et que m'importe le nez ? Où
« est le nez, dites-vous?—Eh! monsieur, si le
« nez ne manquait pas, je n'en donnerais pas
« douze sous! Comment distinguerions-nous
« les ouvrages des anciens, s'ils étaient in-
« tacts? Le nez, vraiment!... —Brush, quel
« est ce quidam, avec son nez? »

Le Mineur renferme une galerie de personnages burlesques dignes des créations si originales d'Hogarth. La scène où Shift se fait passer pour M. Smirk, commissaire-priseur [1], ferait rire aux larmes le Laird de Monkbarns lui-même.

La comédie sentimentale était devenue la comédie à la mode. Foot résolut de tourner en

[1] Chacun reconnut un nommé Cock dans M. Smirk.

ridicule le goût du public et le génie larmoyant de Kelly [1] et consorts. Il annonça un nouveau spectacle à son théâtre de Haymarket : *les Marionnettes primitives*. Un drame *dédié aux amis des larmes* devait être représenté par ces comédiens de la façon du tourneur. La foule accourut et envahit même l'orchestre. Les musiciens exécutèrent l'ouverture derrière la coulisse, et Foot s'étant avancé, prononça un discours trop long malheureusement pour être cité ici, mais qui donne une idée de sa manière. Il attaquait le lord chambellan lui-même, en feignant de n'avoir pour but que de faire l'histoire de ce bon Polichinelle, tant regretté par Tom Jones, et que tous les âges revoient avec un sourire, comme un ami d'enfance.

[1] Auteur de *la Fausse Délicatesse*, dont nous avons déjà fait mention.

LETTRE XLI.

A MADAME GUIZOT.

.... *The wild harp, which silent hung*
By Avon's silver holy shore,
When she, the bold enchantress, came,
With fearless hand, etc.
                    Sir WALTER SCOTT.

La harpe qui restait muette sur les rives consacrées de l'Avon aux flots d'argent, lorsque l'enchanteresse vint la saisir d'une main hardie, et fit croire au retour de Shakspeare.
                    (*Introduction de Marmion.*)

Si la Muse tragique n'est pas restée aussi stérile en Angleterre que sa sœur la comédie, elle le doit à une femme et à trois ecclésiastiques. On pense bien que le sexe de miss Joanna Baillie et les fonctions des révérends messieurs Maturin, Milman et Croly ne leur permettent guère de fréquenter les coulisses. Aussi leurs œuvres dramatiques, comme les tragédies isolées de quelques autres de leurs contemporains dont nous nous occuperons, appartiennent plus à la littérature générale qu'à la scène. M. Milman a été *joué* plusieurs fois (*malgré lui*), et M. Maturin a encouru la censure de ses supérieurs pour avoir consenti à l'être. Deux pièces de miss Baillie ont été représentées et ne sont pas restées au théâtre.

Miss Baillie est Écossaise et nièce des deux Hunter, noms illustres en médecine. Son frère, le docteur Baillie, est aujourd'hui le premier praticien de Londres. Comme on est toujours curieux de connaître l'âge d'une femme célèbre, et que mon indiscrétion ne peut plus tirer à conséquence, j'ajouterai qu'elle est née en 1764. Ce fut en 1798 que parut le premier volume des œuvres dramatiques de miss Joanna Baillie, précédé d'une introduction. Elle ne renonça à l'anonyme qu'au second volume, dédié à son frère. Miss Baillie crut avoir fondé une théorie nouvelle; mais il serait facile d'en trouver des exemples dans tous les théâtres de l'Europe.

Si les représentations dramatiques sont devenues l'amusement favori de tous les peuples, miss Baillie en trouve la raison dans la sympathie et la curiosité qu'inspire à l'homme l'étude des passions de l'homme. Jusqu'ici en nous offrant le spectacle des grands caractères placés dans les situations les plus difficiles de la vie, les auteurs auraient généralement échoué dans la tragédie. Miss Baillie ne fait d'exception que pour Shakspeare, et cette exception semble être de sa part une dérision; car elle est placée dans une note, et cela quand elle croit avoir converti ses lecteurs à son avis. « La grande erreur des poètes dramatiques, nous dit-elle, a été de s'être laissé aller dans leur admiration exclusive pour les chefs-d'œuvre des anciens, à préférer les ornemens de la poésie à l'imitation de la nature. » Il y a certes de la raison dans ce reproche, bien entendu que miss Baillie l'adresse à ses compatriotes tout autant qu'à nous. Nos critiques ne conviendront-ils pas avec elle, que depuis le siècle de Louis XIV, en exceptant toujours les modèles, les auteurs, négligeant l'inépuisable variété de la nature, reproduisent de génération en génération les mêmes caractères, les mêmes situations, tandis qu'une gravité pompeuse et solennelle qu'ils ont cru nécessaire à la dignité de la tragédie, a exclu presque entièrement de leurs ouvrages ces traits de nature moins éclatans qui nous dévoilent si bien le véritable état de l'âme? Montrer l'homme dans ses *momens de parade* et d'action, c'est le montrer imparfaitement. *Héros* magnanimes dans la bonne comme dans la mauvaise fortune, et toujours éloquens dans l'éloge de la vertu ; *guerriers* fiers, irritables, vindicatifs, mais généreux, braves et désintéressés ; *amans* dévoués, tendres et pathétiques ; *tyrans* lâches et cruels, *traîtres* perfides et méchans par instinct ; tous sont jetés dans un moule uniforme. Les auteurs, il est vrai, fidèles à l'imitation des modèles, attentifs aux beautés du style et à la dignité du plan, ont enrichi leurs ouvrages d'images souvent sublimes, de nobles pensées, de sentimens généreux ; mais en s'attachant à exceller dans ces accessoires de la tragédie, qui sont aussi ceux de toute autre forme de composition, ils ont négligé le mérite qui lui appartient plus spécialement. Les hommes que la tragédie fait agir, placés dans un rang élevé, se trouvent exposés à de grandes épreuves, que peu de nous sont appelés à subir. Comme exemples applicables à nous-mêmes, ils ne sauraient nous toucher beaucoup; nous ne pouvons profiter de leurs leçons que par l'extension de nos idées sur la nature humaine, et par cette admiration de la vertu ou cette haine du vice qu'ils nous inspirent. Mais s'ils ne sont pas représentés de manière à paraître des caractères réels et naturels, les leçons que nous donnent leurs sentimens ne s'élèveront pas au-dessus de celles que nous recueillons dans les pages du poète ou du moraliste. Miss Baillie veut que le but principal de la tragédie soit de nous faire connaître l'âme à *nu*, en la peignant quand elle est sous l'influence de ces passions violentes et inhérentes à sa nature, qui, non provoquées en apparence par des circonstances extérieures, envahissent peu à peu l'homme tout entier, et détruisent ses meilleurs penchans. Les poètes dramatiques qui l'ont précédée n'ont fait usage des passions que pour varier leurs caractères et animer leurs scènes, au lieu de les suivre depuis leur premier germe jusqu'à leur développement complet. Les héros de leurs tragédies ne sont affectés par les passions que d'une manière fugitive, ou s'ils sont représentés sous l'influence permanente des passions plus énergiques, ils ne sont introduits sur la scène que dans l'accès irrésistible de leur explosion, alors qu'il ne reste plus la moindre trace de cette hésitation, de cette méfiance et de tous ces traits délicats et graduels qui rendent la naissance et les premiers progrès de toute grande passion plus intéressans peut-être que le spectacle de son développement. On représentera bien ainsi celles qui peuvent être excitées soudain, et n'ont qu'une courte durée, comme la colère, la crainte et souvent la jalousie; mais ces tyrans de l'âme, l'ambition, la haine, l'amour, enfin toute passion permanente de la nature, inégale et variée dans son cours, ne peut être qu'imparfaitement représentée, si elle ne l'est que dans une de ses phases passagères. Dans la tragédie, c'est plus volontiers des événemens qu'on oppose aux grandes affections que des affections contraires, et souvent des événemens d'une telle importance qu'elles en sont comme éclipsées. Bien plus, non seulement les passions ont été en général restreintes et régularisées, mais encore privées de la faculté de se faire entendre. Leur langage est tout figuré. Admirant les expressions hardies que prodigue une âme agitée par des idées ou des émotions trop fortes pour être rendues sous les formes vulgaires du discours, les poètes se sont empressés de les emprunter pour en orner les sentimens paisibles de leurs vers médités. Par là les passions ont été privées de leur prérogative, et ne sauraient plus se faire distinguer quand elles veulent élever la voix. On a appauvri encore plus leur éloquence quand on a voulu leur prêter en retour le style des concetti, ou même des comparaisons ingénieuses. J'en demande pardon à miss Baillie et aux Anglais; mais n'est-ce pas là un des grands vices du grand Shakspeare, qui, en s'abandonnant un peu trop parfois à l'hyperbole quand il fait parler un personnage subalterne, n'a plus que la ridicule ressource des calembourgs ou du phébus pour ses véritables héros? Son excuse est dans le *style* de son siècle.

Le dessein de miss Baillie a été de composer une série de tragédies plus simples par leur plan, moins embellies d'ornemens poétiques, moins pompeuses, et dans lesquelles l'auteur se propose avant tout de décrire la marche des grandes passions dans le cœur humain, en choisissant une passion particulière pour sujet de chaque drame. Ce plan, dit-elle, est plus propre que tout autre à produire un effet moral et à intéresser toutes les classes. Une série de comédies fondées sur un système semblable accompagne ses tragédies.

La comédie, selon miss Baillie, nous représente les hommes comme nous les rencontrons dans les circonstances ordinaires de la vie, avec toutes les faiblesses, les folies et les préjugés qu'une étude plus attentive nous fait découvrir en eux. Nous les voyons agités de petits intérêts, victimes de leurs poursuites extravagantes, et soumis aux modes et aux coutumes diverses du monde par la vanité, le caprice et l'esprit d'imitation. La comédie peint encore ces singularités inconvenantes ou absurdes, propres à certaines classes particulières de la société. Mais miss Baillie veut surtout qu'elle représente l'homme sous l'influence des passions, et qu'elle en décrive la naissance et les progrès dans ces circonstances triviales ou familières, qui leur ôtent ce qu'elles ont de sublime, et cet intérêt qu'excite ordinairement l'âme qu'elles tyrannisent. Les poètes comiques ne se sont pas moins *fourvoyés*, dit-elle, que les tragiques. Ces éternelles variations des modes et des mœurs qui fournissent tant de sujets toujours neufs et comiques; cette diversité d'inventions par lesquelles on peut produire le ridicule, et faire naître la curiosité et le rire; cette admiration que nous accordons si généralement aux remarques satiriques, aux reparties fines, aux bizarres combinaisons d'idées : voilà ce qui a fait oublier aux auteurs l'intérêt plus vif que nous éprouvons à une représentation fidèle de la nature. Miss Baillie veut créer ce qu'elle appelle la *comédie naturelle ou de caractère*, qui n'est ni la comédie satirique avec ses spirituelles reparties et son dialogue en épigrammes, ni la comédie sentimentale avec son affectation de morale, ni la comédie d'intrigue avec sa multiplicité d'incidens.

On reconnaîtra ici, je crois, quelques unes des idées de M. de Jouy dans la préface de *Sylla*. Je n'ai pas cette pièce sous les yeux; mais M. de Jouy peut bien avoir inventé, comme miss Baillie, la théorie de la *tragédie de caractère*.

Les critiques de miss Baillie traitèrent sévèrement et son système et ses pièces. Le véritable but de toute œuvre dramatique, dirent-ils, est de plaire et d'intéresser : on y parvient par les situations comme par les caractères. C'est le caractère qui différencie les hommes, la passion les rend à peu près semblables entre eux. Une passion dominante, au lieu de développer le caractère, le dénature. Vouloir le décrire par les progrès d'une passion, c'est suivre un nuage, afin de distinguer plus clairement les objets qu'il enveloppe. L'unité de passion est d'ailleurs impossible, parce que, pour faire éclater l'énergie d'une passion, il est nécessaire de lui en opposer une autre qui lui dispute le cœur dont elle s'est emparée; les objets et les victimes de la passion du héros réclameront aussi une partie de l'intérêt.

Miss Baillie a été forcée de se soumettre à cette nécessité des contrastes. Sa première tragédie, *le Comte Bazile*, est fondée sur l'amour; mais le comte Bazile est partagé entre cette passion et celle de la gloire. La seconde, *le Comte Montfort,* fondée sur la haine, explique mieux l'intention de miss Baillie et de son plan général; mais la haine ne croît que lentement, et il lui eût fallu prendre de trop grandes licences contre l'unité de temps, pour la peindre depuis ses commencemens. Ici encore Montfort combat long-temps sa haine pour Rezenvelt, par un vif sentiment d'honneur. On en peut dire autant des tragédies sur l'ambition.

Le véritable reproche à adresser aux tragédies de miss Baillie, c'est le manque d'intérêt. Elle craint de distraire l'esprit du spectateur, en multipliant les incidens; et cependant la marche de son action est toujours lente, quoique régulière. Il n'y a rien de neuf dans sa manière de dessiner ses caractères, en les faisant, à l'imitation de Shakspeare, se dévoiler eux-mêmes par des circonstances accidentelles, par ces traits de nature qui leur échappent loin de tous les témoins. Ils n'ont pas cet air d'individualité qui s'empare de l'imagination. Ce sont de véritables théories personnifiées, des généralisations de quelques attributs intellectuels. Miss Baillie a une prédilection pour les caractères vertueux; mais elle les rend si bons, si raisonnables, qu'ils sont trop froids pour être dramatiques. Aussi a-t-elle complétement échoué dans ses comédies, qui ressemblent plutôt à des contes moraux en dialogues qu'à des comédies proprement dites. En voulant éviter l'affectation et le faux brillant de ses contemporains, elle a oublié que le naturel ne dispense pas toujours de l'élégance.

Ce n'est que dans la tragédie que la diction et la poésie de l'auteur rachètent parfois ses défauts. Elle a évité également l'exagération et la pompe monotone du style artificiel, la simplicité niaise et les extases prosaïques que l'imitation de Kotzebue avait mises à la mode. Son dialogue est évidemment calqué sur les beaux morceaux de Shakspeare : les mots sont les mêmes. Plus souvent que les critiques n'ont voulu en convenir, elle a heureusement reproduit la manière du grand poète dans les passages qui exigeaient du feu et de la vigueur ; elle est moins heureuse dans le style familier.

La *Revue écossaise* ne fut pas très indulgente envers sa compatriote, et miss Baillie parut avoir renoncé à son système, en publiant un troisième volume. La critique ne se montra que plus sévère, et miss Baillie revint à son premier plan. Sa tragédie de *Montfort* est celle qui eut quelque succès sur le théâtre, grâce au jeu profond de J. Kemble.

La haine qui devore Montfort ne peut plus être éteinte que dans le sang de son ennemi : désarmé par Rezenvelt chaque fois qu'il l'a provoqué au combat, il va l'attendre dans une forêt et l'assassine. On a quelque peine à comprendre comment une femme a pu entourer ce crime de circonstances si horribles. En général miss Baillie aime à ensanglanter la scène, et excelle à peindre cette terreur superstitieuse qui précède et suit les grands attentats. Je ne sais comment serait accueilli sur notre théâtre un acteur d'espèce nouvelle qu'elle a introduit au commencement du quatrième acte. C'est un hibou dont le cri sinistre fait successivement frémir le meurtrier et la victime. On n'est point témoin de la mort de Rezenvelt : miss Baillie nous transporte dans la chapelle gothique d'un couvent, qu'éclaire faiblement deux torches placées sur une tombe récente. Le vent ébranle les vitraux et la toiture. L'orgue fait entendre un prélude solennel; — une procession s'avance. Ce sont des religieuses qui s'arrêtent autour du tombeau, et qui entonnent un chant funèbre, dernier adieu adressé à la compagne qui les a précédées dans le ciel. Une sœur laïque survient, l'œil hagard, les cheveux en désordre, et d'une voix tremblante annonce qu'elle a entendu les cris effrayans de l'agonie d'un homme assassiné. L'abbesse croit que c'est une vision de la peur, et ordonne que les chants recommencent; ils sont de nouveau interrompus par le bruit répété d'un moine qui frappe à la porte du monastère, et qui, introduit dans la chapelle, s'écrie avec horreur qu'il a aperçu un cadavre encore sanglant. Un troisième se présente, plus épouvanté encore!

L'as-tu vu aussi? lui demande-t-on.

Thomas. Oui, oui, il m'a regardé quand j'ai passé près de lui !

Bernard. Qui t'a regardé?

(Tous l'entourent et lui demandent à la fois :) Oh! qu'as-tu vu?

Thomas. Je venais luttant contre l'orage, et détournant ma lanterne, lorsque sa faible lueur a éclairé le visage affreux d'un homme qui fixait sur moi le regard du désespoir. J'ai reculé et frémi comme si je voyais l'horrible figure d'un damné revenu dans ce monde.

Bernard. C'est le meurtrier.

Un moine. Par où a-t-il passé?

Thomas. Je n'ai osé tourner la tête que quand j'ai été loin ; et alors j'ai cru apercevoir, entre l'horizon et moi, une sombre figure qui s'agitait avec des mouvemens convulsifs. Je me suis arrêté, mais ce n'était qu'un jeune arbre que le vent faisait fléchir. J'ai fui jusqu'ici sans regarder davantage.

Les moines se réunissent et ramènent un homme dont tous les traits portent la hideuse empreinte du crime. Ses mains et ses vêtemens sont teints de sang. C'est le meurtrier, c'est Montfort. On lui demande son nom ; il n'a pas de nom, répond-il, et il garde un farouche silence. La sœur qui a entendu la voix mourante de la victime le considère avec effroi.

—Est-ce bien là, dit-elle, l'homme de sang, celui qui a frappé son semblable pendant qu'il s'écriait (je crois l'entendre encore) : ô meurtre ! ô meurtre !

DE MONTFORT tressaille.—Il appelle encore !

LA RELIGIEUSE. — Non, sa voix est éteinte à jamais..... C'en est fait.

De Montfort répète avec angoisse : C'en est fait. Il pousse un profond gémissement et les forces lui manquent. Pendant que les moines le soutiennent, on apporte le cadavre de Rezenvelt, et on le découvre. De Montfort reste immobile d'horreur. Une scène terrible succède, lorsqu'il est laissé seul avec le cadavre, livré à ses remords et à son délire, jusqu'à ce qu'il se précipite la tête contre la muraille. On est soulagé de ce spectacle déchirant par l'arrivée de la sœur de Montfort, dont la touchante et généreuse affection vient adoucir ses derniers instans.

La longue tragédie d'*Ethwald*, ou *l'Ambitieux*, offre des détails non moins terribles. Cette pièce rappelle peut-être trop le Macbeth de Shakspeare ; mais c'est un brillant tableau historique des mœurs de l'heptarchie. Les deux tragédies sur la *crainte* sont plus faibles. On y trouve cependant une de ces peintures si fréquentes chez les poètes anglais, celle de la démence de l'héroïne ; et miss Baillie, dans ce tableau, a fait preuve d'une grande profondeur de conception et d'un style plein de vigueur. Sa composition, sinon la plus forte, du moins la plus gracieuse, est une espèce d'opéra sérieux, fondé sur l'espérance, dont le sujet très simple n'est relevé que par des détails brillant de fraîcheur et de poésie ; ce qui ne permettrait guère d'en faire connaître le charme.

Il n'est d'ailleurs aucune production de miss Baillie qui ne mérite d'être lue et étudiée. On doit regretter qu'avec son talent elle n'ait pu travailler directement pour la scène ; elle regrette elle-même, de bonne foi, les applaudissemens populaires. Le théâtre est encore, en France, le Capitole où nos poètes reçoivent le laurier qui les flatte le plus. En Angleterre, ce n'est plus qu'une arène abandonnée au triomphe sans gloire du chorégraphe et du machiniste, et où le vrai talent dédaigne de concourir. Cependant miss Baillie a écrit dans le but d'y paraître, moyennant de légères modifications faites à ses drames. « — On pourrait penser, dit-elle, en me voyant d'abord publier mes pièces, que je les ai composées pour le cabinet plutôt que pour la scène. Si après une lecture attentive, telle est encore l'opinion de mes juges, qu'ils l'attribuent non à une intention, mais à une absence de talent. Une pièce faible de poésie, mais susceptible de frapper et d'intéresser le spectateur, qu'il sache lire ou non, est une composition plus précieuse et plus utile que celle dont les pages élégantes et harmonieuses sont admises dans la bibliothéque de l'homme de goût. L'approbation de mes concitoyens m'aurait plus flattée que toute autre louange. Quelques larmes des cœurs simples de la jeunesse auraient été d'un grand prix pour moi. Les applaudissemens spontanés d'une assemblée illettrée auraient vivement touché mon cœur. » Ces applaudissemens, miss Baillie les a reçus une fois à Edimbourg pour sa pièce nationale, intitulée *Family legend* (Légende écossaise). Sir Walter Scott avait composé le Prologue de ce tableau des mœurs écossaises au moyen âge.

Nous verrons plus d'un poète anglais adopter pour ses productions la forme dramatique, en affectant de décliner la *juridiction du peuple*, dans le seul genre de littérature qui, malgré le progrès des lumières dans les classes inférieures, soit resté à son usage.

FIN DU TOME PREMIER.